Anonymous

Europäische Annalen

Jahrgang 1799, dritter Band

Anonymous

Europäische Annalen
Jahrgang 1799, dritter Band

ISBN/EAN: 9783744691277

Hergestellt in Europa, USA, Kanada, Australien, Japan

Cover: Foto ©ninafisch / pixelio.de

Weitere Bücher finden Sie auf **www.hansebooks.com**

Europäische Annalen

Jahrgang 1799

Dritter Band

von

D. Ernst Ludwig Posselt.

Tübingen
in der J. G. Cottaischen Buchhandlung
1799.

I.
Neueste KriegsGeschichte.
(Fortsezung.)

2.

Eröfnung des Feldzuges in Italien. Lage dieses Landes. Stand der beiderseitigen Armeen. Zweimaliger vergeblicher Versuch des Generals Scherer mit seiner Armee über die Etsch zu sezen, und die östreichische Armee, unter dem FeldMarschallLieutnant Kray, noch vor der Ankunft der Russen, von diesem Flusse zurükzudrängen. Schlacht bei Magnano. Scherer zieht sich über den Mincio, und von da, nachdem er in Mantua ein zahlreiches ArmeeKorps zur Besazung gelassen, über den Oglio und die Adda zurük, wo er das Kommando seiner bis auf 28,000 Mann herabgesunkenen Armee dem General Moreau übergibt. Die östreichische Armee rükt in die von den Franken geräumte Positionen nach, und blokirt oder belagert die von ihnen im Rüken gelassenen Festungen. Ankunft der russischen HilfsArmee. FeldMarschall Souworof übernimmt das GeneralKommando der östreichisch-russischen Truppen. Schlacht bei Cassano; Moreau zieht sich über den Tesino zurük; die Oestreicher und Russen ziehen in Mailand ein.

(Epoche: Ende des März bis Ende Aprils.)

So wie die fränkische DonauArmee sich wieder an den Rhein zurükzog, wandte sich der Erzherzog Karl mit seiner HauptMacht gegen die Schweiz. General Massena concentrirte sich daher so viel wie möglich, zog die Truppen, die unter Lecourbe's Befehlen in Tirol eingedrungen waren, nach Graubünden zurük, und traf alle Anstalten, um den Rhein zu vertheidigen, und dem Erzherzog den Eingang in die Schweiz zu verwehren.

Da die Operationen dieses Fürsten, in Ansehung ihres raschen oder langsamern Ganges, in wesentlicher Verbindung mit jenen in Italien standen, so wenden wir nun den Blik vom Rhein ab, nach der Etsch, wo um diese Zeit, eben so wie in Schwaben, zwei Schlachten, die gleich Anfangs geliefert wurden, auf lange hinaus den Gang des Feldzuges entschieden.

Ehe wir jedoch die KriegsEreignisse in Italien selbst erzählen, müssen wir einen allgemeinen Blik auf die Lage dieses Landes bei dem WiederAnfang der Feindseligkeiten werfen.

Hier zuerst war vom Vesuv der Funke hervorgebrochen, der die Flamme des Krieges bald wieder über einen grosen Theil Europens verbreitete. Kaum war der König von Neapel, der gegen alle Erwartung, zuerst, ganz isolirt, auf den Kampfplaz zu tretten gewagt hatte, in Rom eingerükt, als seine Armee von dem kleinen fränkischen Heere unter Anführung des Generals Championnet überall geschlagen ward, der König nach Sizilien fliehen, sein GeneralKapitain Mack sich selbst den Franken überliefern muste, und diese, nach einem mörderischen Gefechte gegen die Lazzaronis, in die Stadt Neapel einzogen, die sogleich zur HauptStadt einer neuen Parthenopeischen Republik erklärt ward.

Italien war izt eine völlig neue Welt. Es gab noch eine Stadt Venedig, aber die berühmte uralte Republik dieses Namens war nicht mehr: der Tractat von Campo Formio hatte den grösten Theil derselben, bis an die Etsch, dem Hause Oestreich zugetheilt; das übrige hatte die Cisalpinische Republik erhalten. Diese, durch Buonaparte's Geist und Arm im Laufe eines Feldzuges erschaffene, durch den Tractat von Campo Formio selbst von ihrem ehemaligen Souverain feierlich anerkannte, neue Republik erstrekte sich auf beiden Ufern des Po, oben von dem Tesino bis an die Etsch, unten vom thuscischen bis zum adriatischen Meer, und stand in Hinsicht auf Bevölkerung und innere Hilfsquellen auf gleicher Linie mit den europäischen Königreichen vom zweiten Range. Genua war, unter dem Namen der **Ligurischen Republik**, ein FilialStaat von Frankreich geworden, nach dessen Modell geformt, und ganz von dessen Lenkung abhängig. Auch ganz Piemont, mit allen seinen Festungen, war im Besize der Franken; auch hier waren, sobald General Joubert durch einen Marsch von drei Tagen sich dieses Landes bemächtigt hatte, die Grundsäze der Demokratie eingeführt worden; noch indeß war es zweifelhaft, ob dasselbe eine besondere Republik bilden, oder — was man vor wahrscheinlicher hielt — der kolossalen MutterRepublik einverleibt werden würde, welche leztere sich dadurch die bleibende Herrschaft über die Alpen versichern konnte. Vom Gestade des adriatischen Meers an bis zu den Pyrenäen konnte man nun in gerader Linie durch nichts als republikanisches Gebiete reisen.

Weiter unten bildete alles Land, das vermöge des Tractats von Tolentino dem Pabst noch übriggeblieben war, die neue Römische, so wie das Königreich Neapel die **Parthenopeische Republik**.

Zwei einzelne Herzogthümer (Parma und Toscana) ausgenommen, war demnach ganz Italien, vom Fuße der Alpen an bis zur MeerEnge von Sizilien, revolutionirt. Alle diese FilialStaaten der grosen Republik, mit allen ihren festen Pläzen, mit der ganzen Masse ihrer Bevölkerung und ihrer Hilfsquellen jeder Art, empfiengen ihre Befehle so unbedingt von Paris, daß sie in dieser Rüksicht völlig wie fränkische Departemente betrachtet werden konnten. Noch glüklich, wenn sie das würklich gewesen wären! Aber diese Staaten, welchen man „Freiheit und Gleichheit" zum LosungsWort gab, gegen welche die fränkische Regierung sich so gros damit wuste, daß sie ihnen die Unabhängigkeit geschenkt habe, wurden nicht blos wie UnterthanenLande, sondern ärger behandelt, als je ein rechtlicher Eroberer gegen eine feindliche Provinz that. Wo von dem Betragen eines Staats gegen andre, und vollends von den Verhältnissen einer MutterRepublik gegen FilialRepubliken die Rede ist, da empört es den Geschichtschreiber schon, wenn er zu erzählen hat, wie man diesen leztern heute ein GrundGesez ihrer Verfassung vorschrieb, und nach ein paar Monaten es wieder veränderte, oder ganz aufhob; wie man ihnen Allianzen dictirte, die ihre ganze Selbstständigkeit vernichteten, alle ihre Hilfsmittel aufzehrten, und sie zu blosen Werkzeugen fremder Größe und fremden Ehrgeizes machten; wie man jedem General, jedem kleinen diplomatischen Agenten freiließ, die Mitglieder der Directorien und der gesezgebenden Versammlungen dieser sogenannten FreiStaaten nach Willkür ein- und abzusezen. Alles das war indeß blos frecher Hohn gegen die Rechte der Nationen; die grose Masse fühlte davon wenig oder nichts. Aber was diese unmittelbar traf, was ihr die neue Ordnung der Dinge verhaßt machen, und sie zum Aufruhr reizen muste, waren die Ausschweifungen des Soldaten in einem in dieser Rüksicht so verführerischen Lande, noch weit mehr aber die unersättliche Raubgier der Schwärme von Commissairs, die durch eine Kette von Corruption, deren oberster Ring bis in die Gemächer des Luxemburgs hinauf reichte, allen Maasregeln Troz bot, welche die bessern Generale (wie Joubert und Championnet), des Heils ihrer Armeen wegen, dagegen zu treffen suchten. *

 * „Das ist der HauptNuzen der Geschichte," sagt Titus
  Livius, in der Vorrede seines unsterblichen Werkes, „daß
  „man Beispiele jeder Art auf der glänzendsten Schaubühne

Unter solchen Umständen war es kein Wunder, wenn man von einem Ende Italiens bis zum andern, statt des
„vor sich aufgestellt sieht, um für sich und sein Vaterland
„das Löbliche in Anwendung zu bringen, und dagegen zu
„vermeiden, was schändlich an sich, verderblich in seinen
„Folgen ist." Leute, die die Geschichte nicht kennen, glauben oft, es sey den Franken geschmeichelt, wenn man sie mit den Römern vergleicht. Gleichwohl sind sie an Waffen Ruhm unstreitig weit diesen letztern überlegen, die, (den einzigen Kampf mit Hannibal ausgenommen, der doch nur der Kampf gegen eine Macht war, und die noch dazu gewissermaßen schon sich selbst überlebt hatte), nur gegen vereinzelte schwache Völker, gegen schlechtbewafnete, undisciplinirte nordische Horden, oder gegen weichliche Morgenländer fochten. Mit ohngefähr 300,000 Mann konnte Rom die ganze alte Welt, drei ErdTheile, in Ehrfurcht halten; und unter den neun gegen Frankreich verbündeten Mächten waren drei, von denen jede einzelne diese Zahl von Truppen in's Feld stellen konnte. Auch in Rüksicht auf Moralität waren die Consuls und Proconsuls des alten Roms wenigstens eben so schlimm wie manche Generals und fast alle Commissairs der grosen Republik. Wer wird, wenn er folgende Stellen liest, worin Cicero das Betragen der Römer in den Provinzen Asiens schildert, nicht glauben, es sey von Ereignissen unsrer Tage die Rede, und nur durch einen Drukfehler habe sich „Quirites" statt Galli, und „Asia" statt Italia, eingeschlichen. Hier folgt dis merkwürdige Gemählde nach der Natur:
„Difficile est in Asia regnisque interiorum nationum ita versari vestrum imperatorem, ut nihil aliud quam de hoste ac de lande cogitet: deinde etiamsi qui sunt pudore ac temperantia moderatiores, tamen eos esse tales, propter multitudinem cupidorum hominum, nemo arbitratur. Difficile est dictu, Quirites, quanto in odio simus apud exteras nationes, propter eorum, quos per hos annos cum imperio misimus, iniurias ac libidines. Quod enim fanum putatis in illis terris nostris magistratibus religiosum, quam civitatem sanctam,

Enthusiasmus neuer Freiheit, überall nur Misvergnügen über die neue Ordnung der Dinge, verhaltenen Unmuth oder laute Ausbrüche von Empörung bemerkte. Die fränkische Armee, um die sich, wenn sie wirklich das gewesen wäre, wofür sie angesehen seyn wollte, „die Befreierin der Völker," * gegen jeden auswärtigen Feind sogleich und überall Tausende von HilfsTruppen hergesammelt haben würden, war dagegen nun vielmehr in einem beständigen kleinen Kriege gegen die Insurrectionen, die bald da, bald dort, und meist auf mehreren Punkten zugleich, ausbrachen. In diesen Kämpfen gegen schlechtbewafnete, undisciplinirte VolksHaufen blieb ihr zwar immer der Sieg; aber dieser Sieg kostete sie doch immer manchen Tapfern; durch alle diese kleine Gefechte ward sie nach und nach beträchtlich vermindert, und, was noch schlimmer war, immer mehr desorganisirt; es war nicht mehr jene furchtbare eine Masse, an deren Spize Buonaparte die Bewunderung von Europa auf sich gezogen hatte. Welch schrekliche Explosion muste sie nicht

quam domum satis clausam ac munitam fuisse? Urbes iam locupletes ac copiosae requiruntur, quibus caussa belli propter diripiendi cupiditatem inferatur... Pro sociis vos contra hostes exercitum mittere putatis, an hostium simulatione contra socios atque amicos? Quae civitas est in Asia, quae non modo imperatoris aut legati, sed unius tribuni militum animos ac spiritus capere possit? Quare, etiamsi quem habetis, qui collatis signis exercitus regios superare posse videtur: tamen, nisi erit idem, qui se a pecuniis sociorum, qui ab eorum coniugibus ac liberis, qui ab ornamentis fanorum atque oppidorum, qui ab auro gazaque regia, manus, oculos, animum cohibere possit, non erit idoneus, qui ad bellum Asiaticum regiumque mittatur. Ecquam putatis civitatem pacatam fuisse, quae locuples sit? ecquam esse locupletem, quae istis pacata esse videatur?" etc. (CICERO pro lege Manilia, Cap. 22. L)

* Armée libératrice.

erwarten, sie, die nur durch die Gewalt der Waffen, und mit grosser Mühe, den Ausbruch eines allgemeinen Aufstandes verhindert hatte, wenn, bei dem WiederAnfang eines neuen Krieges mit den auswärtigen Mächten, die Truppen dieser leztern in die bis dahin von ihr besezten Gegenden vordrangen!

So war die Lage Italiens und der fränkischen Armee beschaffen in dem Augenblike, wo man voraussehen konnte, daß dieses Land der HauptSchauplaz des neu ausgebrochenen Krieges werden würde; wo oben an der Etsch eine zahlreiche östreichische Armee unter dem FeldMarschallLieutnant Kray stand, mit der sich in wenigen Wochen eine russische Armee unter Souworof vereinigen sollte; wo weiter unten, die Küsten des römischen und neapolitanischen Gebietes mit einer Landung von englischen, russischen, türkischen und neapolitanischen Truppen bedroht waren.

In diesem Augenblike, wo der Stand der fränkischen Armee in Italien bei weitem kritischer war, als da Buonaparte seine glänzende Laufbahn mit der Schlacht bei Montenotte begann, übernahm — Scherer den allgemeinen OberBefehl über die ganze fränkische KriegsMacht in Italien; denn nicht nur sollte er die eigentlich sogenannte Italienische oder HauptArmee in Person kommandiren, sondern auch der General Macdonald, der seit Championnet's Absezung an der Spize der Armee von Neapel stand, sollte ihm untergeordnet seyn.

Diese leztere Armee, welche Rom und Neapel dekte, war ohngefähr 30,000 Mann stark. Sie hatte für's erste keinen andern Feind zu bekämpfen als die Insurgenten, deren Haupt = TummelPlaz im römischen Gebiete die Gegend von Viterbo, im neapolitanischen die Landschaft Abruzzo war, und unten in Calabrien die Trümmer der aufgelösten neapolitanischen Armee, mit der sich die Einwohner dieser Provinz vereinigt hatten, und an deren Spize der Kardinal Ruffo stand.

Die HauptArmee, die, der östreichischen gegenüber, auf dem Gebiete der Cisalpinischen Republik stand, war überhaupt 61,000 Mann stark, worunter 10 bis 11,000 Mann piemontesischer, polnischer, cisalpinischer und helvetischer Truppen waren; ausserdem waren die festen Plätze in der Cisalpinischen Republik und in Piemont durch 23 Bataillone besetzt. Von der so eben angegebenen Zahl von 61,000 Mann musten jedoch abgerechnet werden: 1) 5000 Mann, die nach Piemont verlegt wurden, um daselbst die Ruhe zu erhalten; 2) die 7000 Mann starke Division des Generals Gauthier, welche Toscana besezen sollte; 3) die 6000 Mann starke Division des Generals Desolles, die vom Veltlin aus in Verbindung mit dem rechten Flügel der helvetischen Armee agirte. Es blieben also noch (ohne die Artillerie und Sappeurs zu rechnen) 43,000 Mann übrig, die sich im Mantuanischen versammelten, und gegen Ende des März am Orte ihrer Bestimmung eintrafen. Sie waren in sechs Divisionen vertheilt; die, welche die Avantgarde bildete, kommandirte der General Delmas; die übrigen wurden von den Generalen Serrurier, Grenier, Victor, Hatry und Montrichard angeführt. * Der General Moreau, der durch seine zwei RheinUibergänge im Angesicht des Feindes, und noch mehr durch seinen Rükzug, sich unsterblich gemacht hatte, gab hier einen neuen Beweis von jener Bescheidenheit, die nur grossen Seelen eigen ist. Die späte Bekanntmachung der bei seinem zweiten RheinUibergang im Jahr 1797 erbeuteten geheimen Correspondenz, in welcher der General Pichegru so stark compromittirt war, und die ruhige Haltung der Rhein und MoselArmee bei dem Kampfe zwischen dem Directorium und den gesezgebenden Räthen, hatten auch ihn, der der Republik so manches Unterpfand seiner Treue gegeben,

* Alle diese Details sind aus dem Précis des opérations militaires de l'armée d'Italie depuis le 21 Ventose jusqu'au 7 Floreal de l'an VII, par le General Scherer.

thy; auf dessen Niederlage die Faction, die ihre Hoffnungen auf Pichegru'n sezte, ihre Plane berechnet, und dessen Siege diese Plane vereitelt hatten, den Machthabern in Paris, unter denen Reubel sein persönlicher Feind war, verdächtig gemacht. Unmittelbar nach dem 18 Fruktidor war er nach Paris abgerufen worden, und von der Zeit an kam er nicht wieder an die Spize einer Armee; doch bezog er seinen Gehalt als DivisionsGeneral fort, und hielt sich während der Zeit meist zu Passy auf. Da ein neuer Krieg den Ausbruch drohte, ward er, ohne eigentliches Kommando, nach Italien geschikt. „Moreau" sagte man, „muß erst wieder seinen politischen Fehler gut machen, und jede Spur von Mistrauen, das man gegen ihn hegen könnte, in FeindesBlut abwaschen." Scherer übertrug ihm nun die Anführung seines linken Flügels. Wir werden bald sehen welche Dienste der „bescheidene General" * auch in dieser subalternen Rolle seinem Vaterland leistete.

Dem Plane des Feldzuges und den bestimmten Befehlen des VollziehungsDirectoriums gemäß, sollte Sche-

* Der Titel „Général modeste" ist dem General Moreau seit seinem einfachen und prunflosen AmtsBericht über seinen Rükzug geblieben; und er verdient ihn in jeder Rüksicht. Aber seine Bescheidenheit ist die einer starken Seele, und daher untrennbar von dem Gefühl von SelbstKraft. Bei der Vertheidigung von Kehl machte man ihn aufmerksam auf einen Punkt, der nicht hinlänglich befestigt schien: „il suffit que j'y suis," antwortete Moreau. — Er ist, wie Buonaparte, und wie fast alle fränkische Generale, ein Fatalist; und das ist sehr begreiflich bei einem Manne, der in so vielen Schlachten immer mit der größten Kühnheit da gefochten hat, wo die Gefahr am größten war, der so viele neben sich stürzen gesehen, mehr als ein Pferd unter dem Leibe verloren, mehr als einmal seine Kleider von Kugeln durchlöchert gehabt hat, ohne jemals eine Wunde zu erhalten.

er die Oestreicher angreifen, und aus ihrer Position an der Etsch zurükdrängen, ehe sie noch durch die Russen verstärkt seyn würden. Am 11 März war er in Mailand angekommen; am 21 verlegte er sein HauptQuartier nach Mantua; hier überbrachte ihm ein EilBote von Paris die KriegsErklärung gegen Oestreich und Toscana.

Dieses Grosherzogthum ward nun sofort von der Division des Generals Gauthier, die dasselbe bereits von allen Seiten eingeschlossen hielt, ohne Widerstand in Besiz genommen; der Grosherzog selbst hatte seinen Unterthanen öffentlich erklärt, er werde es als einen besondern Beweis ihrer Treue und Zuneigung ansehen, wenn sie sich bei dem Einmarsch der fränkischen Truppen völlig ruhig verhalten würden. General Gauthier sprach in seiner Proclamation an das Volk von Toscana besonders von einem Plane, russische und türkische Truppen landen zu lassen, dessen Vereitlung die HauptUrsache seines Einmarsches sey. Er selbst besezte am 25 März Florenz; der General Miollis rükte, von Lucca her, in Livorno ein. Der Grosherzog reiste mit seiner Familie und einem Theile seines Hofes unter fränkischer Eskorte nach Venedig ab. Der Papst, der nach seiner Vertreibung von Rom hier ein Asyl gefunden hatte, ward nach Parma abgeführt; denn Parma, welches die Franken wegen seiner Verhältnisse mit Spanien schonten, war izt die einzige Ruine, die noch unverändert aus dem alten Italien übrig war.

Die HauptArmee, unter den Befehlen des OberGenerals Scherer, sezte sich am 25 März in Bewegung. Fünf Divisionen derselben sollten auf der Fronte der östreichischen Position an der Etsch agiren; die sechste, unter dem General Serrurier, sollte sich nach dem Uibergang über diesen Fluß mit den Divisionen Desolles und Lecourbe, die den rechten Flügel der helvetischen Armee bildeten, vereinigen, um alsdann auf der rechten

Flanke der östreichischen Armee in den Gebirgen zu operiren.

Bekanntlich umfaßte nach dem Tractat von Campo Formio, die neue östreichische Gränze in Italien die Länder, welche zwischen den östreichischen ErbStaaten, dem adriatischen Meer, und einer Linie begriffen waren, die von Tirol ausgieng, dem WaldStrom vorwärts Gardola folgte, den GarderSee bis Lacise durchschnitt, von da aus nach San Giacomo unterhalb Verona, und hier über die Etsch gieng, dem linken Ufer dieses Flusses, jedoch mit Inbegrif der auf dem rechten Ufer liegenden Festung PortoLegnago, bis zum Einflusse des Weissen Kanals folgte, und von da am linken Ufer dieses Kanals, des Tartaro, des Kanals Polisella bis zum Einflusse des leztern in den Po, und am linken Ufer des grosen Po bis an's Meer fortgieng. Dieser GränzLinie zufolge, war der linke Flügel der östreichischen Armee, bei welchem der FeldmarschallLieutenant Kray (der bis zur Ankunft des Generals Melas die ganze Armee kommandirte) in Person sich befand, hinter Legnago, im Lager von Bevilaqua, und der rechte Flügel, unter den Befehlen des FeldMarschallLieutenants Kaim, hinter Verona aufgestellt. Weiter hinauf standen die GeneralMajors Elsnitz, und Gottesheim mit 7 Bataillonen Infanterie und 3 Escadrons Husaren, auf dem rechten Ufer der Etsch, zwischen diesem Flusse und dem GarderSee, in der mit zahlreichen Redouten verschanzten Position von Pastrengo; die VorKette vor derselben bildeten, vom GarderSee an, längs der Gränze, bis in die Gegend von Mamalaqua, 2 Bataillone GränzTruppen, 4 Kompagnien vom d'Aspreschen JägerKorps und 1 Escadron Husaren; zur Communication mit dem linken EtschUfer waren bei Polo zwei SchiffBrüken über diesen Fluß erbaut. Da diese Position, wegen der weitern Entfernung, in keiner Verbindung mit Verona am rechten Ufer der Etsch zusammenhängen konnte, so hatte der Feld-

MarschallLieutenant Kaim, um die Communication wenigstens einigermasen zu unterhalten, einen Flügel Husaren von Verona nach Casa Cavri geschikt. Die VorPostenKette von Verona selbst hatte er von Tombetta über Tomba, St. Lucia, St. Massino, Croce bianco bis Chievo, von einem EschUfer an das andre gezogen.

Der Plan des fränkischen OberGenerals war, die Oestreicher über die Etsch zurükzuwerfen, und oberhalb Verona einen Theil seiner Armee über diesen Fluß sezen zu lassen, um die östreichische Armee zu überflügeln, sie zum Rükzuge zu nöthigen, und sodann die isolirten Pläze Verona und Legnago zu berennen. In dieser Absicht sollte sein linker Flügel, der aus drei Divisionen bestand, den HauptAngrif auf die Position von Pastrengo zwischen dem GarderSee und der Etsch, ausführen, während zwei andre Divisionen, in der Mitte, gegen Verona marschiren, und die sechste, zur Rechten, die Festung Legnago maskiren sollte.

Auf den beiden ersten Punkten begann der Angrif mit TagesAnbruch. Der fränkische linke Flügel kämpfte mit ausgezeichnetem Erfolg. Nach einem hartnäkigen Gefechte wurde das an TruppenZahl bei weitem schwächere östreichische Korps bei Pastrengo durch die Divisionen Delmas und Grenier aus allen seinen Verschanzungen (nach Scherer's Angabe, aus 22 Redouten und Fortins) vertrieben, und über die Etsch zurükgedrängt; die Franken bemächtigten sich, bei Polo, der zwei Brüken über diesen Fluß. In der nemlichen Zeit hatte die Division des Generals Serrurier, unterstüzt von der fränkischen Flotille auf dem GarderSee, die Oestreicher von den Anhöhen an diesem See vertrieben. (Von dem, was bei Pastrengo geschah, sagt FeldMarschallLieutenant Kray in seinem Berichte nichts; desto ausführlicher spricht davon General Scherer in dem seinigen.)

Die zwei Divisionen in der Mitte, die unmittelbar gegen Verona marschirten, richteten ihren Angrif hauptsächlich gegen St. Lucia und St. Massimo. Der erstere Ort ward von den Franken sogleich erobert; der östreichische General Liptay, der hier kommandirte, ward schon gegen halb fünf Uhr verwundet; General Minkwiz, der ihm im Kommando folgte, hatte dasselbe Schiksal; nun übernahm der General Graf Hohenzollern das Kommando, allein ohngeachtet er sich zweimal St. Lucia's bemächtigte, konnt' er sich doch nie darin behaupten, und dieser Ort blieb in der Gewalt der Franken. — Nicht so glüklich waren diese bei St. Massimo. Siebenmal griffen sie dieses Dorf an, und nahmen es immer wieder hinweg; aber jedesmal wurden sie durch ein lebhaftes Kartätschen- und MusketenFeuer wieder daraus vertrieben. Die Oestreicher behaupteten sich in diesem Posten, so wie die Franken in dem von St. Lucia. (Wir haben dis Gefechte bei Verona hier nach dem östreichischen Berichte erzählt. In dem fränkischen wird davon nur im Allgemeinen gesagt: die zwei Divisionen des Centrums hätten mächtig zum glüklichen Erfolg des HauptAngrifs beigetragen, und bis in die Nacht gegen ein zahlreiches östreichisches Korps, das aus Verona vorgerükt sey, gefochten.)

Bei Legnago, wo nur eine fränkische Division den östreichischen linken Flügel beschäftigen, und denselben verhindern sollte, sich gegen Verona zu wenden, kam es erst gegen acht Uhr Morgens zum Gefechte. Die Franken rükten hier in zwei Colonnen vor. Die eine marschirte an der Etsch, über Anghiari, her; nach zwei heftigen Angriffen ward sie von der Besazung von Legnago, unter den Befehlen des Obersten Skal, zum Welchen gebracht. Die andre drang von St. Pietro, auf der HauptStrasse von Mantua, vor. Um halb vier Uhr Nachmittags kam der VorTrab des Korps an, das bei Bevilaqua im Lager stand. Nun griffen die Oestreicher ihrer Seits zur Offensive. Zwei Colonnen thaten den HauptAngrif auf St. Pietro; die dritte marschirte auf Anghiari los. Um halb sieben Uhr waren die Franken geworfen, und zogen sich in Unordnung gegen den Tartaro zurük. (Von diesem Gefechte bei Legnago sagt der fränkische AmtsBericht nichts.)

So war an diesem Tage, längs der Etsch, auf drei verschiedenen Punkten, bei Pastrengo, bei Verona, und bei Legnago, gefochten worden. Vergebens hatten beide Armeen der höchsten Anstrengung aufgeboten, um sich gegenseitig zu überwältigen; Vortheile und Nachtheile waren auf beiden Seiten getheilt. Der HauptAngrif, den der fränkische linke Flügel auf die Position von Pastrengo that, hatte einen vollkommenen Erfolg; dagegen ward die Division zur Rechten, welche Legnago maskiren sollte, mit Verlust zurükgeschlagen; in der Mitte, vor Verona, wo von halb 4 Uhr Morgens bis Nachts 10 Uhr gefochten ward, hatten sich, am Ende des Kampfes, die Oestreicher in St. Massimo, die Franken in St. Lucia behauptet.

Da diese leztern ihre HauptAnstrengung gegen die obere Etsch gerichtet, und bei Pola sich wirklich eines Übergangs über diesen Fluß bemächtigt hatten, so zog sich der FeldMarschallLieutenant Kray, am 27, mit dem grösten Theile seiner Armee gegen Verona. Die Truppen waren sich hier in solcher Nähe geblieben, daß die Todten noch unbeerdigt auf dem SchlachtFelde lagen; man verglich sich daher am 29 Abends über einen WafenStillstand, der bis zum Mittag des folgenden Tages (30 März) dauern sollte. Kaum war derselbe zu Ende, als die Division des Generals Serrurier, und ein Theil jener des Generals Victor, bei Pola über die Etsch giengen, und die östreichschen VorPosten unter den Generalen Elsnitz und Gottesheim bis auf eine halbe Stunde gegen Verona zurüktrieben, während eine starke Colonne Infanterie über das Gebirge bei St. Ambrosio, woran sich die östreichsche rechte Flanke stüzte, hinaufzog, um die hinter Verona auf der Strasse gegen Vicenza gelagerte östreichsche Armee zu beunruhigen. Jzt ließ der FeldMarschallLieutenant Kray ein InfanterieRegiment, vier Bataillone Grenadiers, und drei Regimenter Reiterei, aus Verona hervorbrechen. Dieses Korps griff in drei Colonnen, wovon die eine längs der Etsch, die zweite auf der LandStrasse nach Tirol, die dritte längs dem Gebirge zog, die Franken so rasch an, daß sie, troz ihres heftigen Widerstandes, über drei Stunden Weges zurükgeworfen, und in solcher Eile an die EtschBrüke gedrängt wurden, daß sie aus Besorgniß eines Uibergangs der Oestreicher die Brüke selbst zerstörten, und dadurch dem Schweif ihrer Colonne, die Verona hatte umgehen sollen, den Rükzug abschnitten.

Den Grund, warum dieser Uibergang über die obere Etsch verunglükte, schreibt General Scherer* dem Rükzug der Divisionen der Generäle Lecourbe und Desolles aus Tirol in das Engadin zu. Dem grosen Plane des Feldzuges zufolge, hatten diese beiden Divisionen auf dem linken Flügel der Italienischen Armee vorrüken, und nach Trient marschiren sollen, wo Serrurier's Division sich mit ihnen vereinigen sollte, um die Oestreicher im Rüken zu bedrohen, und dadurch zu nöthigen, ihre VertheidigungsLinie an der Etsch zu verlassen; auch hatten sich (wie wir im vorigen Abschnitte sahen) Lecourbe und Desolles wirklich, mit der kühnsten Anstrengung, der wichtigen Posten von Naubers und Glurenz bemächtigt. Aber Jourdan's Rükzug hatte den ganzen Plan des Feldzuges vereitelt: Massena, der die Schweiz auf der einen Seite durch den FeldMarschallLieutnant Hotze, auf der andern durch den Erzherzog Karl bedroht sah, muste von nun an ein bloses Defensiv = System befolgen, und sich darauf einschränken, den Lauf des Rheins, von seiner Quelle an bis über Basel hinab, zu vertheidigen. Die Posten bei Mals und bei Glurenz an der Etsch, bes

---

* In seinem Précis des operations militaires de l'armée d'Italie etc.

Nauders und Finstermünz am Eingange des Inn-Thals, waren von nun an bloß VorPosten geworden, die man umgehen konnte, die mit der DefensivPosition in der Schweiz in keiner Verbindung standen, und die bald nicht mehr unterstüzt werden konnten. In der Nacht vom 30 Mäyz hatte sich daher der General Lecourbe von Nauders, und Finstermünz über die MartinsBrüke, die er hinter sich abbrannte, in das Engadin, und der General Desolles von Mals und Glurenz gegen Tauffers und St. Maria zurükgezogen, wo er am 4 April von dem FeldMarschallLieutnant Bellegarde angegriffen, und nach einem 9stündigen blutigen Gefechte durch das FulderaThal nach Zernetz im Engadin zurükgedrängt ward.

„Dieser Umstand," sagt der General Scherer, in seiner seitdem herausgegebenen VertheidigungsSchrift, „war an allem nachfolgenden Unglük schuld. Die Divi-„sion des Veltlins wurde dadurch unthätig, und konnte „weiter keinen Vortheil mehr verschaffen; und da ihm so-„wohl diese Division, als die der Generale Lecourbe und „Gauthier entgiengen, so muste er den Feldzug mit „21,000 Mann weniger eröfnen, als ihm nach dem gro-„sen Plane desselben zugedacht waren. Er sah nun, daß „der vorgeschriebene Plan des Feldzuges nicht ausgeführt „werden konnte, indem die östreichische Armee in Italien, „mit der sich nun auch noch eine russische Armee verein-„gen sollte, und das ArmeeKorps in Tirol, seinen Trup-„pen über die Hälfte überlegen waren."

Indeß wollte er, (nach den bestimmten Befehlen des Directoriums, die Oestreicher anzugreifen, ehe sie durch die Russen verstärkt seyn würden), einen neuen Versuch wagen, und die ganze fränkische Armee die Etsch passiren lassen, um sich in der Ebene des Veroneser Gebietes auszudehnen, und die Kastelle von Verona mit Sturm einzunehmen; aber in einem KriegsRathe stimmten alle Generale gegen dieses Projekt, das allzugefährlich war. Es ward nun ein andres vorgeschlagen, nemlich mit fünf Divisionen die Etsch zwischen Verona und Legnago zu passiren, und die sechste unter Serrurier diese Bewegung maskiren zu laßen. In dieser Absicht zog sich der gröste Theil der Armee die Etsch herab, und stellte sich gegenüber von Albaredo, und dem berühmten Schlacht-Feld von Arcole. Das HauptQuartier ward nach Isola della Scala verlegt.

Sowohl aus dieser Stellung, welche die fränkische Armee seit dem 30 März genommen hatte, als aus einem aufgefangenen BefehlsSchreiben von Peschiera wegen schleuniger Abführung der dort stehenden Pontons nach Isola boccariza, erkannte der FeldMarschallLieutnant Kray die Absicht des Generals Scherer; er machte indeß an dem bedrohten Orte der Etsch keine Anstalten, um sich dessen Vorhaben zu widersezen, und beobachtete blos den Fluß, fest entschlossen, ihm den Uibergang nicht zu verwehren, sondern mit seiner ganzen Armee ihm am rechten Ufer der Etsch an dem Orte des Uibergangs in den Rüken zu gehen. Da er aus Scherer's Zögern vermuthete, daß seine feste Haltung denselben unentschlossen gemacht habe, diesen Uibergang zu versuchen, so beschloß er, ihn selbst anzugreifen, und ließ am 5 April, Morgens 10 Uhr, seine Armee in drei Colonnen, unter den Befehlen der FeldMarschallLieutnants Merbaudin, Kaim und Zoph, sich in Bewegung sezen; eine vierte Colonne, von allen die stärkste, unter den Befehlen des FeldMarschallLieutnants Fröhlich, bildete die Reserve; die beträchtliche Avantgarde führte der General Graf Hohenzollern.

General Moreau war jedoch von dem projektirten Angrif der Oestreicher in Zeiten benachrichtigt worden, und Scherer, der entweder dem FeldMarschallLieutnant Kray zuvorkommen, oder sich nach Mantua und Peschiera zurükziehen muste, hatte auch seiner Seits die Befehle zum Angrif gegeben. Da seine Absicht war, die

Oestreicher gänzlich von dem rechten Etschufer zurükzuwerfen, und dadurch zu verhindern, daß sie ihm nicht im Augenblike des Ubergangs in die Flanken und in den Rüken fallen könnten, so hatte er folgende Dispositionen getroffen. Auf dem rechten Flügel sollten die Divisionen Victor und Grenier sich längs der Etsch unterhalb Verona ziehen, um das Dorf San Giacomo wegzunehmen; die Division des Generals Delmas sollte über Dossobuono vorbrechen, und den Angrif der beiden erstern deken; weil diese Division im Mittelpunkt war, von wo aus der ganze Angrif geleitet werden konnte, so befand sich hier der OberGeneral selbst; auf dem linken Flügel sollte der General Moreau, mit den Divisionen Hatry und Montrichard, die Oestreicher aus allen ihren Stellungen zwischen Villafranca und Verona vertreiben, während General Serrurier das Städtgen Villafranca wegnehmen, sie verfolgen, und über die Etsch zurükwerfen sollte.

Beide Heere rükten demnach zu gleicher Zeit vor, um einander die Schlacht anzubieten. Sie begann gegen 11 Uhr, und dehnte sich auf der ganzen Linie aus; von beiden Seiten schlug man sich mit der größten Hartnäkigkeit. Dem General Serrurier, nachdem er bei dem Angrif auf Villafranca zurükgeschlagen worden war, gelang es endlich, durch eine kräftige Erneuerung des Angrifs, sich dieses Ortes zu bemächtigen, wobei eine beträchtliche Anzahl Gefangene in seine Gewalt fiel. Der General Moreau drang gegen Verona vor, und kämpfte fast unter den Mauern dieser Stadt. Die Division des Generals Delmas, die einen ungangbaren Weg antraf, hatte einen Umweg nehmen müssen, und kam zu spät an; doch behauptete sich dieser General, obgleich die Oestreicher, die eine grose Anzahl Truppen auf dieses Centrum hingezogen hatten, die Flanken seiner Division überflügelten, durch die Geschiklichkeit womit er manövrirte, gegen mehrere Angriffe.

Der Kampf hatte mit schröcklicher Erbitterung von 11 Uhr früh bis 4 Uhr Abends gedauert; der fränkische linke Flügel hatte einen entschiedenen Vortheil — aber ganz anders verhielt es sich mit dem rechten. Die Divisionen der Generale Victor und Grenier, welche zu ungestüm vorgedrungen waren, und eine zu grose Lüke zwischen sich gelassen hatten, wurden, da die ihnen gegenüber stehende Colonne des FeldMarschallLieutnants Zoph von Verona her grose Verstärkungen erhielt, gegen 4 Uhr erst im Vordringen aufgehalten, und bald von einander so abgeschnitten, daß die Oestreicher ihnen in den Flanken und im Rüken waren, und sie sich, mit beträchtlichem Verluste, in Unordnung zurükziehen musten. General Moreau, der bis an die Wälle von Verona vorgedrungen war, sah dadurch seine rechte Flanke entblöst, und muste sich daher ebenfalls wieder zurükziehen. Von Delmas mächtig unterstüzt, eilte Er mit einem auserlesenen TruppenKorps herbei, um die Flucht der zwei Divisionen des rechten Flügels zu deken, und verschafte ihnen dadurch Zeit, sich unter den Mauern von Mantua wieder zu sammeln. Bei Anbruch der Nacht trat auch der fränkische linke Flügel seinen Rükzug an.

Die Oestreicher nennen diese Schlacht die bei Magnano, weil auf diesem Punkte sich das Schiksal des Tages und ihr Sieg entschieden hatte.* Beide Heere hatten mit der grösten Hartnäkigkeit und Kühnheit gefochten; selbst der Sieger, FeldMarschallLieutnant Kray, sagt in seinem Berichte von diesem „hartnäkigen Gefechte," es habe „öftermalen verloren geschienen." An Ofizieren allein verloren die Oestreicher in dieser Schlacht 17 todte, 120 verwundete, und 51 gefangene; den Verlust der Franken sezen sie auf mehr als 2000 Todte und Verwundete, über 2000 Gefangene, 11 Kanonen,

* Zum Theil nennt man sie auch die Schlacht bei Isola della Scala, von dem fränkischen HauptQuartier, das sich an diesem Orte befand.

und 7 Fahnen. Der AmtsBericht des Generals Scherer gibt den östreichischen Verlust zu mehr als 4000 Todten und Verwundeten, 2000 Gefangenen, und 7 Kanonen; den fränkischen zu 3000 Todten, Verwundeten, oder Gefangenen, und 4 Kanonen an.

Daß die Schlacht bei Magnano für die Franken keinen glüklichern Ausgang hatte, schreibt General Scherer theils der Uiberzahl der Oestreicher, besonders gegen den fränkischen rechten Flügel, theils dem Umstande zu, daß es durch die Schwierigkeit der Märsche unmöglich geworden wäre, so wie er es befohlen hatte, „gleich früh Morgens anzugreifen; da im ganzen Lager sich keine gute Karte vom Mantuanischen gefunden, so habe man die Wege, die „jede Division nehmen sollte, um sich mit den übrigen zu „vereinigen, nicht gehörig bestimmen können." Als ob eine solche Rechtfertigung in dem Munde eines OberGenerals, der zumal nur so eben noch die Stelle eines KriegsMinisters bekleidet hatte, dem mithin ein so reicher Vorrath der besten Karten zu Gebot stand, nicht die stärkste SelbstAnklage wäre!

Uiberhaupt haben Kenner es dem General Scherer zum Vorwurf gemacht, daß er am 5 April (da er bereits von Jourdan's Rükzug, und von der Räumung der Posten in Tirol benachrichtiget war) noch eine Schlacht wagte, da die Vortheile, die er sich von dem Siege versprechen konnte, bei weitem nicht den Nachtheilen gleich standen, welche die Nothwendigkeit das Mantuanische zu räumen, die Zerstreuung der Garnisonen, die Schwächung seiner Armee, die Isolirung der Festungen und Posten an den beiden Ufern des Po, und die mögliche Abschneidung der Armee von Neapel, nach sich ziehen musten; da hingegen der FeldMarschallLieutnant Kray, wenn er auch völlig geschlagen wurde, sobald er über die Etsch zurükgieng, die ersten Colonnen des russischen HilfsKorps im Anzuge fand, und wieder zur Offenste schreiten konnte. Vergebens entschuldigt sich Scherer desfalls mit dem Befehl des Vollziehungsdirectoriums, „die Oestreicher anzugreifen, ehe sie durch die Russen verstärkt seyn würden;" die Ausführbarkeit oder NichtAusführbarkeit dieses Befehls muste nothwendig seiner eignen Beurtheilung überlassen bleiben.

Noch ein andrer Vorwurf, welcher diesen General trift, ist der, daß er nicht gleich Anfangs, wo nicht die ganze Armee von Neapel, doch den grösten Theil derselben zu sich an die Etsch heraufzog.*

* Wir wollen einen Offizier von der alten Italienischen Armee (unter Buonaparte) hierüber sprechen lassen.

„Durch die Besezung Graubündens und Veltlins war die fränkische Armee in Italien durch die in der Schweiz flankirt, und dadurch in den Stand gesezt, daß sie, ohne Gefahr von Tirol her, über die Etsch vorrüken konnte."

„Einer von den grosen Vortheilen des Offensivkrieges besteht darin, den Feind mit sich selbst zu beschäftigen, und auf den Punkt der Linie, wo man ihn haben will, hinzuziehen. Wenn es dem thätigen Geiste eines Generals gelingt, die Aufmerksamkeit seines Gegners herumzuführen, so bringt er ihn bald dahin, sich nach ihm zu benehmen. Zum Beispiel in Italien, bei der Aufhebung der Belagerung von Mantua, (zu Ende Juls 1796) war die fränkische Armee noch nicht durch die Besezung von Graubünden und Veltlin flankirt. Der General Wurmser, nachdem er Miene gemacht hatte, über Rivoli und Castelnuovo auf Mantua zu marschiren, brach über Brescia im Rüken der fränkischen Armee vor; Buonaparte, der seine Absichten erräth, fällt mit seiner ganzen Armee auf Brescia her, und räumt die Gegend von Mantua; Brescia wird wieder genommen, und die Armee ist nun im Rüken gesichert. Wurmser, dessen Hauptzwek der Entsaz von Mantua war, rükte in Macht auf diese Festung los, und vergaß den Hintertheil der fränkischen Armee, den er abschneiden und aufreiben konnte: aber sein Gegner wuste ihn zu zwingen, seinen Bewegungen zu folgen. Der General Buonaparte hatte

er voraussehen mußte, daß, wenn es ihm gelänge, an der Etsch Meister zu bleiben, auch ganz Italien in demnach die ganze feindliche Armee nach Mantua hingezogen, und befand sich mit seiner ganzen Armee derselben gegenüber. Sein Zwek war; ein allgemeines und entscheidendes Gefecht zu wagen, von dem er sich eben so viel Gewinn versprechen durfte wie sein Gegner, und wobei dieser alles zu verlieren hatte, weil er durch eine allgemeine Action die Frucht seiner bisherigen Vortheile verlieren, und dagegen Buonaparte alles, was er verloren hatte, und noch mehr als das, wieder wegnehmen konnte, wie nachher wirklich geschah. Er muste daher seine Absicht vor dem Feinde verbergen, sie maskiren. Wurmser war sofort überzeugt, der Zwek von Buonaparte's Rükzug wäre, Brescia wieder einzunehmen, und sich den Rüken zu sichern; er glaubte dabei, daß der Rükzug von Mantua ein Beweis von der Schwäche seiner Armee wäre: und hierin irrte sich Wurmser."

"Am 4 August war die fränkische Armee vereinigt, aber die Linie, die sie besezt hielt, war ausgedehnt genug, um die Absichten des Generals zu maskiren und glauben zu machen, daß sie wirklich auf einen Rükzug denke. Wurmser sah nicht mehr als 15,000 Mann vor sich; und Buonaparte wuste, daß er mit diesem TruppenKorps, welches das Centrum seiner Armee bildete, in wenigen Stunden den Überrest vereinigen, und 25,000 Mann in Schlacht-Ordnung dastehen haben könnte. Die 15,000 Mann allein machten des Morgens eine Bewegung vorwärts, und Wurmser glaubte, der Zwek dieser Bewegung wäre, den Rükzug zu maskiren, und zu deken. In der That sieht er die Franken bald in ihrem Marsch inhalten, und vernimmt, daß die auf den Flanken der fränkischen Armee gelegenen Dörfer zum Theil geräumt sind. Nun zürnt er über seine Langsamkeit; er schikt Truppen ab, um die Dörfer zu beunruhigen, und rükt mit Hize gegen einen Feind heran, der mit Ungedult den Kampf erwartete."

"Zwei Stunden verfliesen — die fränkische Armee ist ver-

seiner Gewalt wäre, da hingegen, wenn die Oestreicher vordrängen, die Armee von Neapel leicht abgeschnitten, und Wurmser, der seine Armee noch nicht ganz vereinigt hatte, findet, statt 15,000 Mann, die ganze fränkische Armee. Eine fränkische Colonne, die sich etwas verspätet hatte, erhält den Befehl, eine andre Richtung zu nehmen. Wurmser denkt itzt nur noch an seine Vertheidigung, und bald leidet seine Armee eine gänzliche Niederlage."

"Wäre Buonaparte an Wurmser's Stelle gewesen, so würde er diesem nicht Zeit gelassen haben, seine Armee zu versammeln; er würde ihn rastlos vor sich her getrieben und gezwungen haben, sich nach seinen Bewegungen zu richten. Wurmser, indem er seinen Feind zu sehr studirte, bekam von ihm die Idee, die man ihm beibringen wollte, und statt den Bewegungen am 5 August als Sieger, selbst die Richtung zu geben, befolgte er jene, welche die fränkische Armee ihm gab."

"Laßt uns nun, nach diesen Erläuterungen, sehen, wie Buonaparte sich benommen haben würde, wenn Er bei der neuen Kriegs-Erklärung in Italien kommandirt hätte. Er würde Neapel und Rom geräumt, und sich mit 80 bis 100,000 Mann an der Etsch gezeigt, den Feind bei Rivoli angegriffen, und Abends zuvor bei Albaredo eine Brüke haben schlagen lassen. Wäre er am 26 März Meister von der Brüke über die Etsch geblieben, so würde er, in Verfolgung des Feindes, sowohl bei Rivoli als bei Albaredo über diesen Fluß gesezt, Verona und Legnago blokirt haben, und vorwärts marschirt seyn. Am 27. wäre Verona den Franken in die Hände gefallen, weil er, bei dessen Blökirung, die Anhöhen, welche die Stadt beherrschen, besezt, und diese leztere, indem er sie von da aus den ganzen Tag hindurch lebhaft kanonirt, und mit Haubizen und einigen Bomben beworfen hätte, zur Uibergabe gezwungen haben würde. Legnago würde längern Widerstand geleistet haben, vielleicht aber hätte man die-

sen werden könnte. Erst nachdem die verlorne Schlacht bei Magnano ihm seinen Fehler fühlbar machte, (7 April) schikte er dem General Macdonald die Weisung zu, seine Truppen zu concentriren, die festen Pläze mit Besazungen zu versehen, und sich marschfertig zu halten, um auf den ersten Befehl nach Toscana aufbrechen zu können. „Es ist ein CharakterZug kleiner Geister," sagt Friedrich der Grose (in dem Kapitel von den Detaschements,) „daß sie alles erhalten wollen; Männer „von gröserem Uiberblik sehen nur auf die HauptSache, „suchen den grosen Schlägen zu begegnen, und ertragen „ein kleineres Uibel, um ein gröseres zu vermeiden; wer „alles erhalten will, erhält nichts."

Scherer's HauptFehler lag jedoch unstreitig darin, daß er das Vertrauen der Armee nicht hatte. Die Soldaten sagten sich einer dem andern, daß sie gesiegt haben würden, wenn ein andrer General an ihrer Spize stünde. Der üble Ruf, der ihn von Frankreich her begleitet hatte, gab allen nachtheiligen Gerüchten von ihm Glauben: Man streute aus, das VollziehungsDirectorium in Paris wolle durch die Aufopferung der Cisalpinischen Republik den Frieden mit dem Kaiser erkaufen, und Er solle das Projekt ausführen; am Tage der Schlacht bei Magnano habe er vor Trunkenheit keine Befehle geben können; ** während derselben

sen Plaz durch dasselbe Mittel bekommen, da solcher keine Kasematten hat."

„Dis würden, meiner Meinung nach, die Resultate des 26 März gewesen seyn, wenn Buonaparte oder Moreau kommandirt hätten."

(S. Moniteur No. 245, du 5 Prairial l'an VII. p. 997 L)

* Auch in diesem Sinne gilt, was Seneca in einem andern sagt: „malus miles est, qui imperatorem gemens sequitur."

** Ohngefähr wie Marcus Antonius dem nachherigen WeltHerrn August vorwarf, „ne rectis quidem oculis eum adspicere potuisse instructam aciem, verum supinum, coe-

habe er sich in einem Hofe verborgen, aus dem er nicht eher hervorgekommen, als bis der ArtillerieGeneral auf diese Gebäude habe feuern lassen, weil er geglaubt, daß sich feindliche Truppen darin befänden ꝛc. Dagegen war Moreau der Abgott, die einzige Hofnung der Armee; die meisten Soldaten kannten und schäzten ihn von den Feldzügen am Rhein her, wo er sie so oft zum Siege geführt hatte. „Nieder mit Scherer!" hatte man sie auf dem SchlachtFelde bei Verona rufen hören; aber als Moreau nach Mantua kam, da drängten sich alle Soldaten um ihn her, nannten ihn ihren Vater, ihren Retter, jeder wollte seine Hand, seine Kleider berühren; Scherer selbst fühlte die Superiorität dieses Mannes, und zugleich das Mißliche seiner eignen Lage, so wie jener der Armee, so lebhaft, daß er von dem Directorium, unter dem Vorwand von Kränklichkeit, seine Zurükberufung verlangte.

Bis die Vereinigung mit der Armee von Neapel bewirkt seyn würde, zu deren Beschleunigung er jezt drei EilBoten nacheinander an den General Macdonald abschikte, wollte er Vertheidigungsweise verfahren.

Am 6 April räumte die fränkische Armee Isola della Scala und Villafranca; ihre Arrieregarde sezte sich vor Roverbella.

Am 7, nahm sie eine neue Position am Mincio; zwei Divisionen giengen bei Goito über diesen Fluß zurük; die vier übrigen lehnten ihre rechte Flanke an San Giorgio (die befestigte VorStadt von Mantua), die linke an die Quellen der Molinella.

Allein seitdem die Franken sich aus Tirol wieder nach Graubünden hatten zurükziehen, und auf die Vereinigung ihrer Armeen in der Schweiz und in Italien Verzicht thun müssen, hatte diese leztere auf ihrem linken Flügel

---

„Iim intuentem, stupidum cubuisse." SUETON. in vita Augusti, Cap. 16.

einen StüzPunkt mehr, und die Oestreicher konnten nun von Tirol aus in das Brescianische vordringen, und sie im Rüken beunruhigen. Schon am 8. ließ der FeldMarschallLieutnant Bellegarde zwei Colonnen von der Division des Generals Alcaini, die eine, unter den Befehlen des Generals Bukassovich, gegen Rocca d'Anfo, die andre, unter dem Obersten Brodanovich, über Gardola vorrüken. Die ganze PostenKette der Franken und Cisalpiner ward angegriffen, und zum Rükzuge nach Brescia genöthigt, nachdem sie die Verschanzungen von St. Antonio und die kleine Feste Rocca d'Anfo geräumt hatten.

Da diese Bewegungen die Position der fränkischen Armee im Rüken bedrohten, so verließ General Scherer, am 9. den Mincio, und zog sich mit seinem rechten Flügel bei Marcaria über den Oglio, mit dem linken bei Asola über Chiesa zurük. Doch hatte er zuvor noch Mantua, die Vormauer von Italien, in den Stand gesezt, auf jeden Fall einen langen Widerstand thun zu können, indem er die Besazung dieser Festung noch mit 6,600 Mann verstärkte, die mit den bereits darin liegenden Truppen ein beträchtliches ArmeeKorps bildeten, welche unter den Befehlen des DivisionsGenerals Foissac-Latour stand, und auf länger als ein Jahr mit Lebensmitteln und Munition versehen war. Auch hatte er noch von hier aus den General Montrichard mit 3 Bataillonen, 2 Escadrons, die aus Piemont angekommen waren, und einem HusarenRegiment, gegen Ferrara abgeschikt, um die dortige Gegend zu vertheidigen.

In dem Verhältniß wie die fränkische Armee sich zurükzog, rükte die östreichische vor. Das Kommando dieser leztern hatte nun (am 11 April) der von seiner Krankheit hergestellte General der Kavallerie von Melas übernommen. Auf dem rechten Flügel derselben schloß der mit seiner Brigade aus Tirol, über Lacise, herabgekommene General-Graf St. Jullen die Festung Pa schiera ein.

Ein Theil ihres linken Flügels blieb, unter den Befehlen des General-Grafen von Klenau in der Polesina* zurük, um sowohl die Festung Mantua auf der linken Seite des Mincio, als die Bewegungen der fränkischen und cisalpinischen Truppen jenseits des Po, in den ehemaligen Legationen Bologna, Ferrara ꝛc. zu beobachten. Am 12. sezten 3000 Mann von diesem Korps, unter Anführung des Obersten Oreskovich, bei Stienta über den Po, und nahmen den Posten von Lagoscuro (unweit Ferrara) weg, wo sie 15 metallene Kanonen, und 200 eiserne Kanonenröhren, die zur Besezung der Batterien an den Ufern des Po bestimmt waren, erbeuteten. In diesen Gegenden, die bisher zum Gebiete der Cisalpinischen Republik gehörten, brach nun eine allgemeine Insurrection des LandVolks gegen die Franken aus. Auf die blose Unterstüzung durch ein Detaschement von dem Korps des Generals Klenau, bemächtigte sich daßelbe der Stadt Mirandola, und nahm die dortige kleine cisalpinische Besazung gefangen. Zu gleicher Zeit war eine östreichische Flotille von Venedig her in den Mündungen des Po eingelaufen, um sich der Verproviantirung dieses Flußes zu versichern.

Die östreichische Armee selbst gieng, am 14 April, über den Mincio, und lagerte sich bei Campagnola und Monte Olivetano; ihre VorPosten trieben nach Marcaria am Oglio, und nach Monte Chiaro an der Chiesa, vor. Der General Bukasovich, der inzwischen Salo besezt hatte, war dadurch nun in Verbindung mit ihrem rechten Flügel.

Am 18. rükte sie zwischen Capriano und Caselle vor, wo sie ein Lager bezog. Mantua hatte nun be-

* Il Polesine di Rovigo ist ein Stük der venetianischen Lombardei, das von den Flüßen Po, Etsch, Tattaro und Castagnaro umgeben ist.

nits keine Communication mehr mit der fränkischen Armee.

Diese leztere hatte sich inzwischen (am 15) auch mit ihrem linken Flügel über den Oglio zurükgezogen. Wegen der grosen Verminderung, welche sie theils durch die Schlachten an der Etsch, theils durch die beträchtliche Verstärkung der Garnison in Mantua erlitten, hatte der General Scherer sie, statt der bisherigen sechs Divisionen, auf vier herabgesezt, wovon die eine, die Avantgarde bildete. Jede Division bestand aus 10 Bataillonen Infanterie und 3 KavallerieRegimentern, und die Avantgarde aus 5 Bataillonen und 2 KavallerieRegimentern. Sie war überhaupt noch 28,000 Mann stark, die 60 Kanonen hatten. Sie erwartete beträchtliche Verstärkungen, die Armee von Neapel und die Division aus Toscana; aber diese Verstärkungen konnten nicht so bald eintreffen, und die Oestreicher benuzten die Superiorität, die sie schon wirklich hätten, mit einer Thätigkeit; welche den Franken keine Zeit ließ, ihre zerstreuten Streit-Kräfte zu sammeln. Vergebens höften diese, daß die von ihnen zurükgelassenen Festungen Peschiera, Mantua, und Ferrara, den Oestreichern in ihrem Rüken allzuviel Beschäftigungen geben würden, um, solange solche nicht gefallen wären, sich weiter vorwagen zu können. Sie, die zuerst Europa das schrekliche Geheimniß gelehrt hatten, erfuhren nun selbst auch, daß Truppen-Uiberzahl, schnelle Märsche, vervielfältigte AngrifsCombinationen und PostenGefechte, das ehemalige System des „Belagerungs-Krieges" zerstört haben; daß, da die stärksten Festungen doch nur eine relative Wichtigkeit, in Bezug auf eine gewisse Streke Landes, und auf gewisse bestimmte Fälle haben, sie, bei einem Plane, der ganze Länder umfaßt, welche nicht mit in dem Kreise der VertheidigungsAnstalten, um deren Willen sie erbaut wurden, begriffen sind, nicht mehr wie ein besonderer Gegenstand der AngrifsAnstalten betrachtet werden, und von ihrer Wichtigkeit in demselben Verhältniß verlieren, wie der KriegsSchauplaz sich weiter ausdehne. So hatten sie im Feldzuge von 1794 sich nicht bei Belagerungen verweilt, oder auch nur, in der Absicht sie späterhin zu unternehmen, durch vergebliche Vorkehrungen sich der Mittel beraubt, ihre verschiedenen AngrifsPlane ununterbrochen fortzusezen; Valenciennes, Mastricht und Luxemburg wurden blos eingeschlossen, und hielten sich, im Verhältniß ihrer Wichtigkeit und der starken Besazungen, die darin lagen, nicht lange: dis geschah, ohne daß Pichegru's Operationen im mindesten unterbrochen wurden. Noch kühner hatten sie im Jahr 1796, die ganze Kette der RheinFestungen: Ehrenbreitstein, Mainz, Mannheim und Philippsburg, blos maskirt, während Fourdan bis nahe an Böhmen, und Moreau bis an die Thore von München vordrang, weil auch dieses eine Folge von dem weitern Umfang des AngrifsPlanes ist, daß bei vielfältigern und auf eine weitere Streke vertheilten Communicationen die Ausfälle und das Herumschweifen der Besazungen weniger zu fürchten sind, und daß man sie nicht so eng einschliesen darf, und mit TruppenKorps, geringer an Zahl als die Besazungen selbst, durch wohlgewählte Posten in grösern Entfernungen blokirt halten kan. *

Auf dieselbe Weise sah sich nun die östreichische Armee in Italien, durch ihre Uiberlegenheit an Truppen, in den Stand gesezt, ohngeachtet sie die Festungen Peschiera, Mantua und Ferrara im Rüken ließ, ihren grosen InvasionsPlan immer weiter zu verfolgen. Seitdem Massena, nach Jourdans Rükzug, sich auf blose Defensive hatte einschränken müssen, war sie durch einen grosen Theil des Armee

* S. den Auszug der interessanten Schrift „Des Resultats de la derniere Campagne (de 1796), par Mathieu Dumas," im Jahrgang 1797 dieser Annalen, Heft III, S. 294 f.

Korps in Tirol verstärkt worden. Auch traf itzt das erste russische HilfsKorps von 25,000 Mann bei ihr ein; am 17 April zog die erste Colonne desselben, welcher die übrigen in schnellen Märschen folgten, durch Verona, und der FeldMarschall Graf von Suworof-Rimniskoy übernahm nun den allgemeinen OberBefehl über die vereinigte östreichisch-russische KriegsMacht.

Am 19 April rükte die Division des FeldMarschall Lieutnants Ott von Monte Chiaro aus, und die Brigade des Generals Bukassovich von der GebirgsSeite her, unter den Befehlen des FeldMarschallLieutnants Kray, auf Brescia los, und besezten diese Stadt. Am folgenden Tage kapitulirte auch das Kastell; die ohngefähr 1000 Mann starke Besazung, unter den Befehlen des BrigadeChefs Bouzet, ergab sich kriegsgefangen; die Oestreicher fanden hier 40 metallene Kanonen, 18 Mörser, und 480 Centner Pulver.

Von Brescia aus marschirte nun der FeldMarschall-Lieutnant Kray mit 20,000 Mann östreichischer Truppen nach dem Mincio zurük, um, sobald die nöthige Artillerie, die wegen der äusserst schlechten Wege nur langsam folgen konnte, angekommen seyn würde, die Belagerung von Mantua und Peschiera anzufangen. Die erstere dieser Festungen war bereits durch die Generale Elsnitz und Klenau auf beiden Seiten des Flusses, und die leztere durch den General St. Julien blokirt.

Mit der HauptArmee selbst, traf der FeldMarschall Suworof, am 22 April, auf dem linken Ufer des obern Oglio ein.

Da der fränkische linke Flügel, der keinen sichern StüzPunkt hatte, durch die Bewegungen des Obersten Strauch, der mit einem Korps von 7 Bataillonen aus Tirol durch das Camonica-Thal, gegen Lovere an die nördliche Spize des Iseo-Sees hervorbrach, sich bedroht sah, und der Oglio überhaupt leicht zu passiren war, so verließ General Scherer, am 24 April, diesen Fluß, und stellte seine Armee hinter der Adda auf, wo er eine VertheidigungsLinie zog. Das Centrum dieser neuen Position war zu Cassano; bei diesem Orte, am rechten Ufer der Adda, waren Batterien aufgeworfen; auch auf dem linken Ufer war sowohl der BrükenKopf als der Kanal Ritorto verschanzt; hier standen die zwei Divisionen Victor und Grenier; das HauptQuartier und die Reserve waren etwas rükwärts, zu Inzago. Der linke Flügel, den die Division des Generals Serrurier bildete, vertheidigte die obere Adda; die Hälfte derselben stand hinter Lecco, an dem Arm des Comer=Sees, der sich nach SüdOsten erstrekt, in einer engen Gegend mit einer Brüke deren Kopf am linken Ufer ebenfalls verschanzt war; ein andrer Theil dieser Division stand bei Porto Imberzago, und ein dritter bei Trezzo; alle Brüken zwischen Lecco und Cassano waren abgebrochen. Der rechte Flügel, oder die Division des Generals Delmas, stand an der untern Adda, gegen Lodi; weiter hinab war dieser Fluß durch die Festung Pizzighetone gedekt. Ausserdem hatte Scherer noch eine Halb-Brigade von der Division des Generals Desolles an sich gezogen, durch die er Como besezen ließ. Nachdem er alle diese Anstalten getroffen, und noch einen EilBoten an den General Macdonald abgeschikt hatte, um ihn zu bewegen, seinen Marsch nach dem obern Italien zu beschleunigen, übergab er am 25 April das Kommando der Armee in die Hände des Generals Moreau, und reiste Tags darauf über Mailand nach Paris zurük.

Es schien Moreau's eigenthümliches Schiksal zu seyn, die Armeen der Republik unter den schwierigsten Umständen zu kommandiren. Im Jahr 1796 führte er die Rhein und Mosel Armee, die durch Jourdan's Rükzug völlig isolirt, vorn, auf den Seiten und im Rüken durch östreichische ArmeeKorps umzingelt, durch einen beinahe allgemeinen VolksAufstand bedroht war, über Ströme, Gebirge und EngPässe, von den Thoren von München bis an den Rhein zurük. Aber damals fand er sich an der Spize einer, immer noch über 45,000 Mann starken, siegreichen Armee, die zwar 66,000 Mann feindlicher Truppen, aber in fünf bis sechs Korps vereinzelt, gegen sich hatte, über welche sie also die Superiorität so lange behaupten konnte, bis sie sich endlich, im Breisgau, unter den Befehlen des Erzherzogs Karl in eine Masse vereinigten. Izt hingegen übernahm er das Kommando einer geschlagenen, bis auf 28,000 Mann herabgesunkenen Armee, welche 45,000 Mann, die in einer Masse wirkten, und noch immer Verstärkung erhielten, gegen sich über hatte. Das Misverhältniß war zu gros; Moreau durfte in dieser Lage nicht hoffen, sich lange an der Adda zu behaupten, und zu rechter Zeit mächtig genug verstärkt zu werden, um die Lombardei zu erhalten: er wollte daher vorläufig eine solche Vertheidigungs=und ErwartungsStellung (position d'attente) nehmen, worin er die Verstärkungen, die für ihn aus dem innern Frankreich auf dem Marsch waren, leichter an sich ziehen, und insonderheit den verschiedenen TruppenKorps die Hand geben könnte, welche über das, was zur Besezung der festen Pläze in den Gebieten von Neapel, Rom und Toscana nöthig war, dort so lange entbehrt werden könnten, bis er wieder im Stande seyn würde, Angrifsweise zu operiren, und jene Pläze, so wie die im obern Italien, zu befreien. Wahrscheinlich hatte er sich an der obern Adda blos deshalb verschanzt, damit er die Aufmerksamkeit und die HauptStärke Souworof's dahin lenkte, um auf seinem rechten Flügel freien Spielraum zu erhalten, und, indem er hierauf plözlich seinen linken Flügel zurükzöge, seinen Rükzug nach Alessandria leichter und sicherer zu bewerkstelligen.

Am 24 April hatte die östreichisch=russische Armee, in zwei Colonnen, über den Oglio gesezt:

ihr rechter Flügel, unter dem General Rosenberg, rükte über Palazuolo nach Bergamo; ihr linker Flügel, unter dem General Melas, über Ponte d'Oglio, Martinengo, Sola, bis an den Serio Fluß vor.

Am 25. marschirte sie, in drei Colonnen, an die Abda. Die zur Rechten, unter den Befehlen des Generals Rosenberg, die aus rußischen Truppen und der Brigade des Generals Bukaſſovich bestand, zog gegen Lecco; das Centrum, welches die Divisionen der FeldMarschallLieutnants Ott und Zoph bildeten, stellte sich dem Dorfe Vaprio gegenüber; die Colonne zur Linken, unter den Befehlen des Generals Melas, die auf der HauptStraße über Caravazio und Triviglio heranzog, nahm ihr Lager vorwärts Caſſano.

Am 26. ließ der FeldMarschall Souworof, auf dem rechten Flügel, den Posten von Lecco angreifen; der Fürst Bagration, Kommandant der Jäger, von zwei GrenadierBataillonen unterstüzt, nahm denselben hinweg, und trieb die VorTruppen des Generals Serrurier bis an die Brüke zurük.

An eben diesem Tage marschirte, auf dem linken Flügel, der General Sekendorf, aus dem Lager bei Triviglio, mit zwei Bataillonen und zwei Escadrons nach Crema, wo sich die Franken mit 1500 Mann gezeigt hatten, und schikte starke StreifPartien gegen Lodi. Der General Graf Hohenzollern, der schon vorher Cremona beſezt hatte, ließ von da aus starke Partien gegen Pizzighetone, und über den Po bis gegen Parma gehen. *

* Schon am 16 hatten die Franken Cremona verlaſſen. Am 19 kam ein Detaschement von öſtreichiſchen Huſaren nach Parma, welches General Hohenzollern abgeſchikt hatte, um den Papſt zu befreien, den die Franken, nach ihrem Einzuge in Florenz, dahin abgeführt hatten. Aber Pius VI war schon am 19 von da wieder hinweg, und über Turin

Da die Franken sich hinter der Adda halten zu wollen schienen, so beschloß Souworof, am folgenden Tage den Uibergang über diesen Fluß mit Gewalt zu bewerkstelligen.

In dieser Absicht gieng der General Dukaffovich, auf einer von den Franken zerstörten fliegenden Brüke, die er in Eile wieder herstellen ließ, in der Nacht vom 26 auf den 27 April bei Brivio über die Adda, und nahm am rechten Ufer derselben, um den Ort Brivio her, mit 4 Bataillonen, 2 Escadrons und 4 Kanonen, eine vortheilhafte Stellung.

Zu gleicher Zeit war eine starke östreichische Colonne, die aus der Division des FeldMarschallLieutnants Ott als Avantgarde, und jener des FeldMarschallLieutnants Zoph als Unterstüzung bestand, hinter dem Dorfe Gervasio, gerade gegenüber von Trezzo angekommen. Wegen der Steile des Berges, an dessen Fuße hier die Adda hinströmt, und der gähen Wendungen dieses Flusses, schien es beinahe unmöglich hier eine PontonsBrüke zu schlagen. Der GeneralQuartierMeister Marquis von Chasteler ließ indeß die Balken und die Pontons durch die Mannschaft zweier Bataillone hinunter tragen; von Nachts 12 Uhr bis 5 Uhr früh waren sie alle an Ort und Stelle gebracht; selbst die Kühnheit der Unternehmung sicherte deren Erfolg. Die ersten Truppen, die über den Fluß gesezt wurden, um die Arbeiter zu schüzen, blieben stille am Fuße des schrofen Felsen stehen, auf welchem das Schloß Trezzo gebaut ist. Nachdem die Brüke, früh um halb 6 Uhr, vollendet war, giengen 6 Kompagnien vom d'Aspreschen JägerKorps, ein Regiment Kosaken, und 4 Bataillone östreichischer Infanterie, unter dem Obersten Bideskuti, über den Fluß, und griffen den in und hinter Trezzo stehenden Theil der Division des Generals Serrurier an.

nach Valence, in Frankreich, gebracht worden, wo er bald darauf starb.

Die Franken, die einen BrükBau hier für unmöglich gehalten, und von dem Uibergang der Oestreicher und Russen nicht eher etwas gemerkt hatten, als bis sie sich von ihnen angegriffen sahen, wurden bis Pozzo zurükgeworfen.

Inzwischen hatte schon vorher der durch den General Bukassovich ausgeführte Uibergang bei Brivio die Aufmerksamkeit des Generals Moreau erregt, und er hatte die Division Grenier zur Unterstüzung seines linken Flügels gegen Brivio marschiren lassen. Bei Pozzo begegnete sie dem Theile der Division des Generals Serurier, der aus Trezzo verdrängt worden war, und unterstüzte denselben. Die Oestreicher waren mitterweile gleichfalls durch die ganze Division des FeldMarschallLieutnants Ott, welche über die Brüke bei Trezzo gegangen war, verstärkt worden. Das Gefecht ward sehr hartnäkig, und der Vortheil blieb zweifelhaft. Bald jedoch gelang es den Franken, zwischen Pozzo und Brivio vorzudringen; da sie auch noch von der Division Victor Truppen an sich gezogen hatten, so drängten sie die Oestreicher immer lebhafter, fiengen an sie auf ihrer rechten Flanke zu umgehen, und brachten sie zum weichen, als der General Chastelet mit den zwei GrenadierBataillonen Pers und Stentsch, von der Spize der Zopf.ischen Division, die inzwischen über die Brüke bei Trezzo marschirt war, heran kam, und sie in's Gefecht führte. Das Bataillon Pers, das von vorn angrif, litt einen beträchtlichen Verlust; aber das Bataillon Stentsch, das sich weiter rechts zog, fiel, von zwei Escadron Husaren von dem Regiment Erzherzog Joseph unterstüzt, den Franken in die Flanke, und brachte sie zum weichen. Das Dorf Pozzo ward erobert; die Franken zogen sich nach Baprio zurük, wo sie von neuem angegriffen, und über Gorgonzolo hinaus zurükgetrieben wurden.

Durch diese leztere Bewegung sah General Serrurier sich nun aller Aussicht auf Unterstüzung beraubt, abgeschnitten von den Divisionen, die vergebens den Versuch gemacht hatten, zu ihm vorzudringen. Die kaiserlichen Truppen, die nach Lecco marschirt waren, die Brigade des Generals Vukassovich, die bei Brivio über die Adda gegangen, und welcher bald darauf die Division des Generals Rosenberg nachgefolgt war, umringten ihn gänzlich bei Verderio. In dieser verzweifelten Lage vertheidigte sich Serrurier mit Hartnäkigkeit, und legte mit den Trümmern seiner Division (2700 Mann, ohne die Officiers) die Waffen erst nach Abschliessung einer förmlichen Kapitulation nieder, vermöge welcher die Officiere auf ihr EhrenWort nach Frankreich entlassen, und die Soldaten vor allen andern gegen eben so viel Gefangene der östreichisch-russischen Armee, die an diesem Tage in die Hände der Franken gefallen seyn könnten, ausgewechselt werden sollten. *

Während der rechte Flügel und das Centrum der östreichisch-russischen Armee mit solchem Erfolg über die Adda gesezt hatten, war auch der linke Flügel, unter Anführung des Generals Melas, gegen Cassano vorgerükt. Moreau hatte hier wegen der Uibergänge an der obern Adda, das Centrum seiner Linie entblösen müssen. Durch ein heftiges Artillerie Feuer vertrieb General Melas die Franken zuerst aus den Verschanzungen an dem Ritorto Kanal, den er, unter dem Feuer derselben, auf einer Laufbrüke passirte, und die BrükenSchanze an der Adda so schnell wegnahm, daß die Brüke, welche die Franken bereits in Brand gesezt hatten, noch gerettet ward. Seine ganze Colonne sezte nun sofort über die Adda, und kam noch am Abend des 27 zu Gorgonzolo an.

* Serrurier ward nachher in Mailand von Souworof zur Tafel gezogen, und mit groser Auszeichnung behandelt. Man erzählt, daß Souworof unter andern zu ihm sagte: „ich hoffe, Sie bald in Paris wieder zu sehen." — „Das habe ich auch immer gehoft," antwortete ihm Serrurier mit feinem DoppelSinn.

Diese Schlacht an der Adda, die von 6 Uhr früh bis 6 Uhr Abends dauerte, und das Schiksal der Lombardei entschied, wird gewöhnlich die Schlacht von Cassano genannt, weil dieser schon durch eine frühere Schlacht berühmte * Ort das Centrum der fränkischen Position

* Der Uibergang über die Adda, der am 16 August 1705 von den Alliirten, unter den Befehlen des Prinzen Eugen, fruchtlos gegen die von dem Herzog von Vendome kommandirte französische Armee, gerade auch bei Cassano, versucht wurde, hat — nur nicht im Erfolg — eine auffallende Aehnlichkeit mit diesem neuesten.

Der General Moreau hatte bei Cassano, um sich dem Uibergang über die Adda zu widersezen, dieselben Vertheidigungs-Anstalten getroffen, wie der Herzog von Vendome; der Feldmarschall Souworof stand zu Triviglio in dem Lager, welches damals der Prinz Eugen inhatte; der General Melas grif die Verschanzungen des Kanals Ritorto auf dieselbe Art an, wie der Fürst von Anhalt an der Spize der Preussen, welche damals Hilfstruppen der Oestreicher waren, wie es izt die Russen sind.

Auch der Prinz Eugen versuchte gegen den Herzog von Vendome, wie Souworof gegen Moreau, einen unversehenen Uibergang über die obere Adda, vermittelst derselben Ufersähen, bei der schnellen Wendung des Flusses, beinahe an demselben Orte, wo der General Chasteler ihn dismal ausführte, zu bewerkstelligen; aber die Plane des Prinzen Eugen wurden nicht so gut, so glüklich vollzogen, wie die des Feldmarschalls Souworof; da sein Projekt entdekt worden war, muste er seine mit zu viel Mühe und Langsamkeit gebaute Brüke wieder abbrechen; er zog sich wieder gegen Cassano herab, und als er diesen Posten, und die Verschanzungen, welche die Brüke dekten, mit seiner ganzen Macht angrif, sah der Herzog von Vendome, dessen Soldaten nicht tapferer fochten als die des Generals Moreau, sich nicht genöthigt, seine Macht zu theilen und das Centrum seiner Linie zu entblösen, wie Lezterer durch die

war. Eigentlich sollte sie, wenn man sie nicht von dem Flusse Adda selbst benennen will, von dem Orte, wo man sich am heftigsten und mit der grösten TruppenMasse schlug, die Schlacht bei Pozzo heissen. Die Franken verloten darin den grösten Theil ihres linken Flügels, oder der Division des Generals Serrurier, die, vermöge des Locals der verschiednen Uibergänge, von dem HauptKorps der Armee abgeschnitten worden war. Dieses leztere, nachdem es bis zum Abend mit grosser Tapferkeit gefochten, und sogar im Anfang des Treffens eine beträchtliche Anzahl Gefangene gemacht hatte, * nahm in der Nacht, in guter Ordnung seinen Rükzug gegen den Tesino; und am folgenden Tage zog Souworof in Mailand, der HauptStadt der Cisalpinischen Republik, ein, wo, so wie in der ganzen Lombardei, sogleich alles wieder auf den Fuß hergestellt wurde, wie es unter der östreichschen Regierung war.

(Die Fortsetzung folgt.)

Manövres von Souworofs rechtem Flügel, und den bei Trezzo bewirkten Uibergang, dazu war genöthigt worden.

S. den Précis des évènemens militaires. No. II. p. 136. etc.

* „Es ist merkwürdig," sagt das fränkische AmtsBlatt, le Rédacteur, vom 7 Mai, „daß selbst in der Absicht, sich auf „das rechte Ufer des Tesino zurükzuziehen, die Armee „diese Bewegungen gegen Feinde, die ihr an Zahl weit „überlegen sind, mit einer AngrifsHaltung ausgeführt „hat, so daß sie denselben mehrere Kanonen weggenommen, „und 1000 Gefangene gemacht hat."

II.
Kurze Recapitulation
der KriegsEreignisse.
(Epoche: vom 25 März bis 28 April.)

Italienische Armee.
OberFeldherren

der fränkischen Armee.	der alliirten Armee.
25 März. Scherer.	25 März. FeldMarschallLieutnant Baron von Kray.
	11 April. General der Kavallerie von Melas.
	18 — FeldMarschall Graf von Souworof-Rimniskoy.
25 April. Moreau.	

25 März. Besetzung des Grosherzogthums Toscana durch die Franken. Der DivisionsGeneral Gauthier rükt in Florenz, und der General Miollis in Livorno ein.

26 — Schlacht auf dem rechten Etschufer, von Pastrengo an, über Verona, bis Legnago hinab.

(Die Franken nennen diese Schlacht die von Pastrengo. Die Oestreicher machen daraus zwei verschiedene Schlachten, die eine bei Verona, die andre bei Legnago. Im Grunde war es nur eine Schlacht längs des rechten Ufers der Etsch, die, bei dem weiten Umfang der Linie, welche sie umfaßte, drei besondere Angriffe oder Treffen in sich schloß.

k. Treffen bei Pastrengo, oder HauptAngrif der Franken mit drei Divisionen auf die, von den GeneralMajors Elsnitz und Gottesheim vertheidigte, starkverschanzte Position bei Pastrengo, zwischen dem GarderSee und der obern Etsch; Uiberwältigung dieser Position

Zurückdrängung der Oestreicher auf das linke Etsch-Ufer, und Wegnahme zweier Brüken über diesen Fluß bei Pola.

2. **Treffen bei Verona**, oder Angrif der Franken mit zwei Divisionen auf die von dem FeldMarschallLieutnant Kaim vertheidigte östreichische Position bei Verona, besonders auf die zwei Posten St. Lucia und St. Massimo. Die Franken bemächtigen sich des erstern, und behaupten sich darin; aber aus dem leztern, den sie siebenmal wegnehmen, werden sie jedesmal wieder verdrängt.

3. **Treffen bei Legnago**. Eine fränkische Division, welche während des HauptAngrifs an der obern Etsch diesen Plaz maskiren soll, wird von dem FeldMarschallLieutnant Kray, der hier in Person kommandirt, zurükgeschlagen, und zieht sich in Unordnung nach dem Tartaro zurük.

 Bemerkung: Der östreichische AmtsBericht gibt keine Details von dem Treffen bei Pastrengo, der fränkische keine von dem Treffen bei Legnago.

Beiderseitiger Verlust.

 1. Nach östreichischen Berichten.

  1. In dem Treffen bei Legnago.

   Eigner Verlust: 107 Todte, 387 Verwundete, 82 Gefangene.

   Fränkischer Verlust: 2000 Todte oder Verwundete, 511 Gefangene, 8 Kanonen, 3 Haubizen, und 32 MunitionsKarren.

  2. In dem Treffen bei Verona.

   Eigner Verlust: 319 Todte, 2719 Verwundete, gegen 1000 (bei St. Lucia in die Gewalt der Franken gefallene) Gefangene.

   Fränkischer Verlust: 316 Gefangene, 1 KavallerieKanone; "übrigens wird der Verlust der Franken auf 8 bis 10,000 Mann geschäzt."

2. **Nach fränkischen Berichten.**

Oestreichischer Verlust: über 3000 Todte, und eine grose Anzahl Verwundete, ohngefähr 4000 Gefangene, worunter viele Offiziere, 12 Kanonen, 2 Fahnen, 2 Brüken über die Etsch.

30 März. Zweites Treffen bei Verona. Uibergang der fränkischen Division Serrurier und eines Theils der Division Victor über die Brüke bei Pola auf das linke Etschufer; sie dringen bis auf eine halbe Stunde von Verona vor, werden aber hier, unter der Leitung des FeldMarschallLieutnants Kray, so rasch angegriffen, daß sie über die EtschBrüke zurükgedrängt werden, und dem Schweif einer ihrer Colonnen der Rükzug abgeschnitten wird.

Beiderseitiger Verlust, nach östreichischen Berichten.

Eigner Verlust: 46 Todte, 166 Verwundete.

Fränkischer Verlust: über 1000 Todte und Verwundete, 1114 Gefangene.

(Fränkische Berichte von diesem Vorfall hat man nicht.)

5 April. Zweite Schlacht auf dem rechten Etschufer, vorwärts Verona. (Nach der östreichischen Benennung: Schlacht bei Magnano, von der Gegend, wo das fränkische Lager stand; auch Schlacht bei Isola della Scala, von dem fränkischen HauptQuartier.) Der OberGeneral Scherer und der FeldMarschallLieutnant Kray rüken zu gleicher Zeit, früh um 10 Uhr, gegen einander zum Angrif vor. Auf dem fränkischen linken Flügel dringt General Moreau bis dicht an Verona vor; aber auf dem rechten Flügel werden die Divisionen Victor und Grenier, nach anfänglichem Glüke, gegen 4 Uhr Abends zum Wanken gebracht, und hierauf, da die Oestreicher ihnen in die Flanken und in den Rüken kommen, gegen 6 Uhr in völliger Unordnung zurükgeworfen. Nun muß auch Moreau, dessen rechte Flanke dadurch entblöst ist, sich zurükziehen.

1. **Beiderseitiger Verlust.**

 1. **Nach östreichischen Berichten.**

  Eigner Verlust — wird in dem ersten kurzen Berichte „vorläufig" auf 2000 Todte und Verwundete angegeben. In der nachherigen ausführlichen Relation setzt der F. M. L. Kray den östreichischen Verlust in diesem „hartnäkigen Gefechte, das öftermalen verloren schien," allein an Offizieren auf 15 todte, 120 verwundete, und 51 gefangene.

  Fränkischer Verlust: über 2000 Todte und Verwundete, über 2000 Gefangene, 11 Kanonen, 30 MunitionsKarren, 7 Fahnen.

 2. **Nach fränkischen Berichten.**

  Eigner Verlust: gegen 3000 Todte, Verwundete (unter den tödlich Verwundeten befand sich General Pigeon), oder Gefangene; 4 Kanonen.

  [Uiberhaupt seit Scherer den Verlust der fränkischen Armee, vom 26 März bis 5 April einschließlich, auf 3500 Todte und Gefangene, und 5000 Verwundete, die hinter die Armee geschikt wurden, im Ganzen also auf 8500 Mann.]

  Östreichischer Verlust: über 4000 Todte und Verwundete, 2000 Gefangene, 7 Kanonen.

2. **Resultat.**

Die fränkische Armee zieht sich in der Nacht auf den

6 April an den Mincio zurük; zwei Divisionen derselben gehen bei Goito über diesen Fluß zurük; die vier übrigen lehnen ihre rechte Flanke an San Giorgio (die befestigte VorStadt von Mantua), die linke an die Quellen der Molinella.

Die östreichische Armee rükt in die von Franken verlassene Positionen zwischen der Etsch und dem Tartaro und Tione vor.

Der General Graf von Klenau nimmt das feste Schloß bei Ponte Molino, und am

8 — den Posten von Governolo (ain untern Mincio) weg.

Fränkischer Verlust nach östreichischen Berichten: über 100 Gefangene.

8 April. Ein von dem FeldMarschallLieutnant Grafen von Bellegarde detaschirtes Korps von der Division des Generals Grafen Alcaini dringt von Tirol aus in zwei Colonnen in das Brescianische, die eine, unter dem General Bukassovich, über Bagulina und St. Antonio bis Rocca d'Anfo (am westlichen Ufer des IdroSees), die andre, unter dem Obersten Bradanovich, über Jonale, Garbola und Piover bis Gargnano (am westlichen Ufer des GarderSees), vor.

Fränkischer Verlust, nach östreichischen Berichten: 72 Gefangene, 1 Kanone.

Da diese Bewegung die Position der fränkischen Armee im Rüken bedroht, so verläßt der OberGeneral Scherer, nachdem er die Besazung in Mantua noch mit 6600 Mann verstärkt, und den General Montrichard mit 3 Bataillonen, 2 Escadrons und 1 HusarenRegiment in die Gegend von Ferrara abgeschikt hatte, am

9 — den Mincio, und zieht sich mit seinem rechten Flügel bei Marcaria über den Oglio, mit dem linken bei Asola über die Chiesa zurük.

Auf dem rechten Flügel der östreichischen Armee, schließt der mit seiner Brigade aus Tirol, über Lacise, herabgekommene General Graf St. Julien die Festung Peschiera ein.

Ein Theil des linken Flügels derselben, bleibt unter den Befehlen des Generals Grafen von Klenau in der Polesina zurük. 3000 Mann von diesem Korps sezen am

12 — unter den Befehlen des Obersten Oreskovich, bei Stienta, über den Po, und nehmen den Posten von Lago'scuro weg.

Fränkischer Verlust, nach östreichischen Berichten: 128 Gefangene, 15 metallene Kanonen, 200 eiserne KanonenRöhren.

Allgemeine Insurrection des LandVolks in diesen Gegenden gegen die Franken. Auf die bloße Unterstüzung durch ein Detaschement von dem Korps des Generals Klenau bemächtigt sich daſſelbe der Stadt Mirandola.

Cisalpiniſcher Verluſt, nach öſtreichiſchen Berichten: 234 Gefangene.

Die öſtreichiſche Armee ſelbſt, unter den Befehlen des Generals der Kavallerie von Melas, (der, am 11, das Kommando derſelben aus den Händen des F. M. L. Kray übernommen) geht am

14 April über den Mincio, und lagert ſich bei Campagnola und Monte Olivetano; ihre VorPoſten gehen nach Marcaria am Oglio, und nach Monte Chiaro an der Chieſa. Der General Vukaſſovich, der inzwiſchen Salo beſetzt hat, iſt dadurch nun in Verbindung mit ihrem rechten Flügel.

15 — Die fränkiſche Armee zieht ſich auch auf ihrem linken Flügel über den Oglio zurük. Die HauptFeſtung Mantua iſt nun von aller Communication mit derſelben abgeſchnitten.

Die öſtreichiſche Armee rükt am

18 — ihr Lager zwiſchen Capriano und Caſello vor. An den nächſtfolgenden Tagen trift das 25,000 Mann ſtarke ruſſiſche HilfsKorps bei ihr ein. Der ruſſiſch-kaiſerliche und kaiſ. königl. FeldMarſchall Graf von Souworof-Rimniskoy übernimmt nun das GeneralKommando der vereinigten öſtreichiſch-ruſſiſchen Truppen.

Der OberLieutnant Gavenda, vom 5 HuſarenRegiment, von der Avantgarde des Generals Grafen von Hohenzellern, ſtreift bis Caſal maggiore, Cremona und Caſtelnuovo.

Fränkiſcher Verluſt, nach öſtreichiſchen Berichten: 195 Gefangene, 36 Pontons, 15 Kanonen, 4 Mörſer.

20 — Die Diviſion des F. M. L. Ott von Monte Chiaro aus, und die Brigade des Generals Vukaſſovich von der GebirgsSeite her, rüken, unter Anführung des Feldzeugmeiſters Kray, gegen Brescia an, und beſetzen dieſe Stadt; am

21 April kapitulirt auch die Citadelle. Die Besazung, unter dem Kommandanten Boujet, ergibt sich kriegsgefangen.

Fränkischer Verlust, nach östreichischen Berichten: ohngefähr 1000 Mann Gefangene, 40 metallene Kanonen, 18 Mörser, 480 Centner Pulver.

22 — Die östreichisch-russische Armee trift auf dem linken Ufer des Oglio ein.

Die fränkische Armee, durch die Bewegungen des Obersten Strauch, der von Tirol aus, durch das Camonica Thal, gegen Lovere, an die nördliche Spize des Iseo Sees hervorbricht, im Rüken bedroht, verläßt das rechte Ufer des Oglio, und stellt sich am

24 — hinter der Adda auf. Ihr linker Flügel, oder die Division Serrurier, dehnt sich von Trezzo bis Lecco hinauf; das Centrum, oder die Divisionen Grenier und Victor, stehen bei Cassano; der rechte Flügel, oder die Division Delmas, bei Lodi; weiter hinunter ist die Festung Pizzighetone mit einer starken Garnison besezt.

Die östreichisch-russische Armee geht in zwei Colonnen über den Oglio. Der rechte Flügel, unter dem (russischen) General Rosenberg, rükt über Palazuolo nach Bergamo; der linke Flügel, unter dem General Melas, über Ponte d'Oglio, Martinengo, Sola, bis an den Serio Fluß vor.

Fränkischer Verlust, bei Besezung der Stadt und des Kastells von Bergamo, nach russischen Berichten: mehr als 100 Todte, 129 Gefangene, 15 Kanonen, 2 Mörser.

Eigner Verlust der Russen, nach ihrer Angabe, 2 Todte, 16 Verwundete.

25 — Vorrüken der östreichisch-russischen Armee an die Adda, in drei Colonnen. Die zur Rechten, welche aus der Brigade des Generals Wukassovich und den russischen Truppen besteht, unter den Befehlen des Generals Rosenberg, marschirt gegen Lecco; das Centrum, bestehend aus den

Divisionen der FeldMarschallLieutnants Ott und Zopf, gegenüber von Vaprio; die zur Linken, unter dem General der Kavallerie von Melas, gegenüber von Cassano. Souworof's HauptQuartier ist zu Triviglio.

An eben diesem Tage reist der fränkische OberGeneral Scherer, über Mailand, nach Paris zurük. Moreau übernimmt das Kommando der Armee. Sein HauptQuartier ist zu Inzago.

26 April. Gefecht bei Lecco. Der russische GeneralMajor Fürst Bagration drängt die VorPosten der Division Serrurier bis an die Adda-Brüke zurük.

 Beiderseitiger Verlust, nach russischen Berichten:
  Eigner Verlust der Russen: 135 Todte, 95 Verwundete.
  Fränkischer Verlust: ohngefähr 2000 Todte oder Verwundete, 100 Gefangene.

27 — Schlacht an der Adda. Übergang der östreichisch-russischen Armee über diesen Fluß, mit dem rechten Flügel bei Lecco, mit dem Centrum bei Trezzo, mit dem linken Flügel bei Cassano. (Diese Schlacht wird von Cassano benennet, weil in dieser Gegend das fränkische HauptQuartier war. Wenn man sie nicht von dem Flusse Adda selbst benennen will, so müßte sie, von dem Orte, wo man sich am heftigsten und mit der größten TruppenMasse schlug, eigentlich die Schlacht bei Pozzo heissen.) Bei Verderio muß General Serrurier, der von der fränkischen Armee gänzlich abgeschnitten ist, nach einem hartnäkigen Gefechte, am

28 — kapituliren, und sich mit den Trümmern seiner Division dem General Vukassovich gefangen ergeben.
 1. Beiderseitiger Verlust.
  1. Nach östreichischen Berichten.
   Eigner Verlust: 246 Todte, 768 Verwundete, 307 Vermißte.
   Fränkischer Verlust: 6000 Todte und Verwundete; über 4500 Gefangene, worunter

4 Generale; 30 Kanonen, worunter 46 Stüke Belagerungsgeschüz, und einige Fahnen.

2. Nach russischen Berichten.
   a. bei Pozzo.

      Eigner Verlust: 2 Todte, 24 Verwundete.

      Oestreichischer Verlust: über 1000 Mann.

      Fränkischer Verlust: mehr als 3000 Todte oder Verwundete; 2000 Gefangene, worunter der BrigadeGeneral Beker, 10 Stabs- und mehr als 60 OberOffiziers; 14 Kanonen, 1 Fahne.

   b. bei Cassano.

      Fränkischer Verlust: mehr als 200 Mann Todte und Gefangene; 5 Kanonen.

   c. bei Verderio.

      Fränkischer Verlust: 2700 Gemeine, der DivisionsGeneral Serrurier, der General Frenier, 200 Stabs- und OberOffiziers, gefangen; 6 Kanonen.

3. Nach fränkischen Berichten.

      Oestreichisch-russischer Verlust: 2000 Gefangene; mehrere Kanonen.

      (Von dem eignen Verluste liefern die fränkischen Berichte keine Angaben.)

2. Resultat.

Die fränkische Armee zieht sich über den Tesino nach Piemont zurük.

Die Allirten rüken am

28 April in Mailand, der HauptStadt der Cisalpinischen Republik, ein, wo die fränkische Besazung in der Citadelle blokirt, und, so wie in der ganzen Lombardei, sogleich alles wieder auf den Fuß hergestellt wird, wie es unter der östreichischen Regierung war.

   Fränkischer Verlust bei der Besezung von Mailand.

      Nach östreichischen Berichten: 500 Gefangene, worunter ein General.

      Nach russischen Berichten: an Verwundeten und Kranken, 4 Stabs-, 12 OberOffiziers, und über 400 Gemeine.

III.
Vergleichung der verschiedenen Regierungs-Formen.

(Aus des Obersten von Weiß philosophischen, politischen und moralischen Grundsätzen, 3tes Bändchen, S. 43 ff.)

Seit Plato's, Aristoteles, Polybius Zeiten, und vielleicht noch weit früher, haben mehrere berühmte Männer über die grosen Gegenstände der Regierung Untersuchungen angestellt, und die verschiedenen Verfassungen gegen einander abgewogen.

Von der besten zur schlechtesten Verfassung ist der Zwischenraum nicht so beträchtlich, als man sich gewöhnlich vorstellt. Diejenigen, die in beiden lebten, bemerken zu ihrem Troste, daß sich in beiden das Gute und Schlimme so ziemlich gegen einander aufhebt. Das höchste Wesen scheint über alle zu walten, und wie Urban VIII oft sagte, die Welt regiert sich selbst. Das PrivatInteresse, das sich so oft mit dem allgemeinen Wohl durchaus nicht verträgt, ist doch zugleich dessen kräftigster Beschützer; da jeder sorgfältig über sein Wohl wacht, so widersezt er sich allem, was demselben schaden könnte; die Summe dieser persönlichen Sorgen wirkt wohlthätig auf den ganzen GesellschaftsKörper zurük, und so entsteht ein Gegengewicht, das eine Art von Gleichgewicht erhält. Wären die Menschen glüklicher, sie würden erschlaffen; wären sie mehr zu bedauern, sie würden verzweifeln. Wenn man von dem Laufe der Dinge sich einen Schluß auf dessen Zwek erlauben darf, so sollte man denken, daß alle Kräfte der Natur im Grosen und im Kleinen dahin streben, uns in Thätigkeit zu erhalten, unsre äussern Empfindungen und innern Gefühle durch den häufigen Wechsel der Freude und des Schmerzes zu vermehren, durch diese beständige Verschiedenheit unsrer Ansichten und Eindrüke uns zur Nachsicht zu stimmen, gerade dadurch unsern Neigungen die Richtung zur Tugend zu geben, die von dem höchsten Grade der Einsicht unzertrennlich ist, endlich Geist und Körper zu nöthigen, sich stufenweise zu einer Vollkommenheit zu erheben, deren Antriebe, Hindernisse und Zwek uns erst dann werden enthüllt werden, wenn die Theile, aus denen wir zusammengesezt sind, geläutert genug seyn werden, um sie zu begreifen. Hätten so manche Philosophen, die an einer Vorsehung zweifelten, wenn sie die Menge der von ihr zugelassenen Uibel betrachteten, eine so wahrscheinliche Hypothese angenommen, hätten sie bedacht, daß ein aus so verschiedenen Theilen bestehendes Ganzes keine vollkommene Gleichheit der Glükseligkeit vertragen konnte, daß die Güte einer höchsten Weisheit nothwendig den Zwek haben muste, die untersten Klassen zu erheben, daß die ursprüngliche Verschiedenheit auf eine Unvollkommenheit schliesen läßt, wovon der Grund in der Natur der Sache liegt, daß die Macht der Gottheit, ob sie gleich über alles erhaben ist, sich doch auf das Mögliche einschränken muste, und daß die Verwandlung der Wesen so viel Zeit erforderte, als die Wirkung der MittelUrsachen und der Ubergang von einem Grade zum andern verlangte, hätten sie unser gegenwärtiges Leben nur als eine Modification eines unendlichen Daseyns und unsern ErdBall nur als ein in Vergleichung mit dem Ganzen unendlich kleines Theilchen angesehen. hätte sie endlich ihr Stolz nicht in Ansehung der engen Gränzen ihres eignen Verstandes verblendet, hätten einige unpralische Schwierigkeiten, die sie nicht lösen konnten, einige abgezogene Verhältnisse, die sie nicht zu fassen vermochten, sie nicht gegen die innerste Empfindung ihrer Seele verleitet, die augenscheinlichen Beweise einer höhern Weisheit zu verwerfen, die über die physische Welt waltet, und die ein oberflächlicher

Geist freilich verkennen kann, hätten sie dis alles zu beherzigen gewußt: sie hätten die göttliche Ordnung nicht verkannt, die das WeltAll regiert, die aber der Freiheit der Individuen keine Gewalt anthun will, und kleine Uibel zuläßt, wenn gröſere Wohlthaten daraus erwachſen, ſie hätten nicht mit den Grundſäzen einer wahren Religion zugleich das verworfen, was allein noch den Despotism ſchlechter Fürſten in Schranken halten kan, und der Aberglaube hätte dann auch nicht aus der ſcheinbaren Ungerechtigkeit der himmliſchen Regierung Folgerungen hergeleitet, die den erſten Grundſäzen der bürgerlichen Geſellſchaft eben ſo gerade entgegengeſezt ſind.

Man hat oft Unterſuchungen angeſtellt, welche Regierungs Form die glüklichſte ſey. Die meiſten Politiker ſchlugen ſich völlig auf eine gewiſſe Seite, verloren die andern Seiten der Sache ganz aus dem Geſichte, und lieſſen oft hier wie überall die Wahrheit in der Mitte. Es hat das Anſehen, daß der Vorzug von der Lage, dem Erdſtrich, dem Genius eines Volks, ſeinem Reichthum, und von verſchiedenen andern Umſtänden abhängt, und daß die in gewiſſen Zeiten und Gegenden beſte Verfaſſung die ſchlechteſte für andre Jahrhunderte und Länder ſeyn würde. Darin iſt man aber ziemlich mit einander einverſtanden, die demokratiſche Verfaſſung ſchike ſich für kleine Staaten, die ariſtokratiſche für mittelmäſige, die monarchiſche für groſſe, die deſpotiſche für keinen einzigen Staat, und eine Miſchung der drei erſten RegierungsFormen vielleicht für alle Staaten.

Es giebt vielleicht wenig Verfaſſungen, oder gar keine, die man ganz vollkommen zu einer von jenen unterſchiedenen RegierungsArten rechnen könnte; die Eintheilung iſt indeſſen bequem, um viele allgemeine Begriffe, auf welche die natürlichen Verhältniſſe der Dinge mehr oder weniger immer zurükführen, in beſondere Klaſſen zu ordnen. Was man aber mit dem Namen einer vermiſchten oder zusammengesezten Verfassung, vorzüglich in den Theorien der Statistik, bezeichnet, ist diejenige Regierungsform, die sich auf ein billiges Verhältniß der drei Gewalten zu einander gründet, so daß eine der andern wechselseitig das Gegengewicht hält, da jede ihre besondern Vortheile und Nachtheile hat.

Die Demokratie scheint anfangs die natürlichste Verfassung zu seyn, und man sollte denken, ihre Geseze müßten die billigsten seyn, weil, da sie nur den Inbegrif der Uibereinkunft der besondern WillensMeinungen enthält, und, da jeder seine Stimme nur nach seinem persönlichen Interesse gibt, die herrschende Meinung immer die Mittel anzuzeigen scheint, wie das allgemeine Beste zu befördern sey, das immer aus dem Wohl der Meisten besteht. Diese Regierungsform vereinigt Gleichheit mit Ordnung. Ihr Despotism kan nur einige Individuen unterdrüken, deren Emporsteigen die Menge beleidigt, und die sich demselben durch Einschränkung ihres Prunks entziehen können; der Despotism andrer Verfassungen drükt hingegen die Mehrheit, um den Uibermuth einiger zu befriedigen. Selten erhalten auch vorzügliche Eigenschaften in der Demokratie nicht den ihnen zukommenden Rang. Das Volk kan durch Redner, die es täuschen, irregeführt werden; aber es läßt sich auch durch grose Männer leiten, die es unterrichten. Eine zu unmittelbare Mitbewerbung weigert sich freilich oft, dem Verdienste Gerechtigkeit widerfahren zu lassen; aber entferntere Verhältnisse scheuen sich nicht, es anzuerkennen, und unsre Untergebenen oder die Ausländer sind immer die billigsten Richter derselben.

Die Einwendung, daß die höchste Gewalt in der Demokratie nur bei dem Volke zu stehen scheine, indem es sich immer durch einige Häupter leiten lasse, beruht auf einem ganz unrichtigen Schlusse. Das ist es gerade, was seine Freiheit gründet. Es sind Regenten, die es selbst wählte, die es nur so lange behält, als sie ihm anstehen, und die diese Mehrheit der Stimmen ohne die gröken Schonungen und ohne eine vorzügliche Fähigkeit, die im Nothfalle dem Publikum Dienste leistet, nicht erhalten können. Unter andern Verfassungen kan man Obern untergeordnet seyn, die zugleich dumm und boshaft sind.

Es ist eine wichtige Bemerkung, die den politischen Schriftstellern entgangen zu seyn scheint: daß die Demokratie das Volk auf den höchsten Grad der Bildung, dessen es fähig ist, erhebt. Seine Freiheit, sein Einfluß auf die wichtigsten Gegenstände, die Gewohnheit, sie in Berathschlägung zu nehmen, das Ansehen, in dem es bei seinen Obern steht, die Achtung, die sie ihm bezeigen, das Selbstgefühl, das dis alles ihm einflöst, veredelt seine Gesinnungen, verstärkt seinen Muth, erhält seinen Patriotism, und entwikelt seinen Verstand in einem Grade, wovon man in andern Verfassungen keinen Begrif hat. Welch ein Unterschied zwischen einem Schwyzer oder Appenzeller Bauern, und einem russischen oder polnischen Leibeignen! Dieser einzige Unterschied hat in der Waage der Vergleichungen ein stärkes Gewicht. Was aber noch entscheidender ist: man frage alle unterrichteten Menschen, die noch nicht durch einen besondern Beruf mit Vorurtheilen eingenommen sind: Unter welcher Verfassung sie wohl am liebsten leben möchten, wenn sie in der geringsten Volksklasse wieder sollten gebohren werden?

Man wendet auch ein, es sey keine Seltenheit, daß die demokratischen Oberhäupter, und zuweilen sogar unverdienter Weise, von der Menge mishandelt werden. Oft höre ich zum Beispiele einen solchen Mann anführen, der in einer LandsGemeine derbe Schläge bekam. Die meisten Leute von Stande empören sich bei dieser Erzählung, aber der Philosoph sieht hierbei nur einen geschlagenen Menschen, und bekümmert sich nicht sonderlich um dessen Rang; auch findet er es erträglicher, wenn Tausende sich an einem einzigen rächen, als wenn ein einziger den Einfall bekömmt, Millionen zu verfolgen.

Dagegen ist aber freilich das Volk unruhig, unbeständig, argwöhnisch, und zum ParteiGeiste, zur Hize und zur Undankbarkeit geneigt. Es ist übermüthig im Glüke, kleinmüthig bei Unfällen. Bei seinen Bedürfnissen, seinen Arbeiten, und seiner vernachläßigten Erziehung mangelt ihm ein gewisser Adel des Gefühls und des Benehmens; auch fehlen ihm die nöthigen Kenntnisse zu ausgebreiteten Entwürfen und Speculationen; es sieht nur, was vor seinen Augen vorgeht; die grosen Gegenstände der auswärtigen Staatsklugheit entgehen ihm. Seine Versammlungen werden bei der Menge von Menschen beschwerlich, seine Berathschlagungen unruhig, seine Entschliesungen schwankend. Was endlich Lykurg einem Manne sagte, der ihm rieth, die Demokratie vorzuziehen, ist ein Wort, das einen tiefen Sinn enthält. „Führe sie erst," sagte er zu ihm, „in deinem eignen Hause ein." Indessen muß man bemerken, daß diese Antwort, genau genommen, nicht ganz paßte; denn sie ward einem Manne gegeben, der schon Hausvater war, und vielleicht Kinder hatte.

Die Aristokratie scheint die dauerhafteste Verfassung seyn zu müssen, und die Geschichte beweist, daß sie der grösten Anstrengungen fähig ist, wenn das Verdienst, und nicht blos die Geburt, zu Macht und Ansehen führt. Es ist die friedlichste, die gemäßigtste Verfassung. Man versammelt sich leichter, die Geschäfte werden genauer untersucht, und selbst die Langsamkeit der Ausführung kömmt zuweilen der Übereilung vor. Das Collegium der MagistratsPersonen, das weniger unwissend ist, hat mehr Ansehen im Innern, mehr Credit im Ausland, und sie halten sich einander in einer wechselseitigen Abhängigkeit. Die Unternehmungen sind fester und zusammenhängender, weil sie von einem sich immer erneuernden Rathe abhangen, der seinen GesellschaftsGeist nie auf Einmal verlieren kan; da hingegen die Minister der Fürsten beständig wechseln, und mit ihnen sich immer die Ansichten und Masregeln verändern; ausserdem ist es selten, daß man nicht ihr Lehrgeld ein wenig bezahlen muß.

Wenn indessen die gesezgebende Gewalt, die oft mit der vollziehenden und richterlichen vereinigt ist, nur in einem einzigen Stande ihren Siz hat, so ist es wahrscheinlich, daß das PrivatInteresse dieser Klasse zuweilen über das allgemeine die Oberhand bekommen werde. Der höchste Grad patriotischer Rechtschaffenheit besteht in ungekränkter Aufrechthaltung der Rechte der Geringern, die hingegen die Menge von Ehrgeizigen und Selbstsüchtigen zu schmälern sich stets bestreben wird, so daß also diese RegierungsArt, wenn man nie einen Schritt zurük, und von Zeit zu Zeit einen vorwärts thut, einen, freilich unmerklichen, Hang zu Eingriffen und zum Despotism haben muß, der unter vielen Herren weniger erträglich ist, als unter einem einzigen Oberhaupte. Es sind uns wenig Beispiele bekant, daß eine Aristokratie grosmüthig ihre Rechte selbst eingeschränkt hat, und beinahe alle erweitern sie; woraus folgt, daß das Volk nur in kritischen Augenbliken an Freiheit gewinnt, daß es hingegen nur dem gewöhnlichen Gange der Sachen nach gehen darf, wenn es sie verlieren soll. Ein König kan eine Ausnahme von der Regel, seine Leidenschaften können edel, seine Einsichten vorzüglich seyn. Aber ein zahlreiches Collegium wird sich der Mittelmäßigkeit nähern. Uneigennüzigkeit, eine der erhabensten Anstrengungen der Menschheit, kan schwerlich bei einer Menge von Stimmen den Vorsiz haben, unter denen die Mehrheit entscheidet, und in deren Mitte die abgezogenen Verhältnisse und die besten Gedanken nicht gefaßt werden. Nicht so rasch, aber um so beharrlicher wird man seine Gewalt und sein Vermögen zu vermehren suchen, und erlöscht einmal der Patriotism, schäzt man die Aemter nur nach deren Einkünften, sind einmal die Wahlen eine blose Formalität, wobei man nur den Credit der Verwandten, die Summe der jährlichen Einkünfte, die Anzahl der Ahnen und nicht die persönlichen Eigenschaften berechnet, kan der Pinsel den fähigen Kopf verdrängen, kan die niederträchtige Seele dem edeln Gemüthe vorgezogen werden, oder, was noch ärger ist, wird der Mann von Edelsinn und Patriotism mit dem Namen eines Schwärmers oder gefährlichen Menschen bezeichnet, dann gehen alle Quellen des allgemeinen Wohls in Verderbniß über; die Jugend strebt dann nicht mehr nach Talenten und Tugend, die weniger Belohnung als Spott zu erwarten haben; sie wird schüchtern und kriechend, weil die ehrerbietigste Unterwürfigkeit das einzige Mittel ist, Obern zu gefallen, die keine andern Collegen oder vielmehr Mitschuldige haben wollen, als Geschöpfe, die bereitwillig sind, alles was man that, zu bewundern, und alles, was man thun will, ohne eignes Nachdenken zu begünstigen; das Studium derer, die sich um etwas bewerben, schränkt sich dann auf Verbeugungen, Besuche und eine ängstliche Behutsamkeit ein, die für das Genie und die SeelenGröse eben so verderblich ist, als es der republikanische Neid für die Billigkeit des Tadels oder Lobes, für die Dankbarkeit gegen verdiente Männer, und für die Annehmlichkeiten des Umgangs ist. Schwäche, Unwissenheit, Herabwürdigung steigt allmählig von den ersten Ständen bis zu den lezten herab, und beinahe nichts als eine gemeinschaftliche Gefahr kan sie diesem Zustande entreissen. Da sich die Grösen die Ungerechtigkeit wechselsweise verzeihen, so wird sie in ein ordentliches System gebracht, das durch eine ununterbrochene Reihe von GeschlechtsFolgen mitgetheilt und ausgebildet wird, da man hingegen unter der Regierung eines Einzigen, sollte er auch böse seyn, die Hofnung hat, daß es unter seinem Nachfolger besser gehen werde. Endlich ist in jeder Aristokratie ein Streben nach der Oligarchie, oder wenigstens nach der Erblichkeit der Aristokratie, was nach Montesquieu's, Rousseau's und mehrerer andrer grosen Politiker Meinung, die schlimmſie unter allen Verfaſſungen iſt, umſtreitig weil in keiner alle Keime des wahren Verdienſtes mehr erſtikt werden, und eben dadurch nach und nach der Unterthan bis zur unterſten Stufe der Schwäche, der Unwiſſenheit und des SittenVerderbniſſes herabgewürdigt wird.

In der monarchiſchen Verfaſſung iſt die meiſte Uibereinſtimmung, Thätigkeit, Schnelligkeit und Kraft: Sie iſt weniger an Umſtände, an Formen gebunden, und mit geringern Mitteln kan ſie groſe Dinge thun. Ein einziger guter Kopf hält ſie am Rande ihres Verderbens noch zurük, und erhebt ſie wieder auf den Gipfel der Grbſe: Alles hängt darin von Einer Triebfeder ab; alles wirkt zu Einem Zweke mit; der leider, nur nicht immer das allgemeine Wohl iſt; und dieſe Kraft mordet nur zu oft ſich ſelbſt, und wendet ſich gegen den Staat, den ſie bis auf den Grund zerſtört.

Jede RegierungsForm hat ihre gute und ihre ſchlimme Seite, und beſondere Bedürfniſſe, die ſich auf ihre örtliche und politiſche Lage beziehen; die beſte iſt diejenige, in der das Reſultat des Ganzen die meiſten Einſichten und Tugenden hervorgebracht hat. Und überhaupt gibt dis den erſten Beweis einer guten Verfaſſung, wenn die gemeinſchaftlichen und natürlichen Rechte ſo ſehr wie möglich in Ehren gehalten; ſo wenig ausſchließliche Rechte wie möglich geſtattet, und alle Vortheile der bürgerlichen Verbindung ſo ſehr wie möglich mit Billigkeit unter alle Stände vertheilt werden.

Man kan die Menſchen nicht zu oft zu den wahren Grundſäzen der Geſellſchaft zurükrufen; man müſte ſie aber wenig kennen, wenn man darauf rechnen wollte, daß ſie immer befolgt würden. Ein ganz geſezmäßges Anſehen, eine vollkommene Freiheit, eine ganz gerechte StaatsVerwaltung, und dis alles auf die unverlezteſten Vorſchriften des NaturRechts berechnet, dis ſind ſchöne Träume, die man bewundern muß, ohne Hofnung, ſie zu verwirklichen, und ohne aufzuhören, nach dieser Verwirklichung zu streben.

Ein unwidersprechlicher Beweis, daß der Mensch für eine sehr gute Regierung nicht gemacht ist; ist dis: daß sie nirgends zu finden ist, und daß man selbst in den besten grose Misbräuche kennt. Selbst der Wille des Oberherrn reicht nicht hin; er muß durch eine Menge untergeordneter Werkzeuge unterstüzt werden, die ihn in Ansehung des Zustands der Dinge täuschen, der Wahrheit den Weg abschneiden, seine Befehle verfälschen, oder sie nicht ausführen. Uiberdis kan man sich, wie Donato sagt, bei der Vielfachheit der zu vergleichenden und zu vereinigenden Gegenstände, bei den Widersprüchen, die man erfährt, bei der Furcht, nicht zum Zweke zu kommen, bei der Menge von Tadlern, die die gerabesten Seelen schreken können, und bei den verschiedenen so zarten als bedenklichen Schwierigkeiten oft nicht anders helfen, als wenn man von zwei Uibeln das kleinste wählt. Der Tadler legt alles der Bosheit, der Habsucht, dem Ehrgeize zur Last; er sezt nichts auf Rechnung der natürlichen Schranken des menschlichen Geistes, unglüklicher Umstände, schwieriger Geschäfte, und unmöglich vorherzusehender Fälle. Alles dis, und unzählige andre ähnliche Dinge müssen auf das Betragen der MagistratsPersonen, der Minister und der Fürsten Einfluß haben; man muß es also in die Waagschale legen, wenn man ihre Handlungen wägen will.

Unstreitig sind die Geseze unvollkommen; unstreitig misbrauchen oft die Vollzieher der Geseze die ihnen vertraute Gewalt; aber welcher Sterbliche handelt immer seinen Grundsäzen gemäs? Die bürgerliche Verfassung hat schon an sich ihre grosen Unbequemlichkeiten. Darum wollen wir aber nicht mit einigen neuern Philosophen behaupten, daß das Glük sich nur in Wäldern finde, und daß man sich zum Orang Utang machen müsse, um glüklich zu seyn. Das gesellschaftliche Leben hat seine schwachen Seiten; die LebensArt der Wilden hat aber deren noch mehrere.

Um die Regierung, unter der man lebt, zu würdigen, muß man sie nicht nach den möglichen Ideen einer idealischen Vollkommenheit beurtheilen, sondern sie blos mit den andern bekannten Regierungen vergleichen. Finden sich darunter wenige, die man vorziehen möchte, so muß man sagen, sie sey erträglich; und gibt es deren beinahe oder gar keine, so kan man behaupten, sie sey gut. Es gibt keine Unterthanen, die sich nicht beklagen; keine, die nicht Recht haben: sie irren sich nur in Ansehung des Gegenstandes, und statt ihre Fürsten anzuklagen, sollten sie sich an die menschliche Schwäche halten.

Wenn indessen diese Ansicht für den blosen Bürger sehr anständig ist, so kan sie bei der Obrigkeit gefährlich werden, indem man damit alle Arten von Nachlässigkeiten und Vergehungen bemänteln kan. Nichts ist gewöhnlicher, als daß man sich selbst das Gute, das man thut, übertreibt, und vor dem Bösen, das man stiftet, die Augen schliest. Das parteyische Vorurtheil, das eine gute Staatsverwaltung als sehr gut betrachtet, ist eines der grösten Hindernisse, daß sie nicht besser wird.

IV.
Urkunden zur neuesten ZeitGeschichte.

I.
AllianzTractaten des Hofes von Neapel mit den Höfen von Wien, Petersburg, London und Konstantinopel.

1.
AllianzTractat zwischen Neapel und Oestreich,
d. d. Wien, 19 Mai 1798.

Der Kaiser, König von Ungarn und Böhmen, und der König beider Sizilien, haben in Betrachtung gezogen, mit welcher Schnelligkeit seit einiger Zeit die StaatsBegebenheiten auf einander folgen, und wie dringend es sey, sich gegen die traurigen Wirkungen neuer Unruhen zu verwahren, von welchen noch Europa, und Italien insbesondre, erschüttert werden könnten. Daher haben der kais. königliche und der neapolitanische Hof, die ohnedis durch die engsten Bande des Bluts mit einander verbunden sind, es für nöthig geachtet, daß sie sich auf jeden Fall über Maßregeln vereinigen, wodurch die allgemeine Ruhe und die gemeinschaftliche Sicherheit ihrer Völker und Staaten erhalten werden könnte.

Demnach sind von Ihren Maiestäten ausersehen, und mit den nöthigen gegenseitigen Vollmachten beordert worden: der Freiherr von Thugut, Großkreuz des Königl. St. StephanOrdens, ConferenzMinister Sr. kais. königl. apostolischen Maiestät, General Commissarius und bevollmächtigter Minister in Italien, Dalmatien ꝛc. — und D. Ottavio Mormile Duca von Campochiaro und Castelpagano, Marchese von Ripalimosano und Albidona, Herr der Lehen Valle roberto, Coppone und S. angelo radaginosa, Malteser Ritter, edler Patrizier von Neapel, königl. neapolitanischer dienstleistender Kammerherr und Offizier.

Diese, nachdem sie sich mit einander berathen hatten, sind über folgende Punkte übereingekommen:

1. Es soll zwischen den beiden Souverains eine enge Vereinigung und eine unauflösbare Allianz seyn, und die gemeinschaftliche Vertheidigung ihrer Völker und Staaten gegen jeden feindlichen Angrif zum Zwek haben.

2. Dieser Allianz zufolge, und um nie von unvorhergesehenen Ereignissen überfallen zu werden, werden die beiden hohen Alliirten, jeder in seinem Theil, bis zum Frieden auf dem festen Lande, und bis zur vollkamenen Herstellung der allgemeinen Ruhe, eine bestimmte Zahl von Truppen auf den Beinen halten, welche beständig mit Allem, was nöthig ist, um in's Feld zu ziehen, versehen, und immer auf den ersten Befehl marschfertig seyn müssen.

3. Dem vorhergehenden Artikel gemäs verspricht der Kaiser, bis zum Frieden auf dem festen Lande, und bis die Ruhe in Italien dauerhaft hergestellt seyn wird, ein Korps von wenigstens 60,000 Mann, vollständig, und immer zum Dienst gefaßt, in seinen neuen Besitzungen in Italien und in Tirol zu unterhalten. Und der König von Neapel wird, bis zum nemlichen Zeitpunkt, auf denjenigen Gränzen seines Reichs, welche den östreichischen Besitzungen in Italien zunächstliegen, ein Korps von wenigstens 30,000 Mann, vollständig und effectiv, und auf die erste Nachricht zum Vorrüken gefaßt, unterhalten.

4. In Betracht der grosen Verschiedenheit unter der Landmacht, welche die beiden Alliirten zu unterhalten sich verbindlich machen, um die gemeinschaftliche Sache zu unterstützen, übernimmt der König von Neapel noch weiter, von izt an, und bis die Angelegenheiten Italiens eine feste und ruhige Stellung genommen haben, 3 oder 4 seiner Fregatten in dem adriatischen Meere kreuzen zu lassen, um dasselbe von den Korsaren der Barbarei und von andern Seeräubern rein zu halten, und um bei jeder wichtigen Unternehmung zum gemeinschaftlichen Vortheil mitzuwirken, besonders um die Transporte von Lebensmitteln und andern Dingen, — welche im Falle eines neuen Bruchs St. kaiserl. Majestät zur See aus

Ihren übrigen Staaten zur Versorgung Ihrer Armee in Italien herbeischaffen werden — zu begleiten und zu erleichtern.

5. Sobald die eine oder die andre der Mächte, die diesen Vertrag schliessen, in ihren gegenwärtigen Besitzungen angegriffen werden wird, die erste Nachricht, die sie von den angefangenen Feindseligkeiten Ihrem Alliirten, gibt, dieser ohne den geringsten Aufschub seine Truppen vorrüken lassen, um gegen diejenige Macht feindlich zu handeln, welche durch einen ungerechten Angrif gegen die eine der beiden diesen Vertrag schliessenden Mächte auch von der andern als Feind geworden zu betrachten ist.

6. Mittelst thätiger und kräftiger Diversionen werden die beiden Alliirten sich besonders die gegenseitige Unterstüzung geben, welche der Zwek dieses VertheidigungsBündnisses ist. Wenn die Ereignisse, und die Gefahr, worin die eine der hohen diesen Vertrag schliessenden Mächten sich befinden könnte, es erforderten, so wird die andre Macht es nicht bei der TruppenZahl bewenden lassen, welche in dem 3ten Artikel ausbedungen ist, sondern sie wird solche vermehren, so daß in diesem Falle der Kaiser 80,000 Mann, und der König von Neapel 40,000, wirklich und dienstleistend stellen wird.

7. Die kommandirenden Generale beider Armeen werden mit einander sich in's Einverständniß sezen, um ihre Unternehmungen mit einander zu verabreden, je nachdem es das gemeinschaftliche Wohl und der WaffenErfolg der beiden Alliirten veranlassen wird.

8. Die beiden Armeen müssen sich in ihren Unternehmungen vorzüglich dadurch unterstüzen, daß sie Diversionen machen, um die Macht des Feindes zu vertheilen. Jeder der baben Alliirten wird daher für die Unterhaltung seiner Truppen sorgen. Und wenn unvorhergesehene Umstände theilweise Verrichtungen der gegenseitigen Truppen veranlassen, so werden die beiden kommandirenden Generale sich freundschaftlich darüber verstehen, wie sie den Unterhalt der Truppen sichern und erleichtern können.

9. Wenn gegen irgend einen Feind, der eine der beiden diesen Vertrag schliessenden Mächte angegriffen hat, lezte beide vertragsmäß zugleich im Kriege begriffen sind, so können sie

auch nur beide zugleich durch einen gemeinschaftlichen Frieden den Krieg endigen. Kein Theil darf einen Separat-Frieden schliessen, ohne eine ausdrükliche und schriftliche Einwilligung des MitAlliirten, und besonders nicht ohne zu Gunsten des MitAlliirten die gänzliche Herstellung aller jezigen Besizungen desselben, in welche der Feind während des Kriegs eingedrungen seyn könnte, bedungen zu haben.

10. Die gegenwärtige VertheilungsUebereinkunft wird von beiden Höfen innerhalb 6 Wochen, oder noch früher, wenn es seyn kan, ratificirt. Die Auswechslung der Ratificationen geschieht auf gewöhnliche Weise zu Wien.

Zur Beglaubigung desselben haben wir, beide Bevollmächtigte Sr. k. k. Majestät und Sr. Sizilianischen Majestät, gegenwärtige VertragsUrkunde unterzeichnet, und mit unserm Wapen untersiegelt. Wien, den 19 Mai 1798.

(L. S.)   Der Baron von Thugut.
(L. S.)   Der Herzog von Campochiaro.

2.

AllianzTractat zwischen Neapel und Rußland,
d. d. St. Petersburg, 29 Nov. 1798.

Im Namen der allerheiligsten untheilbaren Dreieinigkeit! Se. Majestät der König beider Sizilien, und Se. Majestät der Kaiser aller Reussen, beseelt von dem Wunsche, die Bande der Freundschaft und des guten Verständnisses, welche glüklicher Weise zwischen Ihnen und Ihren Staaten bestehen, immer enger zu knüpfen, und in Betracht der gegenwärtigen Lage der Dinge in Europa, wo die verderblichen Absichten der in Frankreich bestehenden Regierung jeden wohlgeordneten Staat bedrohen; nicht minder wünschend, sich und Ihre Bundsgenossen und Freunde vor aller Gefahr zu verwahren, wie auch die zerstörten Gewalten und Regierungen wieder herzustellen, und den rechtmäsigen Besizern die von den Franzosen ungerechter Weise entrissenen Staaten zurükgegeben zu machen: haben erachtet, daß dieser wichtige Zwek am besten durch Abschluß eines Traktats zu erreichen künde, welcher die Integrität Ihres Gebietes sicherte, und zugleich diese so reinen und heilsamen Absichten am wirksamsten begünstigte. Zu dem Ende haben Ihre Majestäten zu Ihren Bevollmächtigten ernannt, und zwar:

Se. Majestät der König beider Sizilien, Don Antonio Maresca Donnorso, Herzog von Serra Capriola, Ihren bevollmächtigten Minister bei Sr. Majestät dem Kaiser aller Reussen, Ritter und Groskreuz des Constantin Ordens, und des Ordens vom heil. Johannes von Jerusalem;

Seine Majestät der Kaiser aller Reussen, Den Fürsten Besborodko, Ihren Kanzler, wirklichen Geheimen Rath, Senator, GeneralDirector der Posten, Ritter des Ordens vom heil. Andreas, vom heil. Alexander Newski und von der heil. Anna, Groskreuz der Orden vom heil. Johannes von Jerusalem, und vom heil. Wladimir von der ersten Klasse; den Hn. Victor von Kotschubey, Vice Kanzler, wirklichen geheimen Rath, Ritter des Ordens vom heil. Alexander Newski, und Groskreuz des Ordens vom heil. Wladmir von der zweiten Klasse; und den Hn. Theodor von Rostopsin, wirklichen Geheimen Rath, Mitglied des Collegiums der auswärtigen Geschäfte, Ritter der Orden des heil. Alexander Newski, und der heil. Anna von der ersten Klasse.

Welche, in Kraft ihrer Vollmachten, über folgende Artikel übeingekommen sind.

1. Es wird eine aufrichtige und stete Freundschaft zwischen Sr. Majestät dem König beider Sizilien, und Sr. Majestät dem Kaiser aller Reussen, Ihren Erben und Nachfolgern bestehen, und in Verfolg dieses Bandes wird den beiden contrahirenden Theilen nichts mehr am Herzen liegen, als durch alle möglichen Mittel ihrem gegenseitigen Besten Vorschub zu thun, gegenseitig von einander abzuwenden, was ihnen Schaden, Verlust oder Nachtheil bringen möchte, und einander in dem ruhigen Besiz ihrer Staaten, Rechte, Handels, und Vorzüge jeder Art zu erhalten, weshalb sie sich ihre Länder, Staaten und Besizungen, so wie sie dieselben gegenwärtig besizen, oder auch deren durch Tractaten neue erwerben möchten, wechselseitig garantiren.

2. Se. Majestät der Kaiser aller Reussen, um Ihren Wunsch, wirklich und so sehr als möglich Sr. Majestät dem König beider Sizilien ein nüzlicher BundGenosse zu seyn, zu bewähren, werden, unabhängig von dem Beistand, den Ihre mit der türkischen vereinigte Flotte im MittelMeere gewährt, indem sie zur Sicherheit der sizilianischen Küsten beiträgt, Sr. Majestät, dem König beider Sizilien für den gegenwärtigen Krieg wider die Franzosen eine Hilfe von LandTruppen, bestehend aus 9 Bataillonen Infanterie, mit der nöthigen Artillerie, und 200 Kosaken, leisten. Dieses Korps wird sich auf den Marsch begeben, sobald es die Jahrszeit und die Wege erlauben. Es wird durch einen Theil der türkischen Staaten bis Zara in Dalmatien marschiren, wo Se. Majestät der König beider Sizilien bei dessen Ankunft die zu seinem Transport nach Italien nöthigen Fahrzeuge, und die LebensMittel, deren es zu seinem Unterhalt bedarf, sich einfinden lassen wird.

3. Die beiden hohen contrahirenden Theile werden sich vorläufig bei Sr. k. k. Majestät und bei der osmanischen Pforte, wegen des freien Durchzugs der russischen HilfsTruppen, sowohl bei ihrem nahen Hinmarsch als bei ihrer Rükkehr nach Rußland verwenden.

4. Die russischen HilfsTruppen werden von Sr. Majestät dem Kaiser aller Reussen mit KriegsMunitionen versehen werden; Se. Majestät nehmen ebenfalls den Sold dieser Truppen und ihre Rekrutirung, so lange sie für den Dienst Sr. Majestät des Königs beider Sizilien gebraucht werden, auf sich; die Lebensmittel und Fourage werden von Sr. Sizilianischen Majestät, als requirirendem Theile, auf den nemlichen Fuß, wie die besagten Truppen sie kraft der Verordnungen ihres eigenen Souverains erhalten, gereicht werden; es wird für ihre Quartiere, und für alle Vortheile, deren die Truppen des requirirenden Hofs, entweder im Felde oder in Quartieren, gegenwärtig oder künftig geniessen mögen, gesorgt werden.

5. Um allem Misverständniß zwischen den beiden hohen contrahirenden Theilen vorzubeugen, sind sie übereingekommen, und haben bedungen: 1. Wiewohl der requirirende Hof für den

Unterhalt der HilfsTruppen sorgen soll, von dem Augenblik da sie die russischen Gränzen überschritten haben, und sobald sie auf das rechte Ufer des Dniesters gekommen sind, so werden doch Se. Majestät der Kaiser aller Reussen, zu grösserer Erleichterung, den Unterhalt der besagten Truppen bis zu ihrer Ankunft zu Zara, in Dalmatien, besorgen, unter der Bedingung, daß Se. Majestät der König beider Sizilien im Laufe des künftigen Jahres zu Petersburg, oder wenn es Ihnen besser ansteht, in die Hände des Generals, welcher die HilfsTruppen kommantiren wird, die Summe von 100,000 Rubeln remittiren lassen werden, worin alle Kosten des Unterhalts der Truppen für LebensMittel, Fourage und Geld für Fleisch begriffen sind. 2. Vom Augenblik ihrer Ankunft zu Zara, und bis zu ihrer Rükkehr in diese Stadt, werden die besagten Truppen für Rechnung Sr. Majestät des Königs beider Sizilien, mittelst ihrer Kommissarien, und in Gemäsheit dessen, was durch den 4 Art. des gegenwärtigen Tractats bedungen worden ist, die zu ihrem Unterhalt nöthigen LebensMittel und Fourage in Natura erhalten. Für ihre Rükkehr nach Rußland wird auf die im ersten Theil des gegenwärtigen 5 Art. bedungene Weise für ihren Unterhalt gesorgt werden. Sollten aber die russischen Truppen auf ihrer Rükkehr einen andern Weg nehmen, so werden die beiden Höfe, nach den obengesetzten Grundlagen, sich vorläufig verabreden. 3. Ausser den LebensMitteln und der Fourage werden die russischen Truppen, so lange sie im Dienste Sr. Sizilianischen Majestät agiren, 5 russische Sous (Kopeken) täglich auf den Mann von Ihnen erhalten, um sich Fleisch zu verschaffen.

6. Die russischen HilfsTruppen werden unter unmittelbarem Befehl des OberGenerals der Armee des requirirenden Hofes stehen; im Übrigen aber werden sie nur von ihrem eignen General abhängen, und werden ohne Widerspruch bei allen militairischen Operationen nach den Regeln des Kriegs gebraucht werden; wohl verstanden, daß diese Operationen vorher in einem KriegsRath, und in Gegenwart des kommandirenden Generals der russischen HilfsTruppen, verabredet und bestimmt seyn werden.

7. Die Ordnung und innere Haushaltung dieser Truppen wird

bloß von ihrem eigenen Chef abhängen, und sie dürfen nicht mehr vermühet noch ausgesezt werden, als die Truppen des requirirenden Hoff. Bei allen Gelegenheiten wird eine völlige Gleichheit und genaue Proportion zwischen ihrer Anzahl, und der gesammten HeeresMacht beobachtet werden müssen. Sie werden demnach so viel möglich beisammen bleiben, und weder in Märschen, Posten-Affairen, noch in Kantonirungen, noch bei sonst einer andern Veranlassung, getrennt und aus einander gerissen werden.

8. Überdem werden diese HilfsTruppen ihre eignen Feld-Prediger, und die völlig freie Ausübung ihrer Religion haben, auch nach keinen andern Gesezen und militairischen Reglements, als denen ihres Souverains, und durch den General und die Offiziere, unter deren Kommando sie stehen, gerichtet werden.

9. Die Trophäen und alle dem Feinde abgejagte Beute werden den Truppen, durch welche sie genommen worden sind, zugehören.

10. Sollten Se. Majestät der Kaiser aller Reußen, in Verfolg irgend eines Angriffs, sich genöthigt sehen, die HilfsTruppen zu Ihrer eignen Vertheidigung zurükzurufen, so wird der requirirende Hof 2 Monate voraus davon Nachricht erhalten, und allen von einer verbündeten Macht zu erwartenden Vorschub zu ihrer Rükkehr thun.

11. Die beiden hohen contrahirenden Theile verpflichten sich, so lange der gegenwärtige Krieg wider die Franzosen dauert, keinen Frieden noch WaffenStillstand ohne gegenseitige Einwilligung, und Einschliessung beider Mächte, zu schliessen.

12. Alle Flüchtlinge und Ausreisser von den beiderseitigen Truppen werden gegenseitig ausgeliefert werden.

13. Die Botschafter und Gesandten der beiden hohen contrahirenden Theile werden Befehl erhalten, einander wechselseitig behilflich zu seyn, und in allen das Interesse ihrer Souverains betreffenden Fällen nach völligem Einverständnis zu handeln.

14. Die obigen Artikel in Betref der HilfsTruppen, welche Se. Majestät der Kaiser aller Reußen Sr. Majestät dem

König beider Sizilien geben werden, beschränken sich blos auf den Fall des gegenwärtigen Kriegs wider die Franzosen, und werden nur bis zur Wiederherstellung des Friedens gültig seyn. In Ansehung zukünftig eintretender Fälle werden die beiden hohen contrahirenden Theilen, wenn die Umstände es erfordern, über die einander etwa zu leistende Hilfe an Truppen, oder Geld, oder vermittelst einer Diversion zu Gunsten der ungerecht angegriffenen Macht, zusammen Abrede treffen; Se. Majestät der König beider Sizilien und Se. Majestät der Kaiser aller Reussen werden sodann zu dem Ende solche Maasregeln treffen, welche der zwischen Ihnen bestehenden aufrichtigen Freundschaft und Allianz gemäs seyn werden.

15. Dieser Freundschafts- und Allianz-Tractat wird acht Jahre in seiner ganzen Kraft und Gültigkeit bestehen; nach Ablauf dieser Frist wird er, falls es die Umstände erfordern, erneuert werden können.

16. Der gegenwärtige Tractat wird von Sr. Majestät dem König beider Sizilien, und Sr. Majestät dem Kaiser von Russland, ratificirt werden, und die Auswechselung der Ratificationen wird in Zeit von 4 Monaten, oder, wenn es seyn kan, noch früher statt haben.

Zu dessen Urkunde ec. ec. Geschehen zu St. Petersburg, den 29 Nov. 1798.

Unterzeichnet: Der Herzog von Serracapriola.
A. Fürst von Bezborodko.
Rotschubey. Rostopsin.

3.

Allianz-Tractat zwischen Neapel und Gros-Britannien,
d. d. Neapel, 1 Dec. 1798.

Se. Majestät der König beider Sizilien, und Se. Majestät der König von Gros-Britannien, wohl einsehend, dass der Friede, den Sie Italien wieder zu geben gesucht haben, denen, welche in Frankreich die Regierung handhaben, nur zum Mittel gedient hat, ihre Eroberungen den weiter auszubreiten, und alle sittliche und politische Ordnung umzustürzen, und hierdurch gewarnt vor der Gefahr, welche in Verfolg des hinlänglich offenbaren Plans, ganz Italien demselben Geiste von Unordnung und Anarchie zu unterwerfen; die andern rechtmäßigen Regierungen bedroht, haben für rathsam erachtet, die mit der Convention vom 12 Jul. 1793 zwischen Ihnen geknüpften Bande zu erneuern, und durch ein enges Bündniß die in ihrer Gewalt stehenden Mittel zu vereinigen, um den Gefahren eines ungemessenen Ehrgeizes feste Schranken entgegen zu sezen, und in der Folge für die Vertheidigung und die Sicherheit Ihrer Völker, wie auch für die Wiederkehr der sittlichen und öffentlichen Ordnung in Italien, Sorge zu tragen. Demnach haben Ihre sizilianische und grosbritannische Majestäten Ihre beiderseitigen Bevollmächtigten autorisirt, nemlich

Seine Sizilianische Majestät,
den Don Marzio Mastrilli, Marchese di Gallo, von den Herzogen von Marigliano, Ihren Kammerherrn, Ritter des heil. Januarius Ordens, Staats Rath, und Staats Secretär für die auswärtigen See- und Handels Angelegenheiten, Ritter des goldnen Vliesses;

Seine Grosbritannische Majestät,
den Hn. William Hamilton, Ritter vom Bade, Mitglied Ihres Geheimen Rathes, Ihren ausserordentlichen Gesandten und bevollmächtigten Minister bei obbesagter Sr. sizilianischen Majestät;

Welche, nachdem sie sich ihre Vollmachten mitgetheilt, und dieselben gegen einander ausgewechselt haben, der folgenden Artikel mit einander übereingekommen sind.

1. Die im Jahr 1793 zwischen Sr. Sizilianischen Majestät und Sr. Grosbritannischen Majestät abgeschlossene Convention dient gegenwärtigem Tractat zur Grundlage; demnach verbinden sich die beiden hohen contrahirenden Theile, im gegenwärtigen Kriege gegen Frankreich gemeine Sache zu machen, und sich über die See- und Kriegs Operationen, besonders im Mittel Meere, zusammen einzuverstehen.

2. Die hohen contrahirenden Theile garantiren sich ge-

genseitig ihre Staaten gegen den gemeinschaftlichen Feind, und verpflichten sich ohne beiderseitige Einwilligung, die Waffen nicht niederzulegen, bevor die gänzliche Zurükgaabe aller Pläze, Städte und Länder, die ihnen vor Anfang des gegenwärtigen Kriegs zugehört haben, und deren sich der Feind im Laufe desselben bemächtigt haben möchte, erlangt seyn wird.

3. In Verfolg dieser gegenseitigen Verpflichtung werden Sich Ihre Sizilianischen und Grosbritannischen Majestäten auf das vertrauteste über die militairischen und SeeOperationen, welche die zu Neapel befindlichen Minister beider Mächte, in Gemäsheit der Umstände, dienlich erachten werden, wie auch über die Anwendung der See- und LandMacht, die man zusammenwirken lassen wird, einverstehen.

4. Zu dem Ende verpflichtet sich Se. Grosbritannische Majestät, bis zum Frieden, und so lange es die Gefahr beider Sizilien, und die Operationen gegen die gemeinschaftlichen Feinde erfordern werden, im MittelMeere eine KriegsFlotte von entschiedener Überlegenheit in Verhältniß mit der feindlichen, zu unterhalten, um mittelst derselben für die Sicherheit der Staaten Sr. Sizilianischen Majestät zu sorgen.

5. Alle Häfen beider Sizilien werden, ohne allen Rükhalt nach Beschränkung, dem Geschwader Sr. Grosbritannischen Majestät offen seyn, und Se. Sizilianische Majestät verspricht, die ausgedachteste Befugniß zu bewilligen, sich in Ihren Staaten mit allem, dessen das besagte Geschwader bedürfen wird, seyen es Kriegs-See-Munitionen, oder MundVorräthe, zu versehen; zu welchem Ende Se. Grosbritannische Majestät einen Commissair ernennen wird, um das ganze Detail dieser Anschaffung zu besorgen, und die neapolitanische Regierung demselben ihren Beistand leisten wird, damit er Alles um die laufenden und billigen Preise erhalte.

6. Se. Majestät der König beider Sizilien wird zum Gebrauch bei den verabredeten Operationen 4 LinienSchiffe, 4 Fregatten und 4 kleine KriegsSchiffe, mit dem Geschwader Sr. Grosbritannischen Majestät vereinigen. Sollten aber beide Mächte es dem Vortheil der Operationen angemessener erachten, eine gröfere Anzahl kleiner Fahr-

zeugt, an der Stelle der Schiffe, zu gebrauchen, so verspricht Se. Sizilianische Majestät, statt eines Theiles von obbesagtem seinem Kontingent, eine Zahl von Kanonier- und Bombardier-Böten, und andern kleinen KriegsFahrzeugen, in genauem Verhältniß mit den Schiffen, welche man abzuziehen übereingekommen seyn wird, zu stellen.

7. Se. Sizilianische Majestät verpflichtet sich gleicher Weise, dem Geschwader Sr. Grosbritannischen Majestät die Zahl von Matrosen, bis zu 3000, deren dasselbe etwa zu seiner Rekrutirung bedürfen wird, zu verschaffen, wobei es sich versteht, daß diese Matrosen ganz auf Rechnung Sr. Grosbritannischen Majestät, wie die englischen Matrosen des besagten Geschwaders, sowohl in Betref ihres Soldes bei ihrer Anwerbung, und während ihres Dienstes, als für alle Vortheile, deren die englischen Matrosen von besagtem Geschwader geniessen, zu behandeln seyn werden. Die von Sr. Sizilianischen Majestät verschaften Matrosen werden nicht ausserhalb des Meeres dienen, noch auf längere Zeit als die Dauer des gegenwärtigen Krieges angeworben werden können.

8. Die KriegsSchiffe beider contrahirenden Mächte, welche KauffahrteiSchiffe von ihrer eignen Nation zu convoyren haben, werden ohne Unterschied KauffahrteiSchiffe von der andern Nation, welche die nemliche Bestimmung haben, unter ihr Convoy und Schuz nehmen.

9. Während des gegenwärtigen Kriegs werden die Häfen beider Sizilien jedem französischen Kriegs- oder KauffahrteiSchiffe verschlossen seyn, und Se. Sizilianische Majestät wird Ihren Unterthanen jedweden HandelsVerkehr mit Frankreich untersagen, auch nicht zugeben, daß Schiffe andrer Nationen irgend eine Art von MundVorrath, noch Kriegs- und SeeMunitionen, aus Ihren Häfen nach französischen Häfen führen dürfen.

10. Die beiden hohen contrahirenden Theile machen sich anheischig, beim künftigen Frieden einander alle anständigen Vortheile und Genugthuungen zu verschaffen, und Se. Grosbritannische Majestät verspricht insbesondre Sr. Sizilianischen Majestät eine besondere Sorgfalt

für das Interesse und die Sicherheit der Krone beider Sizilien, wie auch nicht minder für die Ruhe und Wohlfahrt Italiens.

11. Wenn aus Feindschaft gegen den gegenwärtigen Allianz-Tractat irgend eine Macht dem einen oder dem andern der hohen contrahirenden Theile den Krieg erklärte, so versprechen sie einander, unter den nemlichen Bedingungen und gegenseitigen Verpflichtungen, welche in den Artikeln des gegenwärtigen Tractats enthalten sind, gegen eine solche Macht gemeinschaftliche Sache zu machen.

12. Die beiden contrahirenden Theile behalten sich bis nach dem gemeinschaftlichen Frieden vor, sich einzuverständigen, um dieser Allianz zwischen beiden Mächten eine grösere Ausdehnung zu geben, und solche Artikel und Maasregeln abzureden, welche für künftig die Ruhe und den Vertheidigungs-Stand ihrer Völker und Staaten sichern mögen, wie auch wegen des wechselseitigen Beistands übereinzukommen, den sich die beiden Mächte zu Erreichung dieses wohlthätigen Zwekes leisten werden. Von gleichem Eifer für die Wohlfahrt ihrer Nationen belebt, werden sie auch diejenigen Artikel verabreden, welche den Gegenstand eines für die Unterthanen beider Länder gleich nüzlichen Handels-Tractats ausmachen werden.

13. Gegenwärtiger Allianz-Tractat wird von beiden hohen contrahirenden Theilen ratificirt, und die Ratificationen werden in gebührender Form, binnen drei Monaten, von Unterzeichnung der gegenwärtigen Urkunde an gerechnet, oder, wo möglich, noch früher, zu Neapel ausgewechselt werden.

Zu dessen Urkunde haben wir Unterzeichnete, mit den Vollmachten unsrer beiderseitigen Souverains versehen, gegenwärtigen Allianz-Tractat unterschrieben, und demselben unsre Wapen beygedrukt.

Geschehen zu Neapel, den 1 Dec. 1798.

Unterzeichnet: Marzio Mastrilli, Marchese di Galla.

William Hamilton.

4.

AllianzTractat zwischen Neapel und der Osmanischen Pforte,

d. d. Konstantinopel 21 Januar 1799.

Im Namen des allmächtigen Gottes.

Se. Majestät der König beider Sizilien, und Se. Majestät der Kaiser der Osmanen, wünschend, die schon so lange zwischen Ihnen bestehenden Bande der Freundschaft und des guten Einverständnisses immer mehr zu verstärken, und in Betracht, daß Frankreich, nach seiner Treulosigkeit und seinen feindseligen Entwürfen gegen alle Regierungen, nunmehr die Osmanischen Staaten mit Krieg überzogen hat, und die arglistigsten Absichten gegen die sizilianischen an den Tag legt, haben, bei der vollkommenen Uibereinstimmung Ihres Interesses, beschlossen, in dem Kriege gegen Frankreich gemeine Sache zu machen, und für den ausdrüklichen Zwek, Ihre Staaten zu beschützen und zu vertheidigen, die Sicherheit und Ruhe Ihrer beiderseitigen Unterthanen zu bewerkstelligen, und die ehrgeizigen Entwürfe Ihrer gemeinschaftlichen Feinde, der Franzosen, zu vereiteln, einen Vertrag mit einander abzuschliessen. Zu diesem Ende haben Ihre Majestäten zu Ihren bevollmächtigten Ministern erwählt und ernannt, nemlich

Se. Majestät, der König beider Sizilien, Ferdinand IV,

den Grafen Constantin von Ludolf, Ihren ausserordentlichen Gesandten und bevollmächtigten Minister bei der hohen Pforte, und

Se. Majestät, der Kaiser der Osmanen, Sultan Selim III,

Ihre Excellenzen Esseid Ibrahim Ismet Bey, mit dem Titel Kazy Asker von Rumilien, und Ahmet Atif, wirklichen ReysEffendi;

Welche, nachdem sie einander ihre Vollmachten mitgetheilt, und zusammen Abrede getroffen haben, der folgenden Artikel übereingekommen sind.

1. Da die Invasion in Italien, von der Insel Malta, und von Aegypten, durch die Franzosen mit der Sicherheit und Ruhe

der sizilianischen Monarchie und des osmanischen Reichs unverträglich ist, so verpflichten sich Ihre Majestäten der König beider Sizilien und der Kaiser der Osmanen feierlich, im gegenwärtigen Kriege wider Frankreich gemeine Sache zu machen, und einverständig die nöthigen Maasregeln zu treffen, um sich allen gegen Sie entsponnenen feindseligen Entwürfen zu widersezen, und die den beiderseitigen Staaten angränzenden Länder von der Usurpation der Franzosen zu befreien.

2. Da die beiden hohen contrahirenden Theile solchergestalt in diesem Kriege gemeine Sache machen, und einander Beweise einer wechselseitigen Theilnahme geben wollen, so versprechen sie, und verpflichten sich, daß keiner von beiden weder Frieden noch WaffenStillstand mit dem gemeinschaftlichen Feinde schliessen wird, ohne den andern daran Theil nehmen zu lassen.

3. Die hohen contrahirenden Theile versprechen, ihre Operationen so zu verabreden, daß eine vollkommene Uibereinstimmung und Einigkeit zwischen denselben statt haben. Sie werden einander zu Land und zu See alle Hilfe leisten, welche die Nähe und ihre beiderseitigen Operationen erfordern, und ihre besondern Umstände erlauben. Da Se. Sizilianische Majestät genöthigt sind, mit Ihrer ganzen Macht dem gemeinschaftlichen Feinde in Italien die Spize zu bieten, so werden, wenn Sie den lebhaften Angriffen der Franzosen nicht widerstehen können, und Hilfe bedürfen sollten, Se. Majestät der Kaiser der Osmanen, wenn Sie requirirt werden, zum Beistand für Se. Sizilianische Majestät eine Armee von 10,000 Albanesern schiken, und ein ansehnliches Geschwader im adriatischen und im MittelMeere unterhalten, je nachdem das Bedürfniß seyn wird, und so lange es die Gefahr beider Sizilien, und die einverständlich gegen den gemeinschaftlichen Feind zu unternehmende Operationen erfordern werden.

4. Würde eine von beiden Mächten durch den gemeinschaftlichen Feind in ihren eignen Staaten angegriffen, so wird die andre nicht allein zur ihrer Befreiung Diversionen machen, sondern ihr auch alle Hülfe leisten, und alle Mittel reichen, welche mit ihren eignen Umständen verträglich seyn werden. Dieselben werden sich ebenfalls eben

diese Hilfe leisten und sich beistehen, so oft einer von den beyden Theilen es für die Ruhe und Sicherheit seiner Staaten verlangen wird; wohlverstanden, daß der requirirende Theil die Land- und SeeMacht, die er im Falle seyn wird zu Hilfe zu rufen, unterhalten, und die TransportSchiffe und nöthigen LebensMittel zur Uiberfahrt der HilfsTruppen verschaffen wird.

5. Die beiden hohen contrahirenden Theile, um dem Handel des gemeinschaftlichen Feindes so viel möglich zu schaden, werden ihre Häfen jedem französischen, sowohl Kriegs- als KauffartheiSchiffe verschliessen, ihren Unterthanen jedweden Handel mit Frankreich verbieten, und nicht zugeben, daß in irgend einem Falle sowohl KriegsMunitionen als MundVorräthe aus ihren Häfen nach Frankreich verführt werden. Hingegen versprechen sie, jeder den Geschwadern des andern seine Häfen zu öfnen, und ihnen um die currenten Presse allen Beistand und Vorrath, dessen sie bedürfen mögen, zu verschaffen; die Kommandanten der osmanischen KriegsSchiffe werden sich nach den in den sizilianischen Häfen eingeführten GesundheitsVorschriften richten müssen.

6. In Verfolg des gemeinschaftlichen Interesses, welches sie vereinigt, und gemäs dem Verlangen, sich neue Beweise von Freundschaft und guter Nachbarschaft zu geben, verbinden sich Ihre Majestäten, einander alle Vortheile zu verschaffen, welche für ihre beiderseitige Sicherheit und Ruhe nöthig seyn werden, und versprechen, sich aufrichtig und freundschaftlich über diesen Gegenstand einzuverstehen.

7. Da viel daran gelegen ist, daß die KriegsMacht beider Theile nur mit einem Gegenstand beschäftigt, und nicht durch andre Ursachen zerstreut sey, so würde nichts dem gemeinschaftlichen Interesse mehr zuwider seyn, als die Fortdauer des Krieges, welcher gegenwärtig zwischen Sr. Sizilianischen Majestät und den Regierungen der Barbarei besteht, zumal da leztere ebenfalls gegen Frankreich verpflichtet sind; demnach verbindet sich Se. Majestät der Kaiser des Osmanen, unverzüglich die obgesagten Regierungen zu nöthigen, mit Sr. Sizilianischen Majestät Frieden zu machen, und Se. ob-

gesagte kaiserl. Majestät wird für die Dauer dieses Friedens Sorge tragen.

8. Da die beiden Mächte sich auch die HandelsVortheile ihrer Unterthanen angelegen laßen seyn müssen, so versprechen sie, wann die Ruhe wieder hergestellt seyn wird, auf die vortheilhafteste Weise für beide Theile, die den Handel betreffenden Artikel ihres FreundschaftsVertrags vom 7 April 1740 der christl. ZeitRechnung, und 10 Muharrem 1153 der Hegira zu erneuern.

9. Der gegenwärtige Tractat wird von Sr. Majestät dem König beider Sizilien, und Sr. Majestät dem Kaiser der Osmanen ratificirt, und die Ratificationen werden in Zeit von 6 Wochen, oder früher, wenn es seyn kan, zu Konstantinopel ausgewechselt werden.

Geschehen zu Konstantinopel, den 21 Januar 1799.

Unterzeichnet: Graf Constantin von Ludolf.
Esseid Ibrahim Ismet Bey.
Ahmet Atif, ReysEffendi.

II.

Tractaten zwischen GrosBritannien und Rußland.

1.

Vorläufiger Vertrag zwischen GrosBritannien und Rußland,

d. d. Petersburg 18—29 Dec. 1798, die Stellung von 45,000 Mann russischer LandTruppen gegen Frankreich, auf Kosten GrosBritanniens, betreffend.

Im Namen der allerheiligsten und untheilbaren Dreieinigkeit!

Seine Majestät der König von GrosBritannien, und Se. Majestät der Kaiser aller Reußen, haben, in Folge der Verbündung und Freundschaft, welche zwischen ihnen besteht, und aus Verlangen, in eine Verabredung von Maaßregeln zu treten, welche auf die wirksamste Weise beitragen können, dem Glüke der französischen

Waffen, und der Ausdehnung der Grundsäze von Anarchie zu widerstehen, und einen dauerhaften Frieden, nebst der Wiederherstellung des Gleichgewichts von Europa, zu Stande zu bringen, es ihrer ernstlichsten Betrachtung und ihrer eifrigsten Sorgfalt werth gehalten, sich zu bestreben, Frankreich, wo möglich, in seine vorigen Gränzen, wie sie vor der Revolution bestanden, zurükzubringen. Sie sind, diesem zufolge, einig geworden, einen ProvisionalTractat zu schliessen, und haben, in dieser Absicht, als ihre Bevollmächtigten ernannt, nemlich

Se. Majestät der König von GrosBritannien, den Sir Charles Whitworth, Ritter, Ihren ausserordentlichen Gesandten und bevollmächtigten Minister an dem kaiserlichen Hofe von Rußland; und

Se. Majestät der Kaiser aller Reussen, den Kanzler, Fürsten Besborodko, Geheimen Rath, GeneralDirector der Posten, Senator, und Ritter der Orden von St. Andreas, von St. Alexander Newski, von St. Anna, und Groskreuz derer von St. Johannes von Jerusalem und von St. Wladimir von der ersten Klasse; den Hn. Kotschubey, ViceKanzler, GeheimenRath und Kämmerer, Ritter des St. Alexander NewskiOrdens, und Groskreuz des St. WladimerOrdens von der zweiten Klasse; den Hn. Rostopsin, GeheimenRath, Mitglied des Collegiums für auswärtige Angelegenheiten, Ritter des Ordens von St. Alexander Newski, und des St. AnnenOrdens von der ersten Klasse;

Welche, nachdem sie sich wechselseitig ihre Vollmachten mitgetheilt, über die folgenden Artikel geschlossen haben, und übereingekommen sind.

Artikel 1. Die zwei contrahirende Mächte, in der Absicht, den König von Preussen zu bewegen, einen thätigen Antheil an dem Kriege gegen den gemeinschaftlichen Feind zu nehmen, sind Willens, alle Mühe anzuwenden, um diesen Zwek zu erreichen. * Sogleich, wenn Se.

---

* Und doch hat Pitt in der Sizung des UnterHauses vom 26 Sept. versichert: „The disposition of the King of Prussia had not the smallest influence in determining the

preußische Majeſtät in dieſe Maßregel gewilligt haben wird, iſt Se. Majeſtät der Kaiſer aller Reuſſen bereit, ihm eine Hilfe an LandTruppen zu geben, und beſtimmt zu dieſem Zwek 45,000 Mann, Infanterie und Kavallerie, mit der nöthigen Artillerie, unter folgenden Bedingungen:

Art. 2. Dieſes TruppenKorps wird in Bewegung geſezt werden, ſobald die hohen contrahirenden Theile verſichert ſeyn werden, daß die Entſchlieſung Sr. Preuſſiſchen Majeſtät dem gemäs iſt, was vorher gemeldet worden. Was die weitern Bewegungen dieſes Korps, und die vereinten Operationen deſſelben mit den preuſſiſchen Truppen betrift, ſo will Se. Majeſtät der Kaiſer aller Reuſſen ſie mit Sr. Majeſtät dem König von Preuſſen anordnen, und ſie werden auch Sr. Brittiſchen Majeſtät mitgetheilt werden, damit durch eine ſolche gemeinſchaftliche Verabredung zwiſchen den hohen Alliirten die militairiſchen Operationen gegen den Feind mit deſto gröſerm Erfolg geführt, und der vorgeſezte Zwek deſto leichter erreicht werden möge.

Art. 3. Um Sr. Majeſtät dem Kaiſer aller Reuſſen die Mittel, einen ſo thätigen Antheil an dem Kriege gegen die Franzoſen zu nehmen, zu erleichtern, verbindet ſich Se. Brittiſche Majeſtät, die hiernach ſpecificirte GeldHilfe zu geben; wobei ſich Se. Majeſtät der Kaiſer aller Reuſſen nichts deſto weniger das Recht vorbehält, das erſterwähnte TruppenKorps in ſeine eignen Länder zurükzurufen, wenn durch irgend eine nicht vorhergeſehene Begebenheit ihm dieſe GeldHilfe nicht geleiſtet werden ſollte.

Art. 4. Der Belauf und die Beſchaffenheit dieſer GeldHilfe ſind auf folgenden Fus feſtgeſezt und regulirt worden:

1. Um Se. Majeſtät den Kaiſer aller Reuſſen in den Stand zu ſezen, die Truppen, welche beſtimmt ſind, zu Gunſten der

enterprize. The expedition to Holland was totally independent of any cooperation whatever on the part of this King." Man ſieht, daß des groſen Chatham's Sohn kein Epaminondas iſt. „Erat enim Epaminondas adeo veritatis diligens, ut ne joco quidem mentiretur." CORN. NEPOS; in vita Epamin. Cap. 15.)

guten Sache gebraucht zu werden, sobald wie möglich, und auf die angemessenste Weise zu stellen, verbindet sich Se. Majestät der König von GrosBritannien, sobald er Nachricht erhalten wird, daß die russischen Truppen, in Folge der Entschliessung Sr. Majestät des Königs von Preussen, marschiren werden, um mit denen Sr. genannten Majestät gemeinschaftlich zu agiren, für die ersten und dringendsten Ausgaben 225,000 Pf. Sterl. zu zahlen, und die Zahlungen so zu vertheilen, daß 75,000 Pf. Sterl. bezahlt werden sollen, sobald diese Truppen die russischen Gränzen passirt haben werden; daß die zweite Zahlung, die nemliche Summe betragend, am Ausgang der ersten drei Monate, und am Anfang des vierten geschehen soll; und daß die dritte Zahlung, welche die ganze Summe voll macht, auf gleiche Weise, nach drei Monaten, und am Anfang des siebenten geschehen soll.

2. Se. Majestät der König von GrosBritannien verbindet sich auch, Sr. Majestät dem Kaiser aller Reussen HilfsGelder von 75,000 Pf. Sterl. monatlich zu geben, von dem Tage an zu rechnen, an welchem das oben erwähnte TruppenKorps die russischen Gränzen passiren wird. Diese HilfsGelder sollen am Anfang jeden Monats bezahlt werden; und da sie zur Aufstellung und Unterhaltung der Truppen bestimmt sind, werden sie während des Laufes von zwölf Monaten fortgesetzt werden, es wäre denn, daß eher Friede gemacht würde.

3. Die zwei hohen contrahirenden Theile werden überdis, vor dem Ausgange des oben bestimmten Termins von einem Jahre, zu einem Einverständniß kommen, ob, im Fall der Krieg nicht geendiget seyn sollte, die obenerwählten HilfsGelder ferner bezahlt werden sollen.

Art. 5. Die zwei hohen contrahirenden Theile verbinden sich, weder Frieden noch WaffenStillstand zu machen, ohne einander einzuschliessen, und ohne mit einander Verabredung zu treffen: aber wenn, durch irgend einige unvorhergesehene Begebenheiten, Se. Brittische Majestät in der Nothwendigkeit seyn sollte, den Krieg zu endigen, und deswegen mit der Bezahlung der Hilfsgelder, vor dem Ausgang der zwölf oben bedungenen Monate, aufzuhören, so verbindet sich Se. Majestät, in diesem Falle, drei Monate Vorschuß der Hilfs-

Gelder, wegen dessen man auf 75,000 Pf. Sterl. übereingekommen ist, zu bezahlen, von dem Tage an gerechnet, an welchem der General, welcher die russischen Truppen kommandirt, die Nachricht davon wird erhalten haben.

Art. 6. Auf gleiche Weise, wenn irgend ein Angrif auf Rußland statthaben sollte, durch welchen Se. Majestät der Kaiser genötbigt würde, seine Armee in seinen eignen Staaten zurückzurufen, werden die oben erwähnten Hilfs-Gelder, blos in solchem Falle, auf den Tag bezahlt werden, an welchem die Armee wieder über die russischen Gränzen eintreten wird.

Art. 7. Se. Majestät der Kaiser aller Reussen wird mit seinem verbündeten, dem Könige von Preussen, in Ansehung aller andern Ausgaben, welche dieses Truppen-Korps und dessen Operationen erfordern können, eine Uibereinkunft treffen. Se. Brittische Majestät wird keinen weitern Antheil an diesen Ausgaben nehmen, als die Summe von 37,500 Pf. Sterl. monatlich, während der ganzen Zeit, in welcher die oben erwähnte Truppen, vermöge dieses Vertrags, für die gemeinschaftliche Sache werden gebraucht werden. Jene Summe wird von Sr. Majestät dem Kaiser aller Reussen vorgeschossen werden; aber Se. Brittische Majestät erkennt sie als eine Schuld Gros-Britanniens an Rußland, welche sie nach der Schliessung eines durch wechselseitige Einwilligung gemachten Friedens abtragen wird. Die Art und Zeitpunkte der Zahlung werden dann durch wechselseitige Uibereinkunft, so wie es den gegenseitigen Umständen der zwei verbündeten Mächte angemessen seyn wird, festgesezt werden.

Art. 8. Die oben erwähnten Hilfs-Gelder werden auf diese Weise als eine hinlängliche Hilfe für alle Kosten, mit Einschluß derjenigen, welche für den Zurük-Marsch der russischen Armee nöthig seyn könnten, betrachtet werden.

Art. 9. Dieser Vertrag soll als vorläufig betrachtet werden, und die Ausführung desselben wird, wie oben bestimmt worden ist, nicht statthaben, bis Se. Majestät, der König von Preussen, zu der Entschliessung gebracht seyn wird, seine Macht gegen den gemeinschaftlichen Feind zu wenden; aber im Fall er dieses nicht thun sollte, so behalten sich die zwei hohen contrahirenden Theile das Recht und die Gewalt vor, zum

Vortheil ihrer Angelegenheiten, und der glücklichen Erreichung des heilsamen Zweks, welchen sie sich vorgesezt haben mögen, andre, den Zeiten und Umständen angemessene, Maasregeln zu nehmen, und über diejenigen übereinzukommen, welche sie in einem solchen Falle am meisten nöthig erachten werden, wobei sie die Punkte des gegenwärtigen Vertrags, so viel als thunlich seyn wird, immer als Grundlagen annehmen werden. Se. Majestät der Kaiser aller Reussen, um nichts desto weniger einen noch auffallendern Beweis von seiner aufrichtigen Neigung, und von seinem Verlangen zu geben, seinen Verbündeten, so viel wie möglich, nützlich zu seyn, verspricht, während des Laufes der Unterhandlung mit Sr. Preussischen Majestät, und selbst noch vor Beendigung derselben, das oben erwähnte Korps von 45,000 Mann auf einen solchen Fus zu sezen, daß sie sogleich gebraucht werden können, wo, einer vorhergehenden Übereinkunft unter den Verbündeten gemäs, der Nuzen der gemeinschaftlichen Sache es erfordern wird.

Art. 10. Der gegenwärtige vorläufige Vertrag wird von Sr. Brittischen Majestät und von Sr. Majestät dem Kaiser aller Reussen ratificirt, und die Ratificationen werden hier, in dem Zeitraum von zwei Monaten, von dem Tage der Unterzeichnung an gerechnet, oder eher, wenn es geschehen kan, ausgewechselt werden.

Zu dessen Urkunde haben wir die Unterschriebenen, versehen mit den Vollmachten Ihrer Majestäten, des Königs von GrosBritannien, und des Kaisers aller Reussen, in ihrem Namen diesen Vertrag unterzeichnet, und die Siegel unsrer Wapen aufgedrukt.

Geschehen zu St. Petersburg, den 18—29 Dec. 1798.
(L. S.) Charles Whitworth. (L. S.) A. Fürst von Besborodko.
(L. S.) Kotschubey.
(L. S.) Rostopsin.

Erklärung.

Durch den zwischen Sr. Majestät dem König von GrosBritannien, und Sr. Majestät dem Kaiser aller Reussen, am 18—

29 Dec. 1798 geschlossenen vorläufigen Vertrag ist bedungen, daß ein Korps von 45,000 Mann von Sr. gedachten kaiserlichen Majestät zur Unterstüzung der gemeinschaftlichen Sache gestellt, zur Mitwirkung mit den Truppen Sr. Preussischen Majestät gebraucht werden sollte, wenn dieser Souverain bewogen werden würde, seine Macht mit der Ihrer Majestät zu vereinigen. Aber da die Bemühungen, welche Ihre königliche und kaiserliche Majestäten zu dieser Absicht angewendet haben, ohne Erfolg gewesen sind, und dieser Fürst bei seiner Anhänglichkeit an das Neutralitäts-System beharrt; so haben die zwei hohen contrahirenden Theile, um ihrer Seits nichts zu versäumen, was zu dem Gelingen der guten Seite betragen mag, beschlossen, daß das gemeldete Korps von 45,000 Mann, welches Aufangs bestimmt war, die feindlichen Demonstrationen Preussens gegen Frankreich zu unterstüzen, gleichfalls gegen den gemeinschaftlichen Feind, in welcher andern Gegend Ihre Majestäten es für Ihre gemeinschaftlichen Operationen am vortheilhaftesten halten können, gebraucht werden solle.

Zu diesem Zwek haben die Bevollmächtigten Ihrer gedachten königl. und kaiserl. Majestäten die gegenwärtige Erklärung unterschrieben, welche als ein Theil des oben erwähnten, zwischen den zwei Höfen am 18—29 Dec. 1798 geschlossenen, vorläufigen Vertrags anzusehen ist.

Geschehen zu St. Petersburg, am 18—29 Jun. 1799.
(L.S.) Charles Whitworth. (L.S.) Der Graf von Kotschubey.
(L.S.) Der Graf v. Rostopsin.

2.

Convention zwischen GrosBritannien und Rußland, d. d. Petersburg 11—22 Jun. 1799, die Stellung von 17,593 Mann russischer Truppen, zu einer Expedition gegen Holland, auf Kosten GrosBritanniens, betreffend.

Im Namen der allerheiligsten und untheilbaren Dreieinigkeit.

Da Se. Majestät der König von GrosBritannien

und Se. Majestät der Kaiser aller Reussen in Verfolg der Freundschaft und der Bande des engen Bündnisses, die zwischen Ihnen bestehen, wie auch Ihrer gemeinschaftlichen und aufrichtigen Mitwirkung bei gegenwärtigem Kriege wider die Franzosen, beständig zur Absicht haben, jedes in ihrer Gewalt stehende Mittel zu wirksamster Beschädigung des Feindes zu gebrauchen, so haben Sie erachtet, daß die Vertreibung der Franzosen aus den 7 Vereinigten Provinzen, und die Befreiung der leztern von dem Joche, unter dem sie so lange seufzen, Gegenstände wären, die Ihre besondere Aufmerksamkeit verdienten, und da Sie zugleich wünschten, einen Entwurf von solcher Wichtigkeit bald möglichst zur Ausführung zu bringen; so haben Ihre besagten Majestäten beschlossen, eine darauf Bezug habende Convention, in Betref der schicklichsten Mittel zu der allerschleunigsten Vollstrekung, mit einander abzuschliessen. Demnach haben Sie zu Ihren Bevollmächtigten ernannt:

Seine Majestät der König von Gros-Britannien,

den Sir Charles Whitworth, Ihren ausserordentlichen Gesandten und bevollmächtigten Minister am kaiserl. russischen Hofe, Ritter des Ordens vom Bade, und

Seine Majestät der Kaiser aller Reussen,

den Grafen von Kotschubey, Ihren Vice Kanzler, wirklichen GeheimenRath, wirklichen Kammerherrn, Ritter des Ordens von St. Alexander Newski, Commandeur des Ordens vom heil. Johannes von Jerusalem, Groskreuz des St. Wladimir Ordens von der zweiten Klasse, und den Grafen Rostopsin, Ihren wirklichen GeheimenRath, Mitglied des Collegiums der auswärtigen Geschäfte, General PostDirector, Ritter des Ordens vom heil. Alexander Newski, und von der heil. Anna von der ersten Klasse, GrosKanzler und Groskreuz des Ordens vom heil. Johannes von Jerusalem;

Welche, nach gegenseitiger Mittheilung ihrer Vollmachten, der folgenden Artikel übereinkommen sind.

Artikel 1. Da Se. Brittische Majestät glauben, daß obiger Endzwek nicht besser erreicht werden kan, als durch die Mithilfe russischer Truppen, so haben Se. russischkaiserliche

Majestät, ohngeachtet der schon gemachten Anstrengungen, und der Schwierigkeiten ein andres Heer in der Entfernung von Ihren Ländern aufzustellen, zufolge Ihrer ernstlichen Sorgfalt für das Beste der gemeinschaftlichen Sache, sich bereitwillig finden lassen, 17 Bataillone Infanterie, 2 Kompagnien Artillerie, 1 Kompagnie Schanzgräber, und 1 Escadron Husaren herzugeben, welche in allem 17,593 Mann ausmachen, und zur Expedition nach Holland bestimmt sind. Aber da diese Anzahl nach dem von Sr. Brittischen Majestät gemachten Entwurfe nicht hinreichend ist, und da 30,000 Mann zu diesem Endzwek nöthig erachtet werden, so wollen Se. besagte Brittische Majestät von Ihrer Seite 13,000 Mann englischer Truppen, oder wenigstens 8,000 Mann stellen, wenn diese geringere Zahl hinreichend seyn sollte, und worunter eine verhältnißmäßige Anzahl Reiterei sich befinden soll.

Art. 2. Dieses Korps von 17,593 Mann mit der nöthigen Artillerie soll sich zu Reval versammeln, um von da entweder in englischen oder andern von Sr. Brittischen Majestät in Fracht genommenen Schiffen abgeführt zu werden.

Art. 3. Um den Kaiser von Rußland in den Stand zu sezen, diese Zahl Truppen zu stellen, versprechen Se. Brittische Majestät die folgenden Subsidien unter der Bedingung, daß Se. Russische Majestät das Recht haben sollen, Ihre Truppen in Ihre Länder zurükzuziehen, wenn durch einen unvorgesehenen Fall diese Subsidien Ihnen nicht gezahlt werden sollten.

Art. 4. Der Betrag und die Beschaffenheit dieser Subsidien ist so regulirt worden:

1. Damit diese Truppen auf das baldigste ausgerüstet und aufgestellt werden können, versprechen Se. Brittische Majestät, sobald Sie Nachricht erhalten, daß selbige den Ort ihrer Versammlung, d. i. Reval, erreicht haben, und daß sie zum Einschiffen bereit sind, die Transport-Schiffe mögen angekommen seyn oder nicht, die Summe von 88,000 Pf. Sterl., in zwei gleichen Zahlungen, für die ersten und dringendsten Kosten zu zahlen; und zwar 44,000 Pf., sobald entweder der kommandirende General dieses Korps, oder der Minister in St. Petersburg Nachricht gegeben hat, daß das Korps bereit ist; die

zweite Zahlung, ebenfalls von 44,000 Pf., soll drei Monate darauf erfolgen.

2. Se. Brittische Majestät versprechen überdis, Sr. russischkaiserlichen Majestät die SubsidienSumme von 44,000 Pf. jeden Monat zu geben, und das von dem Tage an, da die Truppen bereit sind. Diese soll zu Anfang jedes Monats gezahlt werden, und ist zu dem Solde und Unterhalt der Truppen bestimmt, soll auch bis zur Rükkehr der Armee nach den russischen Häfen in englischen oder andern von England bezahlten Schiffen fortgesezt werden.

Art. 5. Wenn die russischen Truppen während der Expedition, oder im Fall ihres Uiberwinterns in England, wie hernach gemeldet werden soll, oder während der zu machenden SeeReisen, Schwierigkeiten zum nöthigen Lebensunterhalt in den Maasregeln, welche die russischen Befehlshaber oder Verordnete dieserhalb treffen werden, finden sollten, so wollen Se. Brittische Majestät, auf Requisition des an Ihrem Hofe residirenden russischen Ministers, alles Nöthige anschaffen lassen; und von den gelieferten Lebensmitteln und andern Artikeln soll ein genaues Verzeichniß gehalten werden, damit ihr Betrag nachher von den Subsidien abgezogen werde. Diese Lebensmittel und Artikel sind nach dem Preise zu bezahlen, welchen der König für seine eignen Truppen gibt.

Art. 6. Da der Transport von Pferden für die russischen Offizirs, die Artillerie und Bagage viele Schiffe erfordern, und zu Unbequemlichkeiten, besonders zu einem Verzug, führen würde, welcher der Expedition nachtheilig seyn könnte, so verbindet sich Se. Brittische Majestät, die nöthige angezeigte Zahl von Pferden zu liefern, und an den Ort zu schiken, wo die russischen Truppen agiren sollen, auch während der ganzen Zeit ihres Dienstes sie zu unterhalten, bis sie in die russischen Häfen zurükkehren. Alsdann werden sie auf die Art untergebracht, wie Se. Majestät für schicklich halten.

Art. 7. Im Fall die russischen Truppen, nach vollendeter Expedition in Holland, oder weil selbige wegen eintretender Umstände verzögert würde, nicht zu einer günstigen JahrsZeit in ihre Häfen zurükkehren könnten, so wollen Se. Brittische Majestät sie in Ihre eignen Häfen aufnehmen, und sie mit Quartier und andern Bedürfnissen versehen, bis sie bei Eröfnung der Schiffahrt zurükkehren, oder zu andern Bestimmungen gebraucht werden können, je nachdem Ihre Majestäten darin übereinkommen werden.

Art. 8. Da die HauptBestimmung dieser Truppen ein schneller Angrif auf Holland ist, wodurch Se. Brittische Majestät daselbst eine günstige Aenderung zu bewirken gedenken, und da überdis keine bestimmte Zeit für die Dauer der Subsidien angegeben ist, und die russischen Truppen nach ihrer Rükkunft in Rußland meist in weit entfernte Gegenden nach ihren gewöhnlichen Quartieren geschikt werden müssen, und diese Märsche große Kosten verursachen, so wollen Se. Brittische Majestät diese Kosten durch zweimonatliche Subsidien vergüten, die vom Tage der Ankunft der Truppen in Rußland anfangen. Se. russischkaiserliche Majestät behalten sich das Recht vor, ohne übrigens eine gewisse Zeit zu bestimmen, diese Truppen im FrühJahr 1800 in Ihre Länder zurükrufen zu können, oder wenn ein feindlicher Angrif auf Rußland, oder sonst ein wichtiger Fall es nöthig machen sollte; in beiden Fällen sollen diese zweimonatlichen Subsidien stattfinden.

Art. 9. Da die Expedition nach Holland dieser Convention ihr Daseyn gegeben hat, so soll sie mit englischen und russischen Truppen bewirkt werden, und jede Partei in Anwendung und im Kommando der Truppen sich nach dem im Jahre 1795 den 7—18 Februar zwischen beiden hohen Parteien geschlossenen DefensivAlliantzTractat richten. Auch wenn sich Schwierigkeiten zwischen den Befehlshabern der beiderseitigen Truppen, oder sonst, finden sollten, so sollen sie durch die Stipulationen des besagten Tractats von 1795, oder des mit dem Hofe zu Wien am 3—14 Jul. 1791 geschlossenen Tractats gehoben werden.

Art. 10. Gegenwärtige Convention soll von beiden Majestäten ratifizirt, und in zwei Monaten, vom Tage der Unterzeichnung an, oder, wo möglich, noch eher, ausgewechselt werden.

St. Petersburg, den 11—22 Jun. 1799.

(L.S.) Charles Whitworth. (L. S.) Der Graf von Kotschubey.

(L.S.) Der Graf v. Rostopsin.

Separat-Artikel.

1. Obschon im 2ten Artikel der unter dem heutigen Datum abgeschlossenen Convention festgesezt ist, daß das zur holländischen Expedition bestimmte russische Korps von 17,593 Mann in englischen oder andern von Sr. Brittischen Majestät gedungenen Schiffen nach seiner Bestimmung transportirt werden sollte, so willigt dennoch Se. Majestät der Kaiser aller Reussen, um diese wichtige Unternehmung desto mehr zu erleichtern, darein, 6 Linien Schiffe, 5 Fregatten und 2 Transport Schiffe herzugeben, welche, als Flut Schiffe ausgerüstet, so viel Truppen, als darauf Plaz finden, aufnehmen werden, während der Rest des besagten Korps an Bord englischer, oder andrer von Sr. Brittischen Majestät gedungenen Schiffe eingeschift werden soll.

2. Se. Majestät der Kaiser aller Reussen wird die besagten Schiffe und Fregatten unter folgenden Bedingungen darleihen: 1) England zahlt, so wie sie den Hafen von Kronstadt verlassen, um sich nach Reval, als dem Sammel Plaze, zu begeben, die Summe von 58,927 Pf. Sterl. 10 Schill. als Subsidien für die Kosten der Ausrüstung rc. für drei Monate, von dem Tage des Absegelns von Kronstadt an gerechnet. 2) Nach Ablauf der besagten drei Monate fährt Se. Brittische Majestät in Zahlung derselben Subsidien fort, nemlich zu 19,642 Pf. 10 Schill. monatlich, welche zu Anfang jedes Monats bezahlt werden. 3) Unbeschadet dieser Subsidien an Geld, sorgt Se. Brittische Majestät für den Unterhalt der Schifs Mannschaft; die Offiziere und Matrosen werden auf gleichen Fuß behandelt, wie die englischen Offiziere und Matrosen zu Kriegs Zeiten, und wie die russischen Offiziere und Matrosen, welche sich gegenwärtig auf dem mit dem englischen Geschwader vereinigten Geschwader Sr. kaiserl. Majestät befinden. 4) Alle diese Bedingungen sollen ihre volle Wirkung haben, bis zur Rückkehr der obbesagten Schiffe und Fregatten in russische Häfen.

3. Sollte es, gegen alle Erwartung, sich ereignen, daß diese 6 Schiffe, 5 Fregatten und 2 Transporte, durch irgend einen unvorhergesehenen Zufall nicht im Stande wären, vor Ende des gegenwärtigen Feldzuges nach Rußland zurükzukehren,

so verpflichtet sich Se. Brittische Majestät, sie in englischen Häfen aufzunehmen, wo sie allen möglichen Beistand erhalten sollen, sowohl für nothwendige Reperaturen, als für Versorgung der Mannschaften und der Offiziere.

Da die obbenannten 6 Schiffe, 5 Fregatten und 2 Transporte, indem sie ursprünglich eine andre Bestimmung hatten, mit Vorräthen auf drei Monate versehen worden sind, so verpflichtet sich Se. Brittische Majestät, anstatt sie nach der Bedingung des 2ten Artikels in natura zu versehen, den Werth der besagten Vorräthe nach einer zu machenden Schäzung zu bezahlen. In Rüksicht auf die Offiziere wird Se. Majestät der König von GrosBritannien sich an den bis izt in Betref der Offiziere des russischen Geschwaders, welches mit der brittischen SeeMacht vereinigt ist, befolgten Grundsaz halten. Dieses soll als Richtschnur dienen, um sie für die Rüstungen zu entschädigen, welche sie für den ursprünglich beabsichteten Feldzug gemacht haben dürften.

Dieser SeparatArtikel soll dafür angesehen werden, als mache er einen Theil der obigen Convention aus, und sey derselben wörtlich einverleibt; auch soll er auf dieselbe Weise ratificirt, und die Ratification ausgewechselt werden.

Zu dessen Urkunde haben wir Unterzeichnete, mit den Vollmachten Sr. Majestät des Königs von GrosBritannien, und Sr. Majestät des Kaisers aller Reussen versehen, in Ihrem Namen gegenwärtigen SeparatArtikel unterschrieben, und das Siegel unsrer Wapen beigefügt. So geschehen zu St. Petersburg, den 11—22 Jun. 1799.

(L. S.) Charles Whitworth. (L. S.) Der Graf von Rotschubey.

(L. S.) Der Graf von Rostopsin.

Neuigkeiten
der Schumann'schen Buchhandlung in Ronneburg.

Deutschland, das gewerbfleißige, oder systematisch-geordnetes Verzeichnis der jetztlebenden Kaufleute, Fabrikanten, Manufakturisten, Buch- und Kunsthändler, Buch- und Kupferdrucker, der Mäkler, Apotheker, Besitzer von Leihbibliotheken, Eisen- Kupfer- Meßing- Vitriol- und ähnlichen Werken ꝛc. mit Anzeige ihrer Geschäfte, der Messen, die sie beziehen, und der Wohnungen auf solchen; auch mit Erläuterungen zur Handlungs-Erdbeschreibung, Fabrik- und Waarenkunde. 1r Theil. Obersachsen enthaltend. 8.

auch unter dem besondern Titel:

Allgemeines Handlungs- und Fabriken-Adreßbuch von Obersachsen; oder erster Supplement-Band zum Versuche eines allgemeinen Handlungs- und Fabriken-Adreßbuches ꝛc.

Man erhält in diesem Werke, das gewissermaßen einzig in seiner Art ist, weit mehr als ein trocknes Adreßbuch. Vermöge der Fülle der Materialien sowohl als der Anordnung derselben, kann es zugleich als eine lebendige Statistik und kaufmännische Erdbeschreibung angesehen und benuzt werden. Aus dieser Hinsicht wird dasselbe besonders dem Lehrlinge des Handlungs-Standes empfohlen werden können, so wie der Statistiker, der Geograph, und jeder, den Völker- Länder- Industrie- und Gewerbskunde interessirt, in demselben den besten Wegweiser finden wird. Zum Beweise der Vollständigkeit desselben bemerken wir blos, daß in verschiedenen Artickeln mehrere Fabrick-Adressen, lediglich in Obersachsen, als in der neuern Auflage des Weimarischen Fabrick- und Manufaktur-Adreß-Lexicons, welches sich doch über ganz Deutschland erstreckt, aufgeführt sind. —

Gemählde, neuestes, von Malta und dem Malteser-Orden. 2r Bd. 8. 16 Gr.

(NB. Mit diesem folgen zugleich die restirenden Bogen des erstern, welche durch ein unverzeihliches Verfahren des Druckers verspätet worden sind.)

Im Besitze dieses Buches wird man jedes andre, was bisher über die Inseln Malta, Gozo und Camino; über die Geschichte, Schicksale und Verfassung des Johanniter-Ordens geschrieben worden ist, entbehren können. In einer systematischen und lichtvollen Darstellung enthält es alles, was nur irgend Bezug auf obige Gegenstände haben kann.

Handlungsbibliothek, neue, herausgegeben von einer Gesellschaft theoretischer und praktischer Kaufleute, 1r Bd. 35 Heft. gr. 8. Das Heft à 12 gr.

Es bedarf blos der Versicherung, daß die Herren: Berghaus, Buse, Canzler, von Eggers, Höck, Fabri, Gatterer, Schulze, Rößig, Rosenthal, Sinapius, Weißhorn u. s. w. an dieser periodischen Schrift theilnehmen, um ihr ein größeres Publikum zu verschaffen, als dieß bei Handlungs-Schriften gewöhnlich der Fall ist.

Journal, neues juristisches, von einer Gesellschaft theoretischer und praktischer Juristen. 1r Band. 2—3s Heft. Das Heft à 12 gr.

Stadt- und Landzeitung, gemeinnützige, als periodisches Noth- und Hülfsbuch zu betrachten. Jahr 1799. 16 Quartal à 8 gr.

Da nur der kleinste Theil dieses Blattes politischer Natur ist, so wird die Lektüre desselben auch dann noch Interesse behalten, wenn man solche vierteljährig spedirt.

Ankündigung.

Bei Haas und Sohn in Cöln am Rhein erscheint das unter dem Titel Ubiens Musentafel im vorigen Jahre herausgekommene und mit hinlänglichem Beifall gekrönte Köllnische Taschenbuch, für 1800 unter der geänderten Aufschrift

Taschenbuch der Ubier

und ist zu Anfang October in den meisten Buchhandlungen zu haben. Nebst ausgewählten Arbeiten in Prosa, Dichtkunst und Musik von bereits geprüften Verfassern unserer Gegend, wird man darinn die in moralischer sowohl als politischer Rücksicht so merkwürdige Geschichte der Agrippina, Gemahlin des Kaiser Claudius, in einer interessanten Darstellung liefern. Das Bild der Agrippina nach einer seltnen Münze als Cybele gestochen von Thelot, sechs charakteristische Scenen dieser Geschichte von Küffner, und noch ein oder zwei Vorstellungen zu einer in diesem Taschenbuch vorkommenden Ritter-Ballade von dem Grabstichel eines andern berühmten Künstlers werden dies Taschenbuch insbesondere zieren, auch sollen Pappier, Druk und Niedlichkeit des Aeussern dem innern Gehalt gewiß entsprechen.

Anzeige.

In meinem Verlage ist erschienen:

New complete Poket-Dictionary of the English and German Languages containing all words of general use and terms of arts and sciences from the best English and German Dictionaries compiled by Fredr. Reinh. Ricklefs with a preface by J. J. Eschenburg, in two Volumes. gr. 8. br. Rthlr. 2. 12 ggr.

Dieses Wörterbuch, das an Vollständigkeit, Bestimmt- und Correctheit unstreitig den Vorzug vor so manchem Anderen verdient, darf um so eher eine günstige Aufnahme im Publicum erwarten, da es nicht nur so manches größere Werk dieser Art, vermöge seines innern Gehalts, entbehrlich macht, sondern auch in Hinsicht auf das Aeussere in jedem Betracht seine Vorgänger übertrifft. Es ist mit ganz neuen Didotschen Lettern, möglichst rein und geschmackvoll auf feines Postpapier gedruckt; ich darf daher mit Zuversicht hoffen, daß die Käufer vollkommen befriediget und den Preis dieses Werks gewiß sehr billig finden werden.
Friedr. Wilmans
Buchhändler in Bremen.

Obiges Dictionair ist in allen Buchhandlungen Deutschlands zu haben.

Taschenbuch für das Jahr 1800 der Liebe und Freundschaft gewidmet. Bremen bey Friedr. Wilmans.

Unter diesem Titel erscheint, in meinem Verlage, Michaelis dieses Jahrs, ein Taschenbuch, das, wie ich mir schmeichle, keinem der bisher erschienenen Taschenbücher nachstehen wird.

Es enthält, unter dem Kalender, und einem kleinen Memorandum-Book, Erzählungen und auserlesene prosaische Aufsätze, von Hoche, Lafontaine, Mahlmann, Nachtigal, Otmar und Streithorst, nebst einer Auswahl von Gedichten, von: Abel, Ewald, Jakobs, Mahlmann, Sonnerhausen, Graf von Salisch, Schlichtegroll, Klamer, Schmidt, Schwarz, Tiedge, Witte u. s. w.

Auch ein möglichst elegantes und geschmakvolles Aeusere wird dieses Taschenbuch jedem Liebhaber des Schönen und Edeln empfehlen. Das Titelkupfer ist von D. Chodowiecki's Meisterhand gezeichnet und gekocht, und enthält eine portraitirte Familienscene aus dem schönen häuslichen Leben Friedrich Wilhelm III. Die übrigen, zu den Erzählungen, besonders der Lafontainischen, „die Wirkungen der selbstsüchtigen Grundsätzen" und der zu Hoche gehörenden Kupfer, sind in London von Thruston gezeichnet, und von Ridley, der als einer der geschätztesten englischen Künstler bekannt ist, gestochen.

Alle Buchhandlungen Deutschlands nehmen auf dieses Taschenbuch Bestellungen an.

Bremen, im Aug. 1799.
Friedrich Wilmans.

Neue fertige Verlagsbücher
der Kriegerschen Buchhandlung in Marburg.

Denkwürdigkeiten aus der Hessischen Geschichte, herausg. von Justi und Hartmann. 1r Theil. 8. 1 Thlr.

Bergen, H. C., Religionsbuch für junge und erwachsene Christen zur Erlernung und Wiederholung der vornehmsten Glaubenslehren und Lebenspflichten, für Prediger und Schullehrer. 8. 2te Aufl. 16 Ggr.

Cornelii Nepotis vita Imperatorum ex optimis edit. rec. 8. 8 Ggr.

Manderbach, K. G. D., erweiterte Entwürfe über Leben, Tod und Unsterblichkeit, zu Vorträgen an den Gräbern. 3r Th. gr. 8. 1 Thlr.

Archiv für Roßärzte, 18 Stück. Neue Aufl. 8. 8 Ggr.

Chrestomathie, deutsche, zur Uebung im Uebersetzen aus dem Deutschen ins Französische. Zum Gebrauch für die erste Klasse. Nebst einem Anhang für die zweite Klasse. 8. 1 Thlr.

Clossius, C. F., Abhandlung über die Durchbohrung des Brustbeins. Uebersetzt, nebst einem kurzen Anhang von J. G. Krämer. 8. 5 Gar.

Lesebuch, französisches, für die zweite Klasse. 8. 16. Ggr.

Reinhardts, J. J. rechtliche Gedanken vom Zehendrecht. Neue Aufl. 8. 4 Gar.

Kersting, Anweisung zur Kentniß und Heilung der innern u. äussern Pferdekrankheiten. 2 Thle. 8. 1 Rthlr.

Kopp, U. Fr., Bruchstücke zur Erläuterung der teutschen Geschichte und Rechte. gr. 4. 1 Thlr. 2 Ggr.

Die Kunst, auf die möglichst geschwindeste Art Französisch sprechen und schreiben zu lernen; oder neues französisches Elementarwerk, ein Gegenstück zur Meidingerschen praktischen franz. Grammatik. von M. F. Hezel. Erster und zweiter Cursus. 8. Der 3te u. 4te zur Herbstmesse.

Gemeinnütziges Journal für Aerzte, Brunnen- und Bade-Gäste. Erster Heft, von Dr. Fenner, 8. enthält Schwalbach. 6 Ggr.

Thilenius, M. G. Beschreibung des gemeinnützigen Fachinger Mineralwassers und seiner heilsamen Wirkungen. Dritte Auflage 8. 2 Gar.

Magazin für Wochen- u. Leichenpredigten. 6r Bd. 18 Stück. gr. 8. 9 Ggr.

v. Wildungen, Taschenbuch für Forst und Jagdliebhaber mit K. 8. wird Ende Oct. d. J. fertig.

Im October 1799 sind bey Oehmigke dem Jüngern in Berlin folgende neue Bücher erschienen, die auch um beygesetzte Preise in allen Buchhandlungen zu bekommen sind.

Neue Anweisung zur gründlichen Erlernung des Whistspiels, dritte Auflage, 8. 1800. 3 Gr.

Schulze, kleines Magazin von Reisen zur angenehmen und belehrenden Unterhaltung der Jugend, nach den neuesten deutschen und ausländischen Originalwerken bearbeitet. Erstes Bändchen, (Stedmanns Nachrichten von Surinam) mit 5 illuminirten Kupfertafeln, gr. 8. Berl. 1800, 1 Rthlr. 8 Gr. gebunden 1 Rthlr. 12 Gr.

Desselben Werks 2tes Bändchen, (La Peyrouse Reisen um die Welt) mit 5 illum Kupf., 1 Rthlr. 8 Gr. geb. 1 Rthlr. 12 Gr.

Der Romanenfreund, eine Sammlung interessanter Ritter- und Geistergeschichten ꝛc. 2ter 3ter und 4ter Band, mit Kupfern, 8. Berlin, 1800. 2 Rthlr. 12 Gr.

Neues berlinisches Titulatur- und Adreßbuch, oder vollständige

Nachricht von den Titeln und Aufschriften bey Vorstellungen an sämmtliche Dikasterien und Kollegien, an einzelne hohe Personen, an Militair- und Civilbeamten; ingleichem bey Anschreiben der Kollegien an einander in den Preußischen Staaten, von einem Kanzleyvorsteher. Zweyte gänzlich umgearbeitete und stark vermehrte Auflage, gr. 8. Berlin, 1800, 18 Gr.

Die gelben Erzählungen oder das Buch der Kindheit nach Freville. Zweyte mit sechs neuen bunten Kupfertafeln von Busler vermehrte Auflage. 8. Berl. 1800. gebunden 22 Gr.

Neuester Spielalmanach für das Jahr 1800; oder gründliche Anweisung zur leichten Erlernung aller Karten- Brett- Kegel und Ballspiele. Mit Kupf., 8. Berlin, 1800, geb. 1 Rthlr. 8 Gr.

Hayne Termini botanici iconibus illustrati; oder botanische Kunstsprache durch Abbildungen erläutert; mit einer Vorrede von Wildenow. 2ter Heft. Fol. Berl. 1800. 1 Rthlr. 12 Gr.

Gynäologie, oder über Jungferschaft, Beyschlaf, Liebe und Ehe. Erster und zweyter Supplementb. oder 14tes und 15tes Bändchen, mit 10 Kupfertafeln, 8. Berl 1800, 4 Rthlr. 16 Gr.

Neue Bildergallerie für junge Söhne und Töchter, zur angenehmen und nützlichen Selbstbeschäftigung, aus dem Reiche der Natur, Kunst, Sitten und des gemeinen Lebens. 7ter Band, mit 20 Kupfertafeln, gr. 8. Berl. 1800, 2 Rthlr. 8 Gr.

Dasselbe Buch, mit illum. Kupfern, gr. 8. 1800, 3 Rthlr. 22 Gr.
Dasselbe Buch, auf engl. Papier m. gemahlten Kupf. 4 Rthlr. 18 Gr.

Das Bildniß Sr. Majestät Friedrich Wilhelm des III Königs von Preußen, von Lowe gezeichnet, und von Meyer gestochen, vier Zoll hoch und drey Zoll breit. Neue wohlfeile Ausgabe, 12 Gr. bunt gedruckt 1 Rthlr.

Das Bildniß Ihro Majestät der Königin Louise von Preußen, nach Hrn. Schadow, von Delina gemahlt, und von Jügel gestochen, en Medaillon, vier Zoll hoch und drei Zoll breit. Neue wohlfeile Ausgabe, 12 Gr. bunt gedruckt. 1 Rthlr.

Neuer Schauplatz der Natur und Kunst. Eine Reihe der vorzüglichsten Gemählde von merkwürdigen Völkerschaften, Thieren, Pflanzen und Ansichten schöner Gegenden, für die Belehrung und Unterhaltung der Jugend. 3ter Band, mit schwarzen Kupfern, gr. 8. Berl. 1800. 2 Rthlr. 8 Gr.

Dasselbe Buch mit illuminirten Kupfern, gr. 8. 1800, 3 Rthl. 22 Gr.

Gallerie der Welt in einer bildlichen und beschreibenden Darstellung von merkwürdigen Ländern, Völkerschaften, Thieren, Natur= und Kunsterzeugnissen ꝛc. 2ten Band. 3tes oder 7ter Heft, gr. 4 mit 4 Kupfertaf. Berl. 1800. Auf Schreibpap. mit schwarzen Kupf. 1 Rthlr. 4 Gr.

Auf Schreibpapier mit bunten Kupfern. 1 Rthl. 22 Gr.
Auf englischen Papier mit geglätteten Kupfern 2 Rthlr. 8 Gr.

Der neueste Stellvertreter des indischen Zuckers, oder der Zucker aus Runkelrüben; die wohlthätigste Entdeckung des achtzehnten Jahrhunderts. Zweyter Heft. 8. Berl. 1799. 6 Gr.

Der Anekdotenfreund. Eine Sammlung kleiner Geschichten, Anekdoten, Epigrammen ꝛc. für Freunde des Witzes, Scherzes und der Laune. 3ter Heft. 8. Berl. 1800, 6 Gr.

Der Naturfreund; oder Darstellungen aus der gemahlten Welt. Ein nützliches und angenehmes Lesebuch für wißbegierige Kin-

ber. Neue vermehrte Auflage mit 9 Kupfertafeln. gr. 8. Berl. 1800, gebunden 1 Rthlr. 8 Gr.
Die Kunst mit Weiber glücklich zu seyn; nach Göthe, Lafontaine Rousseau und Wieland. Ein Almanach, für das Jahr 1800. Mit Kupf. von Bolt. 8. Berl. 1800, gebunden 1 Rthlr. 12 Gr.
Die Kunst mit Männern glücklich zu seyn; nach Göthe, Lafontaine, Rousseau und Wieland. Ein Almanach für das Jahr 1800. Mit Kupfern, gebunden 1 Rthlr. 12 Gr.
Taschenbuch für Weinkäufer, Weintrinker und Weinhändler, für das Jahr 1800. Mit einem Kupfer 8. Berlin gebunden 20 Gr.
Taschenbuch für Freunde des Witzes und der Laune, zum Nutzen und Vergnügen für freundschaftliche Zirkel. Mit Kupfern. Erster Jahrgang. 1800. 12. Berl. gebunden 1 Rthlr. 8 Gr.

In Kommißion.

Gellerts Fabeln und Erzählungen, 2 Theile. 8. Berl. 1800. 6 Gr.
Dieselben mit 12 Kupfern von Busler. 12 Gr.

Subscriptions-Anzeige.

Im Merz d. J. zeigte ich den Freunden meiner Lieder an: daß meine lyrischen Gedichte, in einem besondern Bande, dem später meine Episteln folgen sollten, auf Subscription erscheinen würden. Ich werde mehr liefern als ich versprach, indem ich meine lyrischen Gedichte und Episteln in einem Bande für den nemlichen Preiß geben werde. Später entschloß ich mich, nur den bessern Theil meiner poetischen Arbeiten gesammelt zu geben. Die Zufriedenheit der resp. Subscribenten und Abnehmer meiner Gedichte, sey der Lohn dieser uneigennüzigen Verbesserung.

Wilhelmine Müller geb. Maisch.

Die Sperrung der Schweiz, der Passage von Mannheim und Heidelberg, welche bis zu dem Ende des Subscriptionstermins fortdauerte, verbunden mit den Bitten vieler, bewogen mich den Termin bis Michaelis d. J. zu verlängern.

Der SubscriptionsPreiß der Gedichte und Episteln von Wilhelmine Müller auf die Prachtausgabe ist fl. 4. 30 kr. oder 2 Thlr. 12 gr. auf Schreibpapier 3 fl. oder 1 Rthlr. 15 gr. und auf Drukpapier fl. 1. 30 kr. oder 20 gr. sächsisch.

Zu den beeden ersten Ausgaben werden 2 Kupfer geliefert, das erste ist der Todtengräber am Grabe seiner einzigen Tochter vom Herrn von Goez in Regensburg gezeichnet; das zweite, die Vorstellung einer Scene aus Theres. von Falkenberg von Herrn Zitterer in Wien; von beeden Zeichnungen besorgt ein treflicher Künstler den Stich.

Die Namen der resp. Subscribenten werden dem Werke vorgedrukt, diejenigen Freunde welche Subscription sammeln wollen, erhalten das 6te Exempl. gratis. Alle gute Buchhandlungen nehmen Bestellung an: Nur bitte ich die Subscriptions-Listen längstens bis Ende Septembers einzusenden. Carlsruhe den 1ten Juli 1799,

Christ. Friedr. Müller,
Buchhändler.

Neueste KriegsGeschichte.
(Fortsezung.)

3.

KriegsSchauplaz an den Gränzen Helvetiens, und Zustand der Dinge im Innern dieses Landes, während des Monats April. Besezung von Schafhausen und Eglisau durch die Oestreicher. Massena schränkt sich auf Vertheidigung des Rheins ein. Stellung und Stärke der beiderseitigen Armeen zu Anfang des Mai. FeldMarschallLieutnant Bellegarde bringt in das Engadin ein, während FeldMarschallLieutnant Hotze vergebens den LucienSteig angreift. Durch einen zweiten Angrif bemächtigt sich Hotze dieses Schlüssels zu Graubünden, und dringt von da aus in die östliche Schweiz vor, während der Erzherzog Karl selbst, oben bei Stein und Schafhausen, mit der HauptArmee über den Rhein geht, um sich mit ihm zu vereinigen. Treffen an der Thur und an der Töß. Blutige Gefechte vor Zürch. Der Erzherzog nimmt Besiz von dieser Stadt. Massena zieht sich auf den AlbisBerg zurük.

(Epoche: Anfangs April bis Anfangs Jun.)

Die fränkische Armee in Italien unter den Befehlen des Generals Moreau war — durch die Schlachten, die sie geliefert, und durch die Besazungen, die sie in Mantua, Peschiera, Brescia, Orcinovi, Pizzighetone, in der Citadelle von Mailand, in Ferrara ꝛc. zurükgelassen hatte — allzusehr geschwächt, als daß sie sich gegen die mehr als noch einmal so starke östreichisch-russische Armee in einer parallelen VertheidigungsLinie vom Gotthard an bis zum Meer hätte behaupten können. Moreau hatte daher keine andre Wahl, als entweder seine Vereinigung mit der Armee in Helvetien zu erhalten, indem er die Armee von Neapel ihrem Schiksal überließ, oder sich dieser leztern zu nähern und dem General Macdonald von den ligurischen Apenninen her die Hand zu reichen, indem er seiner Verbindung mit Massena entsagte, und den ganzen Theil von Piemont auf dem linken Poulfer, aus Mangel an Truppen zur Besezung der dortigen Pläze, räumte. Er entschied sich für das Leztere, und konnte wohl nicht anders, da ihm vor allem daran gelegen seyn muste, die Armee des Generals Macdonald zu retten, die durch seinen Rükzug sich in Italien zwischen der östreichisch-russischen, und der durch zahlreiche InsurgentenKorps verstärkten neapolitanischen Armee, zu welcher bald auch noch englisch-russisch-türkische LandungsTruppen stossen sollten, eingeschlossen gesehen haben würde.

Aber in dem Verhältniß wie der FeldMarschall Sonworof auf seinem rechten Flügel weiter im obern Italien vordrang, und dadurch den linken Flügel des Generals Moreau von den Seen und Thälern abschnitt, die zu den HauptEingängen in die Schweiz führen, ward die Position des rechten Flügels von Massena's Armee, wie stark sie an sich war, immer kritischer.

Die Besezung Helvetiens war (wie wir bereits weiter oben bemerkt haben) für die Franken von wesentlichem Vortheil, so lange sie ein offensives KriegsSystem befolgten. So lange ihre Armeen noch die Lombardie, oder auch nur Piemont inhatten, muste ihre Linie gedrängter, ihre allgemeine Position um so sicherer seyn, während sie die Höhen der grosen Alpen besezt hielten, und die HauptCommunicationen zwischen der Schweiz und Italien in ihrer Gewalt waren. Sobald sie hingegen nicht mehr Truppen genug hatten, um

Angrifsweise vorzuschreiten, und den KriegsSchauplatz zugleich in Baiern und in Italien anzulegen, hätte die Neutralität Helvetiens ihnen weit vortheilhafter seyn müssen; denn so wie dieselbe die grose Masse der Alpen undurchdringlich machte, so zerstörte sie nothwendig auf Seiten der Oestreicher jede Art von Combination zwischen ihren Armeen am Rhein und in Italien, da sie hingegen auf Seiten Frankreichs die Communication, ohne sie zu verlängern, dekte, und den Mittelpunkt, so wie den wichtigsten Theil seiner Gränzen, gegen alle Augriffe schüzte. Nachdem aber die Franken selbst, diese seit Jahrhunderten respectirte Neutralität der Schweiz, das Bollwerk ihres militairischen Systems * vernichtet hatten, konnten die Oestreicher, nach ihren Fortschritten in Italien, nun in der That den grosen Plan auszuführen hoffen, den die Franken im Feldzuge 1796 bezwekt, aber verfehlt hatten, ihre Armeen in Teutschland und in Italien mit einander in unmittelbare Verbindung zu sezen.

Sogleich nach Jourdan's Rükzug an den Rhein, hatte der Erzherzog Karl, während auf seinem rechten Flügel das Korps des FeldMarschallsLieutenants Sztarray sich gegen Kehl und Mannheim hin ausdehnte, und auf seinem linken Flügel der FeldMarschallLieutenant Hotze, oberhalb des BodenSees, dem Rheinthal gegenüber, im Vorarlbergischen stehen blieb, sich mit dem HauptKorps seiner Armee, unterhalb des BodenSees, gegen Schafhausen hin, aufgestellt, und sein HauptQuartier in Stokach genommen, von wo aus Er, in einer Proclamation vom 30 März, den Schweizern ankündigte, „daß seine Truppen im Begrif stünden, ihren „Boden zu betreten — nicht, um mit ihnen Krieg zu „führen, sondern den gemeinschaftlichen Feind zu verfol„gen, gegen den sie selbst für ihre Freiheit und Unab-

* „La Suisse, le boulevard de notre systeme militaire," sagt Massena selbst in einem seiner Berichte.

„hängigkeit größtentheils so tapfer gefochten, und dessen
„Uebermacht allein vermögend gewesen, sie in ihr jeziges
„unglükliches Verhältniß zu sezen. Der Kaiser, nach
„seinen fortwährend freundschaftlichen und redlichen nach=
„barlichen Gesinnungen, habe keine andre Absicht, als
„dazu beizutragen, daß die Schweiz bei ihrer
„Unabhängigkeit, Integrität, Freiheiten,
„Gerechtsamen und Besizungen, ohne al=
„len Abbruch, erhalten werde."

Ein Korps ausgewanderter Schweizer, an dessen
Spize der ehemalige Schultheiß Steiger von Bern
stand, hatte sich unter den östreichischen Fahnen gesam=
melt; im Innern der Schweiz selbst waren, auf die
Nachricht von den Siegen des Erzherzogs über den Ge=
neral Jourdan, an verschiedenen Orten, besonders in
den kleinen Kantonen, Unruhen ausgebrochen; mehrere
fränkische Soldaten, die sich einzeln treffen liessen, wa=
ren, wie man behauptete, ermordet worden. General
Massena erließ daher eine drohende Proclamation.
„Woher, Schweizer!" sagte er darin, „diese plözliche
„Umstimmung? warum zerstört ihr die so nothwendige
„Eintracht, die zwischen Euch und der fränkischen Armee
„herrschte Glaubt ihr denn, diese Armee, die bisher
„nur Siege zählte, sey nicht mehr im Stande, den
„östreichischen Truppen Widerstand zu leisten? Glaubt
„ihr, sie werde, mitten unter den Anstrengungen des
„Muthes und den Aufopferungen, die sie für eure Be=
„schüzung bringt, kaltblütig ihre Helden morden sehen?
„Ich wuste euch zu schäzen, so lange ich ein verbündetes
„getreues Volk in euch sah; aber eben so werde ich euch
„zu bestrafen wissen, wenn ihr zu Verräthern werden,
„und die Treue der Tractaten verlezen wolltet. Alle Ge=
„meinden sind verantwortlich für alle widrigen Vorfälle
„gegen die Franken, die sich auf ihrem Gebiete zutragen;
„in alle Kantone, in welchen sich aufrührerische Bewe=
„gungen äussern, werde ich schleunigst Colonnen marschi=

„ren lassen, um sie mit Feuer und Schwert zu verheeren" — Nicht minder stark waren die Maaßregeln, welche von Seiten der neuen republikanischen Gewalten in Helvetien getroffen wurden. Uiberall ward die Elite der Miliz aufgeboten, um zu dem Rhein zu ziehen; TodesStrafe sollte, durch ein Kriegs-Gericht, jedem zuerkannt werden, der selbst sich zu marschiren weigern, oder einen andern davon abzuwenden suchen würde. Man beschloß eine KriegsSteuer; die Kompletirung der vertragsmässigen 18,000 Mann HilfsTruppen für Frankreich; die Verhaftung einer grosen Anzahl von den ehemaligen Regenten in den verschiedenen Kantonen; ein allgemeines Schrekens System ward eingeführt; kein Schweizer durfte mehr von den Gefahren und von den Leiden der Schweiz laut sprechen.

Was die militairischen Maaßregeln betraf, so beschäftigte sich der General Massena, der izt zugleich die Donau- und die helvetische Armee en chef kommandirte, ausschliesend mit der Vertheidigung des Rheins, von seinen Quellen in Graubünden an in seinem ganzen Laufe bis zu den Gränzen von Holland.

Die Divisionen der Generale Lecourbe und Menard dekten das Engadin und Graubünden; eine andre Division hielt das Rheinthal, und besonders die starke Position bei Rheinek, am östlichen Ende des BodenSees, besezt. Diesen drei Divisionen, die den rechten Flügel von Massena's Armee bildeten, standen die Korps der FeldMarschallLieutnants Bellegarde und Hotze, an der Gränze von Tirol und im Vorarlbergischen, gegenüber.

Die HauptMasse der fränkischen Armee, dem Erzherzog Karl gegenüber, erstrekte sich von dem westlichen Ende des BodenSees bis nach Basel. Längs der helvetischen Gränze behaupteten sich ihre VorPosten noch auf mehreren Punkten — in Petershausen (gegenüber von Constanz), in Schafhausen, in Eglisau, und vorwärts Basel — auf dem rechten Ufer des

Rheins; alle andere Brüken übrr diesen Strom waren ab=
gebrochen.

Weiter hinabwärts, längs der teutschen Gränze,
hatte ein kleines fränkisches Korps neuerdings bei Alt=
Breisach auf das rechte Ufer über gesezt, und hier eine
BrükenSchanze angelegt.

Ein bei weitem stärkeres Korps stand bei Kehl.

Ein Theil der ehemaligen ObservationsArmee hielt,
unter dem Namen der Division des linken Flü=
gels, die Stadt Mannheim mit der vorliegenden Ge=
gend besezt.

Noch weiter hinab waren die Festungen Mainz,
Ehrenbreitstein und Düsseldorf durch, zwar nicht
starke, Garnisonen geschüzt.

Von seiner Seite machte der Erzherzog Karl, der
sich mehrere Wochen hindurch in Stokach krank befand,
noch keine bedeutende Bewegungen gegen die Schweiz;
ohne Zweifel weil bei dem gänzlichen Mangel an Lebens=
mitteln in diesem Lande erst die nöthigen Magazine in
Schwaben angelegt werden mußten, oder weil er so lange
warten wollte, bis die JahrsZeit und die Operationen in
Italien weiter vorgerükt wären. Er beschränkte sich da=
rauf, die Franken aus den Posten, die sie noch längs den
Gränzen der Schweiz auf dem rechten RheinUfer besezt
hielten, zu vertreiben, und dadurch die Einschliesung die=
ser unermeßlichen und furchtbaren natürlichen Citadelle zu
vollenden.

Am 13 April ließ er, durch einen Theil der Avant=
garde des FeldMarschallLieutnants Nauendorf, die
Stadt Schafhausen wegnehmen. Die Franken zogen
sich fechtend über den Rhein zurük, und brannten die Brü=
ke, * ein MeisterWerk der Baukunst, hinter sich ab.

* Sie ward im Jahr 1758 von dem berühmten H. U. Gru=
benmann neu gebaut, bestand aus einem Häng = oder
SprengWerke von einem Bogen, und hatte 342 Pariser
Fuß Länge; ihr Bau kostete 90,000 Gulden.

An eben diesem Tage wurden sie auch von Petershausen nach Constanz zurükgedrängt.

Am 17 April entriß ihnen der General Fürst von Schwarzenberg auch noch Eglisau, ausser Basel den lezten (nur 4 Stunden von Zürich entfernten) Posten, den sie längs der helvetischen Gränze auf dem rechten RheinUfer inhatten. Noch aber hatten die Oestreicher ihren Fuß nicht auf das linke Ufer gesezt; die Stadt Constanz, die von ihnen lebhaft beschossen und zwey mal aufgefordert worden war, hatte sich hartnäklig vertheidigt.

Der General Massena, der inzwischen beträchtliche Verstärkungen aus dem innern Frankreich erhielt, zog seine Truppen in dem von dem Erzherzog bedrohten Theile der Schweiz zusammen, besezte so viel Terrain als er konnte, und hielt die Oestreicher in dem eingehenden Winkel des Breisgäues durch einen sehr lebhaften kleinen Krieg am rechten RheinUfer, vor Basel, Breisach und Kehl, zurük.

Dagegen bedrohte der Erzherzog, um den Franken nicht den Vortheil zu lassen, alle ihre Truppen unbesorgt in der Schweiz zu concentriren, den NiederRhein, und hinderte sie, Mannheim, Mainz, Ehrenbreitstein, und selbst Düsseldorf, ganz zu entblösen, indem er die bewafneten Bauern im Odenwald und im Spessart unterstüzen, und die Vorposten des Sztarrayschen Korps bis in die Gegend von Frankfurt vorrüken ließ.

Nachdem auf solche Art die beiderseitigen Armeen den ganzen Monat April hindurch sich in einem blosen Beobachtungs Zustande gehalten hatten, bereitete sich der Erzherzog Karl nun zu einem allgemeinen Angrif auf Helvetien.

Der Stand der beiderseitigen Armeen um diese Zeit (zur Epoche des 1 Mai) war folgender:

I.
Fränkische Armee.

OberGeneral: **Massena.**
Chef des GeneralStabs: **Cherin,** DivisionsGeneral.
GeneralHauptQuartier: **Zürich.**

A { **Rechter Flügel,** von Bormio bis Rheineck. Commandant desselben: DivisionsGeneral **Ferino.** HauptQuartier: St. Gallen.

Division **Lecourbe,** im Engadin und Veltlin. HauptQuartier: Zernetz.

B { Division **Menard,** in Graubünden. HauptQuartier: Zizers.

Division **Lorge,** im Rheinthal. HauptQuartier: Altstädten.

Centrum, von Arbon bis zum FrikThal.

Division **Oudinot,** rechts bei Münsterlingen, links gegenüber von Stein. HauptQuartier: Frauenfeld.

Division **Vandamme,** zwischen der Thur und dem Rhein, gegenüber von Schafhausen. HauptQuartier: Andelfingen.

Division **Tharreau,** zwischen der Töß und der Mündung der Aar, gegenüber von Eglisau. HauptQuartier: Bulach.

C { Division **Soult,** zur Reserve, in Wyl und der umliegenden Gegend.

KavallerieDivision, unter den Befehlen des Generals **Klein.** HauptQuartier: Basel.

Division im Innern der Schweiz, bestehend aus den GarnisonsBataillonen der ehemaligen helvetischen Armee, unter den Befehlen des Generals **Nouvion.** HauptQuartier: Lucern.

Linker Flügel, von Laufenburg bis Düsseldorf.

Division **Souham,** von Laufenburg bis Hüningen einschliesslich. HauptQuartier: Basel.

D {
  Division Legrand, vorwärts Alt-Breisach und Kehl auf dem rechten Rheinufer. HauptQuartier: Kork.
  Division des NiederRheins, vorwärts Mannheim auf dem rechten Rheinufer, unter der Befehlen des Generals Collaud. HauptQuartier: Mannheim.
  Vier vereinigte Departemente (Donnersberg, Saar, Rhein und Mosel, Roer,) unter dem Kommando des Generals Dufour. HauptQuartier: Coblenz.
}

II.
Oestreichische Armee.

A { Korps des FeldMarschallLieutnants Bellegarde, an der Gränze von Tirol. HauptQuartier: Nauders.

B { Korps des FeldMarschallLieutnants Hotze, im Voralbergischen. HauptQuartier: Feldkirch.

C { HauptArmee unter dem unmittelbaren OberBefehl des Erzherzogs Karl, vom BodenSee bis zum Breisgau. HauptQuartier: Stokach.

D { Korps des FeldMarschallLieutnans Sztarray, vom Breisgau bis an den Main, mit Einschluß der Besatzungen in Philippsburg und Wirzburg.

Uiber die Stärke der gegenseitigen Armeen zu dieser Zeit hat man bis izt im Publikum noch keine zuverlässige Angaben.

Darin stimmen indeß die Nachrichten von beiden Seiten überein, daß die Zahl der Truppen, womit der General Massena Helvetien und Graubünden vertheidigte, sich auf 60,000 Mann belief, ohne Einschluß der in starker Anzahl aufgebotenen schweizerischen Elite. Von Basel an, längs des Rheins, bis nach Düsseldorf hinab, standen ohngefähr 30,000 Mann. Diese ganze TruppenMasse, die unter dem OberBefehl des Generals Massena stand, führte nun, seit dem 21 April, den Namen: DonauArmee.

Die östreichische HauptArmee an den Gränzen Helvetiens, von Basel an bis zum BodenSee, unter dem unmittelbaren OberBefehl des Erzherzogs Karl, rechnete man zu 65,000 Mann; das Korps des FeldMarschallLieutnants Hotze, im Vorarlbergischen, zu 20,000; das Korps des FeldMarschallLieutuans Bellegarde, au den Tiroler Gränzen, ohngefähr zu gleicher Anzahl; und das Korps des FeldMarschallLieutnans Sztarray, das sich auf dem rechten Flügel des Erzherzogs vom SchwarzWalde bis nach dem Main hin ausdehnte, zu 24,000.

Der Erzherzog wollte seinen Angrif auf die Schweiz durch die Eroberung von Graubünden eröfnen. Während der FeldMarschallLieutnant Bellegarde in das Engadin eindringen würde, sollte der FeldMarschallLieutnant Hotze durch den LucienSteig vorbrechen, und hierauf von der OstSeite her in die Schweiz eindringen, indeß der Erzherzog selbst, an der Spize der HauptArmee, oben bei Schafhausen und Stein über den Rhein gehen würde, um in Verbindung mit ihm gegen Zürich vorzurüken.

Schon am 22 April hatte Bellegarde, um sich irgend eines Passes über die hohen Gebirge, die den Inn von der Landquart und Albula trennen, zu bemächtigen, und dadurch sich in nähere Communication mit Hotze's linkem Flügel zu sezen, eine Recognoscirung in verschiedenen Gegenden des Engadins und des Brettigaues angeordnet, die so eingeleitet war, daß sie bei dem glüklichen Zusammentreffen mehrerer Colonnen in einen ernstlichen Angrif verwandelt werden sollte. Ein neugefallener tiefer Schnee machte jedoch die BergJoche ungangbar; nur eine einzige Colonne, die aus einem Bataillon des Regiments Neugebauer bestand, kam bis Manas, wo sie sich mit ihrem Anführer, dem Major Schmidt, größtentheils gefangen ergeben muste.

Die Generale Bellegarde und Hotze verabredeten nun einen combinirten Angrif.

Am 30 April grif Ersterer den General Lecourbe im Untern Engadin mit mehreren Colonnen auf allen Punkten seiner Linie an. Die erste oder HauptColonne, die Er selbst anführte, drang von Nauders vor, sezte, grösstentheils ohne Brüken, über den Inn, warf die fränkischen VorPosten zurük, und kam gegen Mittag bei Remus an. Hinter diesem Dorfe hatten die Franken eine schon durch die Natur sehr vortheilhafte Position noch in der Fronte und in der rechten Flanke mit verschiedenen gut angelegten Verschanzungen befestigt. Um diese Position in ihrer linken Flanke, auf der Seite von Manas, anzugreifen, hatte Bellegarde eine eigene NebenColonne von Jögl und Spils nach Schleims und Manas vordringen lassen, welche oberhalb des leztern Dorfes über den RemusBach sezen sollte. Aber auch von dieser Seite waren die Franken durch drei hintereinander angelegte Retranchements gedekt, die nur auf einem schmalen Fussteige angegriffen werden konnten; die Colonne, die durch einen äusserst beschwerlichen Marsch über die steilsten Gebirge und über das mit SchneeLavinen angefüllte Thal von Manas ihre Kräfte erschöpft hatte, konnte, bei der hartnäkigen Gegenwehr der Franken, von dieser Seite nicht eindringen. Während sie auf der linken Flanke angekommen war, hatte FeldMarschallLieutnant Bellegarde auch die Verschanzungen in der rechten Flanke, unter dem heftigsten kleinen Gewehr- und KartätschenFeuer der Franken, mit Sturm angreifen lassen; aber auch hier behaupteten sich die Franken nach einem heftigen Kampfe, der bis zum Abend dauerte, in ihren Verschanzungen.

Auch eine andre NebenColonne, die, unter Aufführung des Oberstlieutenants Grafen Weissenwolf (vom Regiment Michael Wallis), von St. Maria durch das Cieser Thal gezogen war, und einen Angrif auf Zernetz that, wurde zurükgeschlagen; ein Theil ihrer Arrieregarde, worunter sich der Prinz von Ligne, Major im Regiment dieses Namens, befand, gerieth in fränkische Gefangenschaft.

Glüklicher war die Colonne des FeldMarschallLieutnants Grafen von Haddik, der es gelang, über das ScharlJoch, unter anhaltendem Gefechte, bis an die InnBrüke bei Schuls vorzudringen. Da General Lecourbe hierdurch seine Position hinter Remus im Rüken bedroht sah, so zog er sich am 31 April, vor TagesAnbruch, über Fettan und Guarda zurük.

Am 1 Mai vereinigten sich die Colonnen der Generale Bellegarde und Haddik zwischen Schuls und Fettan, und rükten am folgenden Tage zugleich gegen Lavin vor. In und hinter diesem Dorfe kam es zu einem hartnäkigen Treffen; aber durch die von dem Feld=MarschallLieutnant Bellegarde in's Gebirge zum Uiberflügeln abgeschikten Abtheilungen wurden die Franken zum Weichen gebracht; bei dieser Gelegenheit gerieth der BrigadeGeneral Demont in östreichische Gefangenschaft. Unter beständigen Gefechten musten sich die östreichischen Colonnen über unwegsame Gebirge, durch Defileen und Verhaue durchschlagen; überall fanden sie den hartnäkigsten Widerstand: aber da die Franken in jeder neuen Stellung, die sie nahmen, sich stets in beiden Flanken bedroht sahen, so wurden sie auch bei dem Dorfe Süß, nach dem heftigsten Kampfe, zurükgedrängt, und zogen sich gegen Zernetz; General Lecourbe selbst ward bei dieser Gelegenheit in den Arm verwundet.

Am 3 Mai, noch vor TagesAnbruch, verließ er auch diese Stellung, und zog sich weiter hinauf am Inn zurük, nachdem er die Brüke bei Pontalto, das einzige Thor in das Obere Engadin, hinter sich abgebrannt hatte.

Zu gleicher Zeit mit dem Vordringen des FeldMarschallLieutnants Bellegarde in das Engadin, hatte auch der FeldMarschallLieutnant Hotze einen Angrif auf den

LucienSteig, den Schlüssel zu Graubünden, unternommen. In der Nacht vom 30 April auf den 1 Mai überstiegen die östreichische Colonnen die unwegsamsten Berge; mit Tages Anbruch begann der Angrif zugleich auf mehreren Punkten: eine Colonne bedrohte den LucienSteig von vorn; die zweite grif auf der rechten Flanke desselben die Schluchten der Landquart, und die dritte, welche aus dem Regiment Oranien bestand, die linke Flanke bei Fläsch an, während eine vierte Colonne von 1100 Mann die fränkische Position, die in der Fronte beinahe unbezwinglich war, über die Maienfelder Alpen im Rüken nehmen sollte. Aber diese Colonne, deren gleichzeitige Mitwirkung den Erfolg der ganzen Unternehmung entscheiden sollte, verspätete sich. Der DivisionsGeneral Menard, der die fränkischen Truppen in Graubünden kommandirte, und durch den allgemeinen Angrif der Oestreicher überrascht worden war, gewann nun Zeit, Verstärkungen an sich zu ziehen. Der Obrist Graf St. Julien, der an der Spize des Regiments Oranien an die Steile des Fläschberges vorgedrungen war, wurde nun von dem General Chabran mit Ungestüm in der Flanke angefallen, und beinahe das ganze Regiment muste sich gefangen ergeben. Auch die fränkischen Posten an der Landquart, die Anfangs waren zurükgedrükt worden, drangen nun von neuem vor, und die Franken nahmen wieder alle ihre Positionen ein.

Dieser erste, fruchtlose Versuch der Oestreicher auf Graubünden war zugleich mit den Einwohnern dieses Landes und der ehemaligen kleinen Kantone verabredet. Selbst ein gebohrner Schweizer, hatte FeldMarschallLieutnant Hoze, ausser vorzüglichen Talenten und einer erprobten persönlichen Tapferkeit, auf diesem KriegsSchauplaze noch den eigenthümlichen Vortheil, daß er das Local und den Geist des Volkes auf das genaueste kannte, und das Zutrauen der grosen Masse des leztern besaß; seinem Korps hatten sich die ausgewanderten Schweizer angeschlossen; Er war die Seele von allem, was den politischen Theil der Unternehmung gegen die Schweizer betraf. Zu gleicher Zeit mit seinem Angrif auf den LuciensSteig, hatten die Einwohner des Obern oder Grauen Bundes in groser Anzahl zu den Waffen gegriffen, und die fränkischen Posten bei Disentis und Flanz überfallen, um die Communicationen zwischen den Generalen Menard und Lecourbe zu unterbrechen, und, wenn der HauptAngrif der Oestreicher auf den LucienSteig gelungen wäre, dem erstern allen Rükzug abzuschneiden. Die Zweige dieser Insurrection erstrekten sich durch die Kantone Schwyz und Uri bis nach Wallis und in die italienischen LandVogteien.

Ein Korps von ohngefähr 1000 Insurgenten war bereits bis an die Brüke bei Reichenau vorgerükt, wo es sich verschanzte.

Der OberGeneral Massena, der nach dem Angrif vom 1 Mai selbst in diese Gegend eilte, um seinem erschütterten rechten Flügel neue Festigkeit zu geben, und den wichtigen Posten vom LucienSteig zu verstärken, beorderte sogleich die Generale Menard und Soult, um den Brand im Innern zu erstiken.

Am 3 Mai ließ Menard die Brüke bei Reichenau angreifen, bemächtigte sich derselben, nahm Tags darauf auch Flanz weg, und rükte von da nach Truns vor; indem er immer die Insurgenten vor sich hertrieb. Am 5, kam die fränkische Colonne nach Disentis, wo sie auf das HauptKorps der Insurgenten stieß, das 6000 Mann stark, und größtentheils mit Flinten bewafnet war; über 2000 derselben kamen im Gefecht um; die übrigen zerstreuten sich; ganz Graubünden war nun wieder in der Gewalt der Franken.

Gleichen Erfolg hatte die Expedition des Generals Soult gegen die Insurgenten in Schwyz und Uri. Nachdem er eine Proclamation und Emissarien vor sich her gesandt hatte, die den Widerspennstigen schrekliche

Rache, denen, die sich unterwerfen würden, unbedingte Verzeihung ankündigten, rükte er am 8 Mai in das Schwyzer Gebiet ein. Die Insurgenten, die bei Roßthurn in SchlachtOrdnung standen, legten auf seine Aufforderung die Waffen nieder. Er kam noch am nemlichen Tage zu Schwyz an, von wo er, am 9, über den VierwaldstädterSee gegen Altorf, den HauptOrt im Kanton Uri, aufbrach. Das erste Bataillon der 1 HalbBrigade landete oberhalb Seedorf, und zog, längs der Reuß, auf Attinghausen; das zweite Bataillon landete links von Fluelen, und rükte über Bürglen vor, um das SchachenThal zu deken; den nemlichen Weg nahm die Artillerie mit den Jägern zu Pferd und den Sappeurs. Die Insurgenten, über 3000 an der Zahl, fast alle bewafnet, und mit vier kleinen Kanonen versehen, suchten vergebens sich der Landung zu widersezen. Kaum war diese bewirkt, so wurden sie, mit Verlust vieler Todten und ihrer ganzen Artillerie, in die Flucht geschlagen. Der General Soult verfolgte sie lebhaft die Reuß hinauf bis an das Thal von Urseren, um zu verhindern, daß sie sich nicht des Passes über den Gotthard nach Italien bemächtigen könnten.

Inzwischen hatte sich der General Lecourbe auf demselben Wege, auf dem er in den ersten Tagen des März in das Engadin vorgedrungen war, wieder aus dieser Landschaft zurükgezogen. Mit dem grösten Theil seiner Division gieng er bei Pont über den AlbulaBerg, der sich oberhalb dieses Dorfes zu erheben anfängt; er ließ hier die Lavetten seiner Kanonen verbrennen, und die Röhren auf Schlitten nachführen, und zog am hintern Rhein hinauf, über den Bernhardin, um nach Bellinzona zu marschiren, und den Paß vom Gotthard zu deken, der durch die Bewegungen von Souworof's rechtem Flügel bedroht war. Eine kleinere Abtheilung nahm über den JulierBerg den Weg gegen Cleven, um den General Loison zu verstärken, der bereits am

22 April sein HauptQuartier von Zernetz nach Tirano in dem Veltlin verlegt hatte, aber durch das Korps des Obersten Strauch, welches vom OglioThal her vordrang, zum Rükzuge nach Cleven genöthigt worden war, und am 8 Mai, da die Jäger von Leloup gegen diesen Ort vorrükten, sich auch von hier, mit Zurüklassung seiner Artillerie, nach Bellinzona zog, um sich an das HauptKorps des Generals Lecourbe anzuschliesen.

Durch die Vertreibung der Franken aus dem Engabin, und aus Veltlin und Cleven, sahen sich deren Truppen in Graubünden immer mehr bedrängt, und vornehmlich in Absicht der Lebensmittel in eine sehr mißliche Lage versezt. Vergebens suchte Massena, indem er auf seinem linken Flügel starke Detaschements über den Rhein schifte, und ein Korps von 4000 Mann gegen den SchwarzWald marschiren ließ, die Aufmerksamkeit des Erzherzogs nach dem Breisgau abzulenken. Dieser Fürst ließ sich dadurch nicht irre machen, und beharrte fest auf seinem Plane, in Graubünden einzudringen, ehe er irgend eine Unternehmung von der RheinSeite her wagte. Er schikte dem FeldMarschallLieutnant Hotze bei Feldkirch beträchtliche Verstärkungen zu, und dieser unternahm nun, am 14 Mai, einen neuen Angrif auf den LucienSteig, welcher endlich diesen Schlüssel von Graubünden, der seit zwei Monaten beiden Theilen so viel Blut gekostet hatte, in die Gewalt der Oestreicher brachte.

Er ließ ein beträchtliches TruppenKorps in der VertheidigungsLinie von Feldkirch bis Bregenz zurük, und theilte die zum Angrif bestimmten Truppen in vier Colonnen ab. Die erste, unter seiner eigenen Anführung, die sich zu Vaduz und Balzers sammelte, sollte den LucienSteig in der Fronte und auf beiden Flanken durch ScheinAngriffe bedrohen: die zweite, unter den Befehlen des Generals Jellachich, sollte über die Maienfelder Alp dieser Schanz in den Rüken kommen, und der ersten den Weg durch dieselbe öfnen, um sogleich an die Landquart vorzudringen, und sich da festzusezen: die dritte, die der General Hiller kommandirte, sollte die Franken aus ihrer verschanzten Stellung bei Seewis vertreiben, und hierauf sich der obern ZollBrüke über die Landquart und der untern ZollBrüke über den Rhein bemächtigen: die vierte, unter dem Obersten Plunket, sollte über das Slapiner Joch ziehen, die Posten von Klosters und Küblis wegnehmen, und alsdann die dritte Colonne bei Seewis verstärken.

Die drei lezten Colonnen musten zwölf Stunden hindurch über die höchsten und steilsten Gebirge, durch einen Klafter hohen erweichten Schnee marschiren, bis sie auf ihren verschiedenen AngrifsPunkten aufkamen.

Am 14, mit anbrechendem Tage, erreichte jede Colonne die fränkischen Vorwachen; die erste, unter den Befehlen des FeldMarschallLieutnants Hotze, stand vor Balzers in Bereitschaft, um die Ankunft der zweiten unter dem General Jellachich, im Rüken des LucienSteiges zu erwarten. Dieser leztere schikte den Major Etvoes mit einem Bataillon, und den OberLieutnant Rajacsich mit zwei Kompagnien ScharfSchüzen ab, um den Steig im Rüken anzugreifen; Er selbst stellte sich auf der Höhe zwischen Maienfeld und Jezuins, besezte diese zwei Orte, und ließ Malans angreifen, während er eine andre Abtheilung gegen die untere ZollBrüke am Rhein vorrüken ließ. Sobald der Major Etvoes das Feuer des Generals Jellachich hörte, grif er den LucienSteig auf drei Colonnen so rasch und so heftig im Rüken an, daß die fränkische Besazung bald das Gewehr streken muste.

Nun sprengte der FeldMarschallLieutnant Hotze sogleich durch das offene Thor des Steiges mit der Kavallerie und reitenden Artillerie vor, um sich der Landquart zu versichern. Die Franken zogen sich in Eile, auf der obern ZollBrüke über diesen Fluß, auf der untern über den Rhein zurük, und brannten beide Brüken hinter sich ab. Doch erreichte noch ein Zug Uhlanen, der durch den reissenden Strom der Landquart schwamm, die hintersten Truppen ihrer Arriergarde, und machte zwei Kompagnien davon zu Gefangenen.

Mittlerweile hatten die dritte und vierte Colonne, unter Anführung des Generals Hiller und des Obersten Plunket, die GebirgKette, welche das Montafuner Thal vom Brettigau trennt, mit der grösten Anstrengung auf verschiedenen Punkten überstiegen. Ersterer hatte, nach einem lebhaften Gefechte, den Posten von Seewis weggenommmen, von wo aus er sogleich eine Abtheilung in das Gebirge schikte, um die den Franken noch offenen Wege zu sperren, während Er selbst mit seiner Colonne sich nach Zizers in das RheinThal herabzog, und durch ein Detaschement vom Regiment Bender noch am nemlichen Abend die Stadt Chur besezen ließ; die Avantgarde der ersten Colonne, die durch den LucienSteig vorgedrungen war, kam noch zeitig genug in Zizers an, um den Franken den Rükzug aus dem Brettigau abzuschneiden.

Der Uiberrest der fränkischen Division in Graubünden zog sich in wilder Eile auf zwei Colonnen zurük: die eine, welche aus der Brigade des Generals Suchet bestand, marschierte rechts, über Chur nach Reichenau, wo sie hinter dem Rhein Posten faßte; die andre, welche bei der untern ZollBrüke über diesen Strom gegangen war, wandte sich links, über Ragaz gegen Sargans, und hielt den erstern Ort mit ihrem NachZuge besezt.

Am 15 Mai recognoscirte der FeldMarschallLieutenant Hotze die Stellung bei Reichenau; die Franken brannten bei dieser Gelegenheit die schöne Brüke ab, die hier über den Rhein führte. * Zu gleicher Zeit unter-

* Sie war von Grubemann's Neffen erbaut, und, wie die bei Schafhausen, von Holz, bedekt, und bestand aus einem einzigen Bogen, der 220 Fus Länge hielt, und weit

nahm der Major Jacobi, vom Regiment Waldek, eine starke Recognoscirung gegen Ragaz, die sich in ein förmliches Gefecht verwandelte, durch welches die Franken zum Rükzuge gezwungen, und über Pfeffers hinaus bis Vettis verfolgt wurden; der Major Jacobi besezte diesen Eingang des Passes vom GunkelsBerge, und stellte seine VorPosten auf der andern Seite bis gegen Sargans auf.

Am 16 Mai verliessen die Franken diesen leztern Ort, und zogen sich nach Wallenstadt zurük. Am nemlichen Tage räumte auch die Brigade des Generals Suchet den Posten von Reichenau, und zog sich über Disentis nach Urseren, wo sie am 19 eintraf, und sich an die Division des Generals Lecourbe anschloß, welcher auf der Seite des Gotthards eine Colonne den Tesino hatte hinaufziehen lassen, wodurch die Insurgenten im Canton Uri zwischen zwei Feuer gebracht wurden, und sich den Rükzug abgeschnitten sahen.

Am 17 Mai war auf solche Art bereits ganz Graubünden, nur die engen Thäler auf der Gränze der kleinen Kantone ausgenommen, von den Franken geräumt. Die Truppen des FeldMarschallLieutnants Hotze hatten bereits auf der Seite der Schweiz die Pässe von Sargans, Ragaz, Vettis und Kunkels besezt. Um die Operationen dieses Generals kräftig zu unterstüzen, war der FeldMarschallLieutnant Bellegarde inzwischen mit seinem ArmeeKorps, von dem Engadin aus, in vier Colonnen, weiter vorgerükt: die erste, unter der Anführung des Generals Nobili, war von Silß über den FloelaBerg gegen Davos; die zweite, unter dem FeldMarschallLieutnant Haddik, von Pont über den Albula; die dritte, unter dem Obersten la Marseille, über den JulierBerg in das OberSteinThal marschiert; Er selbst hatte sich, mit dem Rest der Truppen,

schöner in die Augen fiel, wie die bey Schafhausen, weil beide RheinUfer hier höher sind.

gegen Lenz gezogen. Nun, da die Eroberung von Graubünden vollendet war, stellte er, am 18 Mai, zur Unterhaltung seiner Communication mit dem FeldMarschallLieutnant Hoze, die Brigade des Obersten St. Julien bei Bonaduz und Versan, dann rükwärts, bei Tusis auf; mit den übrigen Truppen sezte er sich zu seiner weitern Bestimmung, die Operationen der östreichisch-russischen Armee in Italien zu unterstüzen, auf drei Colonnen in Marsch: eine Colonne nahm ihre Richtung auf Splügen, die zweite von Stalla (oder Bivio) über den SeptmerBerg nach Casarcio, und die dritte von Stalla über den JulierBerg nach Silvaplana. Da die Generale Lecourbe und Loison, seit ihrer Vereinigung bei Bellinzona, den Obersten Prinzen Victor von Rohan bedrohten, der sich, zufolge eines am 11 Mai vorgefallenen Gefechts, gegen Como hatte zurükziehen müssen, so hatte Bellegarde den Obersten la Marseille schon am 16 von Silvaplana nach Cleven marschiren lassen, um die bisher an diesem leztern Orte gestandene Brigade des Obersten Strauch, zur Unterstüzung des Prinzen von Rohan, über Gravedona an den LuganerSee vorrüken zu lassen. Noch ehe die Vereinigung zwischen diesen beiden Befehlshabern erfolgt war, hatte der General Graf Hohenzollern, welcher die Belagerung der Citadelle von Mailand commandirte, dem Prinzen von Rohan einige VerstärkungsTruppen zugeführt. Am 18 gieng er über die Tresa, die hier die Gränze zwischen dem Mailändischen und den italienischen LandVogteien bildet, und rükte gegen Taverne vor, wo er mit einer fränkischen HalbBrigade in's Gefecht kam, die er nach einem kurzen Widerstande aus ihrer Position zurükwarf und sogleich weiter vordrang; da aber der General Lecourbe den Rest seiner Division zur Unterstüzung herbeiführte, so wurde das Gefecht bei Bironico, einem Dorfe am Fuße des Monte Cenere, sehr hizig. Obgleich die Franken sich hier noch vorwärts Bellinzona behaupteten, so wartete doch Lecourbe, sobald sich die Brigaden des Obersten Strauch und des Prinzen von Rohan vereinigt hatten, da die nach Splügen abgeschikte Colonne ihn im Rüken bedrohte, keinen neuen Angrif ab, sondern räumte am 20 Mai die italienischen LandVogteien gänzlich, zog sich nach den Befehlen des OberGenerals Massena über den Gotthard, und kam nach Altorf, dem Punkte, von welchem er, bei der Eröfnung des Feldzuges, zu Anfang des März, ausgegangen war. *

* Folgendes ist das kurze eigne Itinerarium des Generals Lecourbe, in einem Schreiben an seinen Bruder in Paris, d. d. Altorf, 24 Mai. „Du siehst, daß ich wieder auf den Punkt zurükgekommen bin, von dem ich ausgieng. Den 30 April und 2 Mai in meinen Positionen im Engadin durch 12 bis 15,000 Mann angegriffen, muße ich der Uiberzahl weichen, und nahm meinen Rükzug über den Albula nach Graubünden, ohne dem Feinde irgend etwas zu lassen, und ohne daß er mich weiter beunruhigte. Die zwei Gefechte, die er mir lieferte, kamen ihm ohne Vergleich theurer zu stehen, als mir. Ich kan die 36, 38 und 44 HalbBrigagen nicht genug loben; ohngeachtet sie sich von allen Seiten angegriffen sahen, und befürchten mußten, keinen Rükzug mehr zu haben, wurden sie doch weder durch die Zahl der Feinde, noch durch ihre Lage muthlos. Ich durchzog Graubünden, indem ich den Albula und den JulierBerg passirte; ich zog ferner über den Bernhardin, und marschirte nach Bellinzona in die italienischen LandVogteien; ich kam zu rechter Zeit an, um den Aufstand der Bauern zu dämpfen, und den Feind zurükzutreiben, der sich dort befand; einige Truppen, die ich auf der Seite des Gotthards den Tesino hinaufziehen ließ, vereinigten sich mit denen, die durch das UrserenThal marschirten, und schnitten den Rebellen, die nun zwischen zwei Feuer kamen, den Rükzug ab. — Da der General Massena die Linie der Armee mehr zusammenziehen wollte, zog ich über den Gotthard, und kam nach Altorf zurük. Das ist meine kleine militairische Promenade, bei schreklicher Witterung und Wegen,

Massena hatte nemlich wohl erkannt, daß er nun nicht länger zögern dürfe, seine bisher auf einer so weit gedehnten Streke zerstreuten Truppen in eine enget geschlossene Linie zusammenzuziehen. Jene äussere VertheidigungsLinie Helvetiens, welche der BodenSee und die Kette der rhätischen Alpen in einem Umfang von beinahe 60 Stunden auf die Besezung einer kleinen Anzahl wesentlich wichtiger Posten beschränkt, war auf allen Seiten durchbrochen. General Bay vertrieb die Franken am 19 Mai von Azmoos, verfolgte sie gegen Werdenberg, wo sie sich wieder sezten, und warf sie, nach einer hartnäkigen Gegenwehr, auch aus dieser Position zurük. Zu gleicher Zeit drang der Obrist Gavasini, vom Regiment Kerpen, nach Wallenstadt vor, und stellte sich eine halbe Stunde herwärts vom See auf, wo er von den Franken mit Nachdruk angegriffen ward, aber nach einem heftigen Gefechte, bei einbrechender Nacht, sie bis Murk zurükdrängte; die Legion der ausgewanderten Schweizer, unter Anführung ihres Obersten Roverea, schlug sich in diesem ersten Gefechte, dem sie beiwohnte, mit vieler Tapferkeit.

Die fränkischen Truppen räumten nun das Rheinthal, und selbst auch die Gegenden von Constanz und Schafhausen, um sich rükwärts zu concentriren. „Bei den Ma„növres der Oestreicher in dem RheinThal" — schrieb Massena an das VollziehungsDirectorium — „und bei „den verschiedenen Bewegungen derselben auf einer Linie, „die mich genöthigt haben würde, meine StreitKräfte zu „vereinzeln und zu zerstreuen, habe ich den Entschluß ge„faßt, sie in ein Korps de Bataille zu vereinigen, wel„ches mich in den Stand sezt, jene erstern auf allen „Punkten, wo sie gegen mich anrüken möchten, anzugrei„fen und zu schlagen."

denn noch, in diesem Augenblike, passirt man über 30 Fus Schnee. Ich befinde mich wohl; meine Wunde ist leicht."

"Man wird einst erstaunen," sagt ein Kenner *, "daß so viele Barrieren, von denen man glaubte, daß sie dem Zuge eines Heeres unübersteigliche Hindernisse in den Weg legten, durchbrochen wurden, und daß die hartnäkige, äufserst=thätige Vertheidigung einer TruppenZahl, welche man ehedem für mehr als hinreichend gehalten haben würde, um alle Pässe zu sperren, die angreifende Armee nicht länger aufhielt. Man wird fragen: ob mehr Ungestüm beim Angrif, weniger Muth und Beharrlichkeit bei der Vertheidigung stattfand? ob man sich neuer Waffen, neuer HilfsMittel der Kunst in den Gefechten bediente? ob die Verhältnisse und die Anwendung der Manövres der verschiedenen Truppen auf die verschiedenen Localitäten sich geändert hatten? — Nichts von dem allen. Wahrscheinlich hatte die KriegsKunst bereits in allen diesen Rüksichten ihre höchste Stufe erreicht; der Cäsar unsrer Zeit, Friedrich II, hatte wenig mehr zu entdeken, wenige Zweige der neuern Taktik mehr zu vervollkommnen übrig gelassen. Aber in dem Verhältniß, wie die allgemeinen Combinationen sich erweiterten und erhöhten, ergieng es den stärksten Posten und den bis dahin für unbezwingbar gehaltenen Positionen in den GebirgsLändern, wie den festen Plätzen in den Ebenen: wenn diese Posten nicht den Besiz der höchsten BergGipfel sichern, wenn sie nicht der Schlüssel zu den kleinsten Zwischenräumen in der Kette und zu den ersten Pässen sind, durch welche die Quellen sich ergiesen, die sich nach und nach zu Bächen und Flüssen vergrösern, und den Eingang in fruchtbare weite Thäler öfnen, so haben sie nur eine relative und augenbliklliche Wichtigkeit. Seitdem die Reisenden sich mitten durch die Abgründe von Eis Pfade gebahnt, und diese neuen Regionen erforscht haben, hat die KriegsKunst, welche mit den Fortschritten des menschlichen Geistes gleichen Gang hält, und mit der Ausbeute aller Wissenschaften wuchert, neue Erfahrungen und neue Wagnisse versucht; das wi-

* Précis des evenemens militaires etc. No. 2.

litairische Genie konnte an Kühnheit nicht hinter den Anstrengungen der blosen wissenschaftlichen Neugier zurükbleiben. Seitdem man die mit ewigem Eis bedekten Gipfel der Alpen zu erklimmen, und TruppenKorps mit Artillerie über Pfade zu bringen anfieng, die sonst kaum irgend ein Waghals von Jäger betrat, hat man die grosen Angrifs- und VertheidigungsPlane auf dieselbe Weise an einander gereiht, wie die Natur selbst die NebenZweige und die mitlern Höhen an die HauptKetten und an die grosen GebirgsStöke festgeknüpft hat; man hat ihre Geheimnisse belauscht, ihre unveränderliche Ordnung selbst in dem, was nur regelloses Spiel ihrer Laune schien, erforscht; das Chaos der grosen Alpen ist entwirret, die topographischen Karten sind vervollkomnet, die geringsten Details gesammelt worden; mit einer bis dahin unbekannten Kunst und Präcision hat man Abbildungen der Natur in erhabener Arbeit geliefert. [*] Diese

[*] Das schönste und vollkommenste, in seiner Art einzige Werk ist unstreitig die topographische Abbildung eines Theils der ganzen Schweiz, ein äusserst genaues Modell in erhabener Arbeit, auf einer grosen Tafel, von dem GeneralLieutenant von Pfyffer in Lucern. Zum Mittelpunkt dabei ist Lucern angenommen. Es stellt izt die Unterwaldner, Engelberger, Urner, Glarner, und Schwyzer Gebirge ganz, auch einige andre dar, und wird noch fortdauernd erweitert. Alle Berge bestehen aus der eigenthümlichen SteinArt der Gebirge, und sind nach den vorsichtigsten und mühsamsten Messungen, genaueßten Untersuchungen und beschwerlichsten Reisen jedesmal an Ort und Stelle selbst ausgearbeitet. Das ganze Werk ist nicht nur mit ungemein vielem Geiste angelegt, sondern auch mit bewundernswürdiger Standhaftigkeit, Kunst und einer unübertreflichen Sorgfalt in der Nachbildung aller, auch der kleinsten natürlichen und künstlichen Gegenstände ausgeführt. Man erkennt auf den ersten Blik alle Gegenden, selbst in dem flachen Theile des Modells, mit eben der Leichtigkeit, womit das Auge sie in der Natur erkennt. Wenn man von

genaue Kenntniß des grosen Baues und (wenn der Ausdruk nicht zu kühn ist) der Osteologie der Gebirge hat denen, welche die Bewegungen der Armeen leiten, grösere und einfachere Ideen eingeflößt. Man hat die gewöhnlichern Communicationen mit mehr Aufmerksamkeit untersucht, und überhaupt für die Operationen in dem GebirgsKriege einen neuen topographischen Maaßstab an=

einer kleinen Höhe das Ganze übersieht, wird die Täuschung noch vollkommener, und man glaubt die Natur selbst zu sehen. Alles hat dabei die Farben der Natur; nicht allein die Buchen=, FichtenWälder ꝛc. sind kenntlich angegeben, sondern auch die Vorfläche jedes Berges ist von den übrigen Theilen aufs genaueste unterschieden. Das Ganze ist bis in die kleinsten Dinge so äußerst mühsam richtig, daß, außer den Bergen, Seen, Flüßen, Bächen, Städten, Dörfern, Wäldern ꝛc. ganz nach ihren Verhältnißen in der Natur und nach ihren manchfaltigen Bildungen, auch jede Hütte und Brüke, jeder Pfad, sogar jedes Kreuz, genau und deutlich dargestellt ist, und der Landmann selbst, wie der Hirte, beim ersten Anblik seinen Weiler, sein Haus und Holz, seinen Teich und Pfad, seine SennHütte, Alp= und BergWaßer erkennt. Überall ist ein hoher Grad von Wahrheit in dem Ganzen. Die Zusammensezung der einzelnen Theile hat eine außerordentliche Festigkeit. Das ganze Werk verdient nicht nur in Ansehung der Kunst, womit es ausgeführt ist, sondern auch eben so sehr in Ansehung der manchfaltigen Schwierigkeiten, Mühseligkeiten und Gefahren, die mit der Untersuchung aller einzelnen Gegenstände und deren Nachbildung an Ort und Stelle verbunden waren, allerdings die größte Bewunderung. Das ganze KunstWerk stellt izt 220 QuadratStunden Landes völlig in seiner natürlichen Gestalt dar. Vortreflich würde es seyn, wenn man nach diesem Modell mehrere einzelne LandKarten von der Schweiz zu entwerfen suchte, da alle darin vorkommenden Maaße sich auf die genauesten Meßungen gründen. Norrmann's geographisch=statistische Darstellung des SchweizerLandes, Th. 2, S. 867 f.

genommen; man hat Korps in grose Entfernungen zu detaschiren gewagt, um sich des dominirenden Punktes, der den Besiz groser Zwischenräume versicherte, zu bemächtigen."

"Diese Vortheile wurden auf dem KriegsSchauplaze in Helvetien von beiden Seiten mit solcher Kenntniß benuzt, daß die gegenseitigen Unfälle der Korps an den Gränzen von Tirol und Graubünden, 30 bis 40 Stunden weit von den CentralPositionen der Armeen, augenbliklich gefühlt wurden, Bewegungen nothwendig machten, und Abänderungen in den Planen veranlaßten, gerade als hätten diese durch so viele Schwierigkeiten und natürliche Verschanzungen von dem HauptKorps der Armee, von dem sie detaschirt waren, getrennte Divisionen in unmittelbarer Berührung mit demselben gestanden."

"Da kein Hinderniß die allgemeine Bewegung aufhalten kan, wenigstens nicht lange genug, um den an TruppenZahl überlegenen Theil zu zwingen, von dem einfachen OperationsPlan abzugehen, den man den natürlichen und topographischen nennen könnte, und der darin besteht, daß man seinen Feind, ohne Rüksicht auf dessen zwekmäsige Position, zu überflügeln, seine StüzPunkte zu umgehen und zu Grunde zu richten sucht; so folgt daraus, daß in dem GebirgsKriege die Stärke der Posten und der Positionen nicht mehr in dem Grade, wie ehedem, der Uiberzahl an Truppen das Gleichgewicht hält."

Ein unterrichteter Helvetier * gibt, ausser diesen allgemeinen militairischen Gründen der Verdrängung der Franken aus Graubünden, noch folgende speciellere an: 1. weil die Fortschritte der Alliirten in Italien den General Scherer genöthigt, die Division Desolles aus dem Veltlin zurükzurufen, wodurch die Flanken der im Engadin stehenden Division Lecourbe völlig blosgegeben worden, wie dann auch der Erfolg am 30 April gezeigt

* S. die Allgemeine Zeitung, No. 164, vom 13 Jun. 1799.

habe, daß ihre Position unhaltbar gewesen. Von da an habe man Bünden schon so gut als halb aufgeopfert betrachten können, ob sich die Franken gleich noch disseits des Albula und Julier Berges zu halten gesucht, und die Angriffe der Oestreicher von der NordSeite, und die im Innern entstandene Insurrection zurükgeschlagen hätten. Hiezu sey noch gekommen, 2. daß die fränkischen Truppen sich in Bünden wegen Mangels an Lebensmitteln und der häufigen Ermordungen von Seiten der Einwohner ungern aufgehalten, und sich daher nur schlecht geschlagen; so wie 3. die Nachläßigkeit des Generals Chabran, welcher zwischen dem 1 und 14 Mai die Oestreicher einen förmlichen ColonnenWeg über den Rhätikan aus dem MuntafunerThal habe anlegen lassen, ohne auf die desfalsigen Warnungen der fränkischgesinnten Einwohner von Chur und Malans nur so weit zu achten, daß er eine Patrouille auf diesen Berg geschikt hätte.

Nachdem Bünden verloren war, war Massena's Entschluß, den Rhein zu verlassen, und sich in's Innere der Schweiz zusammenzuziehen — ein Entschluß, der ihm von manchen sehr zum Tadel gerechnet wurde — nicht nur das einzige vernünftige Mittel, wie er mit Erfolg zu widerstehen hoffen konnte, sondern durchaus von der Nothwendigkeit geboten; denn die Stellung der Franken im Rheinthal war im höchsten Grade precär, da nunmehr der FeldMarschallLieutnant Hotze über Sargans hinter ihrem Rüken bis in den Mittelpunkt der Schweiz dringen konnte. Bei dieser Lage blieb dem fränkischen General nichts übrig als seine Armee zu concentriren, und dis that er am 20 Mai.

Auf der andern Seite entwikelte sich nun ganz der grose Plan des Erzherzogs. Am 21 verlegte dieser Fürst sein HauptQuartier von Stokach nach Singen, wo das HauptKorps seiner Armee sich lagerte. Der FeldMarschallLieutnant Nauendorf gieng mit der Avantgarde bei Stein und Schafhausen zur nemlichen Zeit über den Rhein, da der in der VertheidigungsLinie von Feldkirch bis Bregenz zurükgebliebene Theil des Hotzeschen Korps oberhalb des BodenSees diesen Fluß passirte, und die Stadt St. Gallen besezte. Mit seiner HauptColonne, die durch Graubünden vorgedrungen war, rükte der FeldMarschallLieutnant Hotze, nachdem er sich des Posten von Werdenberg bemächtigt hatte, über die Quellen der Thur in das Toggenburgische, und von da, durch einen gezwungenen Marsch, nach dem Thurgau vor, um sich dort mit der Avantgarde des FeldMarschallLieutnants Nauendorf zu vereinigen, die bei Andelfingen Posten gefaßt hatte, um den Übergang und die Festsezung der übrigen Armee zu deken, weil der Erzherzog alle seine Truppen zusammenziehen wollte, ehe er einen allgemeinen Angrif unternähme.

Um diese Vereinigung zu hindern, ließ General Massena am 25 Mai zugleich die Avantgarde des FeldMarschallLieutnants Nauendorf, die sich vorwärts Andelfingen auf dem linken Ufer der Thur ausdehnte, und die Avantgarde des FeldMarschallLieutnants Hotze, die unter den Befehlen des Generals Petrasch zwischen Frauenfeld und Winterthur stand, angreifen.

Beide Angriffe waren sehr lebhaft.

General Paillard stürzte sich, mit TagesAnbruch, mit der grösten Heftigkeit auf die VorPostenKette des FeldMarschallLieutnants Nauendorf, stürmte die Dörfer Hettlingen, Hunken und Buche, trieb die Generale Kienmayer und Piaczek, (welcher leztere mehrere Wunden erhielt, an denen er nachher in Schafhausen starb), nach einem langen und kräftigen Widerstande, über die Thur zurük, und bemächtigte sich endlich der Brüke bei Andelfingen, ohne daß er sich jedoch, bei dem Feuer von dem jenseitigen Ufer, auf derselben behaupten konnte.

Noch hartnäkiger war das Gefecht bei Frauenfeld

gegen die Avantgarde des FeldMarschallLieutnants Hotze. General Oudinot, der hier die fränkische Colonne zum Angrif führte, war Anfangs zurükgeschlagen worden; allein der General Soult, der mit zwei Escadrons Dragonern und einer HalbBrigade zu dessen Unterstüzung herbeikam, entschied das Treffen, welches mit der grösten Hartnäkigkeit den ganzen Tag hindurch bis eine Stunde vor Nacht fortgedauert hatte, endlich zum Vortheil der Franken, die im Besize von Frauenfeld und von dem linken Ufer der Thur blieben. An diesem Tage hatten auf ihrer Seite auch die helvetische Legion und einige schweizerische Bataillone tapfer mitgefochten; an ihrer Spize war der GeneralAdjutant Weber auf dem WahlPlaze geblieben, an dessen Stelle nun der liebenswürdige Dichter Salis (von Seewis) trat.

Der ungünstige Ausschlag des Treffens vom 25 Mai hinderte oder verzögerte jedoch nicht im mindesten die Vollziehung des grosen Planes des Erzherzogs. Dieser Fürst verstärkte sogleich das Hozesche Korps, welches nun den linken Flügel seiner Armee bildete, mit der Division des von Reuß und der KavallerieDivision des Fürsten von Anhalt-Köthen, die er über Pfyn gegen Frauenfeld marschiren ließ, um gemeinschaftlich mit dem FeldMarschallLieutnant Hotze zu agiren, der mit der HauptColonne seines Korps bereits in Wyl und Schwarzenbach eingetroffen war.

Am 27 Mai grif Hotze die Franken mit dem linken Flügel der kaiserlichen Armee an, während der rechte Flügel an dem Rhein stehen blieb. Das Treffen eines der heftigsten im ganzen Kriege, dauerte von TagesAnbruch bis in die späte Nacht. Die Franken leisteten auf allen Punkten den hartnäkigsten Widerstand, und vertheidigten mit Erbitterung jeden Schritt Boden; dennoch nahmen die östreichischen Truppen Winterthur hinweg, erstürmten den sogenannten „SteigPaß," auf der Strasse nach Zürich, und drängten jene über die Töß zurük.

Am Abend dieses Tages erfolgte, bei Winterthur und Nestenbach, die Vereinigung des Hozeschen Korps mit einem Theile der HauptArmee unter den Befehlen des Erzherzogs.

Inzwischen hatte der FeldMarschallLieutnant Bellegarde, zufolge seiner weitern Bestimmung, nach Italien vorzurüken, um die Operationen der östreichisch-russischen Armee in diesem Lande zu unterstüzen, mit einem Theile seines ArmeeKorps sich auf dem ComerSee eingeschifft. Mit dem übrigen Theile, der aus den Brigaden der Obersten Prinzen Rohan, Strauch und St. Julien bestand, drang der FeldMarschallLieutnant Hadik, am 28 und 29 Mai, auf einer Seite von Ariolo, auf der andern von Urseren her, über den Gotthard vor, und warf die Franken über Gestinen und Wasen bis Steig zurük, während eine Colonne des Hozeschen Korps, unter Anführung des Obersten Gavasini, von Glarus gegen den Kanton Schwyz vordrang.

So fand sich der ganze Lauf der Limmat, die zweite der drei HauptVertheidigungsLinien Helvetiens, zur Rechten, und vermittels der höchsten BergSpizen, umgangen.

Da Massena bemerkte, daß der Erzherzog nach seiner Vereinigung über seine Flügel hinausrükte, so nahm er am 28 Mai eine neue — und, vorwärts Zürich, die lezte — Position hinter der Glatt, ward aber bald auch hier beunruhigt, und gezwungen, sich hinter die Kette der auf seinen Befehl zuerst von Andreossy, und hernach von dem IngenieurGeneral Chevallot, angelegten Verschanzungen vor Zürich zurükzuziehen.

Der General Lecourbe bemächtigte sich zwar, am 30 Mai, wieder des Schachens, so wie der General Loison des MaderanerThals, und am folgenden Tage nahm Lecourbe, nach einem heftigen Gefechte, auch wieder die Positionen von Wasen und Gestinen hinweg. Dagegen erreichte aber die östreichische Armee auf ihrem linken Flügel bereits den östlichen Theil des Züricher Sees; sie besezte Stäffa, und mehrere andre Dörfer an dessen Ufern; der Obrist Gavasini drang mit einem Theile seines Korps von Glarus nach dem Kloster Einsiedeln vor.

Es lag in dem Plane des Erzherzogs, die an sich schon sehr starke, und mit künstlichen Vertheidigungs-Mitteln und Artillerie wohlversehene, fränkische Position vor Zürich nicht auf ihrer linken Flanke anzugreifen, dem Punkte, wo der Angrif wegen des flachen Landes zwar am thunlichsten war, wo aber auch eilf Redouten, jede kaum einen Büchsenschuß von der andern, den Zugang erschwerten, sondern er wählte die rechte Flanke derselben, und besonders den Berg von Wytikon, den man wegen seiner Abgelegenheit und waldigen Umgebungen als unwegsam für ein gröseres Korps gehalten und nur schwach besezt hatte, und wo überdis die Verschanzungen meist nur erst skizzirt, und die Verhaue angefangen waren.

Am 2 Jun. Abends zog eine östreichische Colonne auf dem Grat des Berges, auf welchem man sie gar nicht vermuthet hatte, in der Stille gegen Wytikon zu. Die fränkischen Truppen, die auf diesem Posten standen, wurden überfallen, wehrten sich aber dennoch über zwei Stunden lang, bis gegen 10 Uhr, auf dem Gipfel des Berges, den die Oestreicher rundum angriffen. Da sich aber diese zulezt doch desselben bemächtigten, so hatten sie nunmehr wirklich die Kette der fränkischen Verschanzungen durchbrochen, und daß Massena nun doch, an den beiden folgenden Tagen, auf seinem linken Flügel ausserhalb der Schanzen am Wipkinger und Wininger Berge, auf dem rechten aber innerhalb derselben zwischen Zürich und dem Wytikoner Berge, noch mit ihnen schlug, anstatt bald abzuziehen, geschah wohl mehr aus Stolz.*

* Einem Leser Virgil's muß, bei Massena's Rückzuge von Zürich, nothwendig folgendes meisterhaft ausgemahlte Gleichniß des Dichters vom Rückzuge des Turnus beifallen.

als daß er mit Grunde hoffen konnte, den weit stärkern Feind aus einem so vortheilhaften Posten wieder zu verdrängen, und sich sonach in Zürich behaupten zu können.

Immer seinem Plane getreu, beunruhigte der ErzHerzog, am 3 Jun., mit TagesAnbruch, durch einen allgemeinen Angrif die ganze Linie der fränkischen Verschanzungen; aber nach einem Gefechte von einigen Stunden richtete er seinen HauptAngrif gegen den rechten Flügel derselben, auf die Division des Generals Soult, bei welcher Massena selbst sich befand. Alle Stellungen, welche von dieser Seite Zürich beken, besonders die Dörfer Wytikon, Zollikon und Riespach, wurden mit dem kühnsten Muthe angegriffen und vertheidigt, genommen und wiedergenommen. Der DivisionsGeneral Cherin, Chef des fränkischen GeneralStabs, erhielt dabei eine tödliche SchußWunde.

Am 4, grif der Erzherzog von neuem, mit TagesAnbruch, mit vereinigten Kräften, zu gleicher Zeit alle Positionen der fränkischen Armee auf der ganzen Ausdehnung ihrer Linie an. Der FeldMarschallLieutnant Hotze und der General Fürst von Rosenberg, nachdem sie über die Glatt gesezt hatten, rükten gegen Schwamendingen und Dübendorf vor, während der FeldMarschallLieutnant Prinz Joseph von Lothringen von Wytikon, und der General Jellachich von Zollikon, lezterer bis an die obere VorStadt von Zürich, ersterer gegen den mit Redouten und Fleschen garnirten Verhau auf dem ZürichBerge, vordrangen. Aber Mas-

> — — — Ceu saevum turba leonem
> Cum telis premit infensis; at territus ille,
> Asper, acerba tuens, retro cedit: et neque terga
> Ira dare aut virtus patitur: nec tendere contra,
> Ille quidem hoc cupiens, potis est per tela virosque.
> Haud aliter retro dubius vestigia Turnus
> Improperata refert, et mens exaestuat ira.
> Aen. IX, 792 ff.

sena, welchem alles daran lag, die östreichischen Truppen so weit als möglich von seinem verschanzten Lager entfernt zu halten, verstärkte seine vorwärts an der Glatt aufgestellten Truppen so beträchtlich, und führte eine so große Anzahl Batterien auf, daß er nicht nur die Colonne des FeldMarschallLieutnants Hotze, der sogleich beim ersten Angrif verwundet ward, vor Schwamendingen aufhielt, sondern auch jene des Prinzen von Lothringen, die sich dem Verhaue auf dem Zürich-Berge genähert hatte, zum Weichen brachte, und überdis noch die Avantgarde des Fürsten von Rosenberg bei Seebach bedrohte. Der Erzherzog ließ daher diese Avantgarde durch die Division des FeldMarschallLieutnants Fürsten von Reuß, und einen Theil der Kavallerie verstärken; zugleich beorderte er den FeldZeugmeister Grafen Wallis mit zwei GrenadierBataillonen und dem Infanterie Regiment Erzherzog Ferdinand über Schwamendingen auf den ZürichBerg, um den dortigen Verhau und die darin angebrachten Verschanzungen mit dem Bajonet zu stürmen, und auf diese Art das fränkische Retranchement im Rüken zu nehmen. Die Grenadiers nahmen auch wirklich die erste Flesche hinweg, und drangen in den Verhau ein: aber hinter dem Verhau standen die Franken in Macht; alle Anstrengungen der östreichischen Truppen, hier weiter vorzudringen, waren fruchtlos. Indeß wurde dadurch doch der bedrängten Colonne des Prinzen von Lothringen Luft gemacht, und zugleich der FeldMarschallLieutnant Petrasch, der an Hotze's Stelle das Kommando übernommen hatte, so wie der Fürst von Rosenberg in den Stand gesezt, bei einbrechender Nacht ihre VorPosten bis auf einen BüchsenSchuß von den fränkischen Verschanzungen aufzustellen. — In diesem unentscheidenden, aber mörderischen Treffen waren auf Seiten der Oestreicher die Generale Hotze, Wallis und Hiller, auf Seiten der Franken die Generale Humbert und Oudinot verwundet worden.

Der Erzherzog hatte Befehl gegeben, am 6 Jun. früh den Angrif zu erneuern, und die fränkischen Verschanzungen mit Sturm wegzunehmen; aber Massena zog sich noch in der Nacht vom 5 auf den 6 aus seinem verschanzten Lager, und hierauf auch aus Zürich zurük, und nahm eine neue Defensiv=Position, im Angesichte dieser Stadt, auf der BergKette oder eigentlich dem BergRüken des Albis, welcher aus dem Kanton Schwyz, parallel mit dem ZüricherSee und der Limmat von SüdOsten nach NordWesten läuft, und sich bei Baden, nachdem er sich allmählig verflächt, an den dort in den LägerBerg aufbrechenden Jura anschliest. Dieser BergRüken, welcher Zürich gegenüber da, wo er den Namen Uetli, führt, 1521 Fuß, und weiter oben, wo die Strasse nach Lucern darüber gehet, 1235 Fuß über den ZürcherSee emporragt, ist seiner ganzen Länge nach gegen Osten von beträchtlicher Steile, an vielen Orten ganz unersteiglich, und bietet daher eine in der Fronte fast unangreifbare Position dar, welche Massena an den Stellen, wo Wege hinaufführen, noch durch Verhaue und Redouten hatte verstärken lassen. In dieser neuen Position lehnte sich die fränkische Armee links an den Rhein, rechts an den Zuger= und Vierwaldstädter= See.

Bestürzt über die grosen Fortschritte der östreichischen Waffen, verlegten die höchsten StaatsGewalten der helvetischen Republik ihren Siz von Lucern nach Bern.

FeldMarschallLieutnant Hotze bezog in Zürich das ehemalige Quartier des Generals Massena; der Erzherzog Karl selbst nahm sein HauptQuartier in Kloten.

Innerhalb drei Wochen hatte dieser Fürst, durch seine wohlberechneten Manövres, die fränkische Armee unter den Befehlen des unerschrokenen Massena, des „Schooslindes des Glükes", * troz ihrer äusserst hartnäkigen Ver-

* „enfant gaté de la victoire", wie Buonaparte in einem seiner AmtsBerichte ihn nannte.

theidigung aus so vielen Positionen, die man ehedem für unbezwingbar hielt, und beinahe aus der Hälfte der Schweiz zurückgedrängt. Aber über diesen glänzenden neuen WaffenThaten des Siegers von Würzburg und von Stokach, darf der Geschichtschreiber nicht jene stillern, der Unsterblichkeit nicht minder werthen Thaten der Menschheit des königlichen jungen Helden vergessen. Mit einem Grimm ohne gleichen hatten auf diesem KriegsSchauplaze Schweizer gegen Schweizer gefochten; fürchterlich war der Stoß und Gegenstoß der Leidenschaften; jeder Theil hatte sich Sieg und Rache als untrennbar gedacht — aber der Erzherzog, nur der Stimme der Gerechtigkeit und der ruhigen Vernunft, nur den edlen Regungen eines grosen Herzens folgend, gestattete durchaus keine Gewaltthätigkeiten, keine Reaction, bewies Allen alle Schonung und Menschlichkeit, die nur irgend der Zustand des Krieges zuließ, und was Cicero von Cäsar sagte, * gilt im vollsten Sinne auch von Ihm: „Hanc tu rem tuis maximis et innumerabilibus gratulationibus iure antepones; haec enim unius est propria Caesaris, ceterae duce te gestae, magnae illae quidem, sed tamen multo magnoque comitatu. Huius autem rei tu idem es et dux et comes: quae quidem tanta est, ut tropaeis monumentisque tuis non nulla allatura sit finem aetas. Nihil est enim opere aut manu factum, quod aliquando non conficiat et consumat vetustas: at vero haec tua iustitia et lenitas animi florescet quotidie magis, vereque invictus es, a quo etiam ipsius victoriae conditio visque devicta est."

* In der Rede für den Marcus Marcellus.

(Die Fortsezung folgt.)

II.
Codex diplomaticus
zur neuesten KriegsGeschichte.
(Fortsetzung.)

6.
Erste Proklamation des Erzherzogs Karl an die Schweizer, vom 30 März 1799.

In Gefolge zweier Siege über die französische Armee, welche ohne KriegsErklärung von allen Seiten Feindseligkeiten ausübte, und Angriffe machte, betreten die meinen OberBefehlen unterstehenden Truppen den SchweizerBoden — nicht, um mit den freundschaftlich gesinnten Schweizern Krieg zu führen, sondern den gemeinschaftlichen Feind zu verfolgen, gegen welchen Ihr selbst für Eure Freiheit und Unabhängigkeit größtentheils so tapfer fochtet, und dessen Uibermacht nur allein vermögend war, Euch in das unglükliche Verhältniß zu sezen, welches Ihr so stark empfindet, und worüber Ihr Euren Unwillen so laut zu erkennen gebet. Unter den Versuchen und Mitteln, Euch in diesem Zustande der Abhängigkeit und Unterwürfigkeit zu erhalten, wurden auch jene angewendet, daß man die Meinung zu gründen suchte, als gehe der kais. königl. Hof mit Wertheilungs- und andern ähnlichen Absichten gegen die Schweiz um. Man sucht auch izt Euch durch Ausstreuungen zu allarmiren, als hättet Ihr von der kaiserlichen Armee Bedrükungen und Plünderungen zu besorgen.

Hierdurch finde Ich mich bewogen, sämtlichen Schweizern feierlich bekannt zu machen, daß die Gesinnungen Sr. Kaiserl. Majestät bestimmt dahin gehen — nach Maßgabe der Versicherungen, welche Allerhöchstdieselben der schweizerischen EidGenossenschaft bei jeder Gelegenheit von Ihren fortwährend freundschaftlichen und redlichen nachbarlichen Gesinnungen haben ertheilen lassen — mit derselben auch fernerhin diese alten freundschaftlichen Verhältnisse auf das werkthätigste fortzusezen; wie auch, daß Ihro Kaiserl. Majestät keine andre Absicht haben, als freundnachbarlich beizutragen, damit die Schweiz bei ihrer Unabhängigkeit, Integrität, Freiheiten, Gerechtsamen und Besizungen ohne allen Abbruch erhalten werde.

Dagegen erwarte ich mit Zuversicht, daß die meinem Ober-Kommando unterstehenden Truppen, welche nur in dieser friedlich angekündigten reinsten Absicht, das schweizerische Gebiet zu betreten, zur gemeinsamen Sicherheit durch die offenkundigen Umstände veranlaßt worden sind, auch in dieser Rüksicht bei allen wohldenkenden und auf das Wohl ihres Vaterlands bedachten redlichen Eidgenossen freundschaftliche Behandlung und Unterstüzung finden, und daß das SchweizerVolk auf das sorgfältigste alles verhindern werde, wodurch das Ungemach des Krieges vermehrt werden dürfte.

Unter den vielen glüklichen Folgen, welche ein solches Benehmen für die Schweiz hervorbringen würde, wird auch jene seyn, daß die Maasregeln, welche durch feindliche Absichten und Gewaltthätigkeiten abgedrungen worden sind, werden aufgehoben, und die ehemaligen Verhältnisse in Beziehung auf Handel und Wandel zwischen Teutschland und der Schweiz wieder hergestellt werden.

7.
ReunionsTractat zwischen Graubünden und der helvetischen Republik,
vom 21 April 1799.

1. Das Volk Rhätiens erkennt die helvetische Constitution an, und genehmigt sie unbedingt.

2. Es unterwirft sich allen gegenwärtigen sowohl als zukünftigen Gesezen der helvetischen Republik.

3. Alle rechtmäßig und nach der LandesVerfassung gemachten Schulden des ehemaligen Graubündischen Staats werden für Schulden der helvetischen Republik erkannt.

4. Dafür erklärt man als NationalGüter alle dem ehemaligen Graubündischen Staat gehörigen Güter, und überhaupt

alle, die, nach dem Gesez vom 3 April 1799 über den Unterschied zwischen den Staats- und den GemeindeGütern, zu den NationalGütern gehören.

5. Rhätien wird unter dem Namen des Kantons Rhätien einen Kanton der helvetischen Republik ausmachen.

6. Von dem Tage, da gegenwärtiger ReunionsVertrag die Genehmigung des VollziehungsDirectoriums und der gesezgebenden Räthe der helvetischen Republik erhalten wird, soll das rhätische Volk in alle Rechte und Vortheile treten, welche die helvetische Verfassung jedem helvetischen Bürger zusichert, so wie es sich anderseits von demselben Tage an zu den nemlichen Auflagen, und überhaupt zu Erfüllung der nemlichen BürgerPflichten, ohne alle Ausnahme, wie alle helvetischen Bürger, verpflichtet.

„ So beschlossen, unter Vorbehalt der Genehmigung des VollziehungsDirectoriums und der gesezgebenden Räthe der einen und untheilbaren helvetischen Republik. Chur, 21 April 1799.

Im Namen des VollziehungsDirectoriums der helvetischen Republik, die RegierungsCommissaire:
Schwaller. Herzog.

Im Namen des rhätischen Volks, der Präsident der provisorischen Regierung: Sprecher.
Der GeneralSecretair: Otts.

8.

Erklärung der zu Herstellung ihres Vaterlands vereinigten Schweizer, bei ihrem WiederEintritt in die Schweiz.

Unter allen Staaten, die das namenlose Unglük erlitten, von dem französischen Directorio angefallen, umgestürzt, ausgeraubt und unterjocht zu werden hat wenigstens die Schweiz den Trost erhalten, daß ihr Fall in dem übrigen Europa die meiste Theilnahme erregt, und mehr als alle andre Ereignisse zur Belehrung der Welt, über die Absichten der Urheber dieser Gewaltthaten beigetragen hat. Jedermann wußte es, wie glüklich der Zustand, und wie friedlich die StaatsMaximen der schweizerischen Stände zu allen Zeiten gewesen sind; wie hier einzelne Landschaften und

BergGegenden ruhig und bescheiden einer ursprünglichen freien LandesVerfassung genossen, dort unter verschiedenen, ebenfalls republikanischen Städten, ein mehr oder weniger gröseres Gebiet zum gemeinsamen Schuze vereinigt war, alle aber durch ein zwar schwaches, aber bei Treue, Redlichkeit und VölkerRecht hinreichendes, selbst durch seine religiöse Benennung EidGenossenschaft ehrwürdiges Band der Freundschaft vereinigt waren; wie sie ursprünglich durch ihre Tapferkeit, späterhin durch ihre Genügsamkeit und ihre Friedensliebe sich die Achtung der Welt erworben, und so lange Zeit einer wohlverdienten, ihnen von niemand misgönnten Unabhängigkeit genossen hatten. Die Welt und alle Sachkundigen mögen es zeugen, ob unter diesem Zustand nicht zutrauliches Verhältniß zwischen den Regierenden und Regierten, bürgerliche Freiheit und persönliche Sicherheit, Fleiß und Wohlstand, Zufriedenheit und Glük in einem hohen Grade herrschten, gesellige und menschenfreundliche Anstalten aller Art gediehen; also daß dieses gesegnete Land von allen Fremden besucht, geliebt, als der Siz der wahren Freiheit, und des ruhigsten Glüks geachtet und gepriesen wurde.

Topographische Lage, unmittelbare Nachbarschaft, mannigfaltige Handels- und andere Verhältnisse hatten uns seit langer Zeit nahe mit Frankreich verbunden; niemand ist, der es nicht wisse, wie wesentliche Dienste die Schweiz dieser Nation zu allen Zeiten geleistet, mit ihr sogar die engste bundesmäsige Freundschaft unterhalten habe. Selbst als wir zu Anfang der Revolution die empörendsten Kränkungen und Beleidigungen aller Art erfuhren, die treuen SchweizerGarden zu Paris ermordet, und vierzehn Regimenter, den feierlichen Capitulationen ungeachtet, schimpflich zurükgewiesen waren, so wurden diese Gewaltthätigkeiten nicht einer feindseligen Absicht, sondern den Stürmen der Revolution zugeschrieben, das Gefühl der NationalRache zurükgehalten, und obgleich bei ganz veränderten Umständen, aus Beharrlichkeit an alte StaatsMaximen, mitten in dem bedenklichen Kriege, den Frankreich damals auszustehen hatte, vielleicht zu unserm eignen Nachtheil, die Neutralität der Schweiz erklärt; eine Neutralität, welche die damaligen Machthaber in Frankreich selbst für ihren grösten Vortheil ansahen. Gleichwohl fiengen sie mit uns, so wie mit allen neutralen Staaten, unmittelbar dabei an, und fuhren, je nach dem Wechsel des Kriegs-Glüks, bald leise und schmeichelnd, bald stolz und gebieterisch, ununterbrochen damit fort, diese Neutralität auf die willkürlichste Art als blos zu ihren Gunsten gemacht zu erklären, uns mit den beleidigendsten Zumuthungen zu belagern, mit einem Wort uns mehr wie ihre Diener als wie einen unabhängigen Staat ansehen und behandeln zu wollen. Während alle andern Mächte Europens unsern Entschluß, obschon sie ihn nicht gewünscht hatten, dennoch respectirten, das VölkerRecht in allen seinen Theilen heilig beobachteten, uns unbefehdet und ungeplagt im Zustande des Friedens liessen, so war es hingegen den Franzosen nicht genug, daß man den gegen sie Krieg führenden Mächten weder Mannschaft noch Geld, weder Waffen noch Munition oder andre KriegsBedürfnisse zukommen ließ: sondern sie glaubten noch, daß alles das nur gegen ihre Feinde verboten, für sie aber erlaubt, oder gar durch die Neutralität geboten seyn solle. Gab es Leute, die zu ihren Armeen übergiengen, so sollte man jedermann seine Freiheit lassen; wollte aber jemand bei andern Mächten Dienste nehmen, so beachrten sie, daß solches als FalschWerbung oder Verletzung der Neutralität behindert oder bestraft werde. Waren sie in Gefahr verfolgt zu werden, so sollte man Armeen aufstellen, um solches zu behindern, und den verbündeten Mächten die Ausführung von Planen verwehren, die sie nie gehabt hatten; sobald aber die französischen Truppen uns allein umringten, so forderten sie wieder, daß wir auch die schwächsten TruppenKontingente einziehen, und uns blos auf ihre Treue verlassen sollen. Handel und Wandel mit Lebensmitteln, Vieh-Waar u. s. w. sollte nur gegen sie erlaubt, gegen andre aber verboten seyn. Sie wollten sogar ihre revolutionäre Polizei in unserm Lande ausüben, oder durch uns wie durch ihre Agenten ausüben lassen. Den Unglücklichen, die durch sie vertrieben oder vor ihren Gewaltthaten geflohen waren, sollte man keine Zuflucht in unserm Lande gestatten; andre wurden von ihnen zu uns deportirt, und dabei beachrt, daß wir sie wie eine ihnen untergeordnete Macht weiter über unsre Gränzen schaffen sollen. Jeder Franzos aber, der mit dem Zeichen des Aufruhrs an der Stirne in unser Land trat, sollte ungestraft allen unsern Gesezen und Verfassungen Hohn sprechen können, und dafür unsrer Polizei und Justiz entzogen seyn. Man sollte sogar in der ganzen Schweiz nur für sie reden und schreiben dürfen, die Freiheit der Particular Meinungen wurde als Feindseligkeit erklärt; mit einem Worte, der Geist und die Absicht ihres ganzen Betragens gieng schon frühe dahin, durch Anschwärzungen einerseits, und Schmeicheleien andrerseits, den Saamen der Zwietracht in die verschiedenen Regierungen zu bringen, und unter dem Vorwand der Freundschaft gänzliche Unterwürfigkeit von uns zu fordern. Während sechs kummervollen Jahren mußte man fast ausschliesslich damit beschäftigt seyn, ihren immer erneuerten, nie zu ersättigenden beleidigenden Zumuthungen nachzugeben, oder dieselben auszuweichen, zu beseitigen; die Anlässe dazu waren so häufig, die Bemühung so gros, daß unser Betragen vor der unparteiischen Welt beinahe einer Entschuldigung gegen die übrigen kriegführenden Mächte nöthig hatte, und niemand uns Gerechtigkeit wiederfahren lassen konnte, als wer mit unsrer Lage und innern Verfassung bekannt, und von den tausendfältigen Plagen, Anwürfen und Drohungen, womit man uns französischer Seits immerfort umringte, genau unterrichtet war.

Gleichwohl gelang es noch der Eidgenossenschaft durch alle diese Besorgnisse und Mühseligkeiten durchzukommen, bis das gegenwärtige französische Directorium die uneingeschränkte Gewalt in Frankreich erlangt hatte: und endlich glaubte man das Ende der Zudringlichkeiten und der Bekümmernisse erreicht zu haben, als der Friede mit Sr. Kaiserl. Majestät, und mithin auf dem ganzen festen Lande, abgeschlossen war. Allein sobald als das Directorium von daher freie Hände bekam, und seine Absichten mit Sicherheit durchsetzen konnte, so fieng der längst gehabte Beraubungs- Beherrschungs- und Unterjochungs-Plan gegen die Schweiz, durch schnell auf einander folgende feindselige Masregeln sich zu entfalten an. Seine Beweggründe dazu waren zwar nicht schwer einzusehen. Es ist allgemein bekannt, daß das französische Directorium gleich bei dem Abschluß des Friedens von Campo Formio eine grose Unzufriedenheit über denselben bezeigte, und daher auch unmittelbar damit umgieng, den HauptZwek desselben, der zu Befestigung des Friedens die unmittelbare Berührung zwischen Oestreich und Frankreich aufzuheben suchte, wieder umzustürzen, zu diesem Ende die Schweiz in seine Gewalt zu bekommen, um

Oestreich und Teutschland von dieser Seite wieder angreifen zu können, und durch Ausbreitung der revolutionären mit keinem Völker Recht verträglichen Gewaltsamkeiten, Vorwände zu einem neuen Kriege entweder zu veranlassen, oder selbst zu finden. Die AmtsBlätter des Directorii schämten sich übrigens nicht, öffentlich und deutlich genug anzukündigen, daß man sich unsrer Schäze, unsrer Magazine, unsrer Zeughäuser bemächtigen, die ganze Schweiz zu einer französischen Colonie, unsre Berge zu ihren Schanzen, unsre Mannschaft zu einem VorTrab der französischen Armeen machen, und sie blos zu ihrem Nuzen aufopfern lassen wolle. Daher wurden ihre Zeitungen, die nur den Willen des Directorii ausdrüken dürfen, auf einmal mit Lügen und Verläumdungen aller Art gegen die schweizerischen Regierungen angefüllt, um dieselben zu entehren, zu erniedrigen, ihnen wo möglich alles Zutrauen und alle Achtung zu benehmen. In der Absicht uns schon zum voraus an gänzliche Unterjochung zu gewöhnen, und entweder zu feindseligen Maasregeln zu reizen, oder ohne Widerstand alles was sie wollten auszuführen, wurden Forderungen auf Forderungen an uns gehäuft, die dem Ton und dem Inhalt nach, gebieterische Befehle waren, unsre Unabhängigkeit geradezu zerstörten, und dabei schienen sie gleichwohl jede derselben als eine Bedingung des Friedens anzugeben. Während sie die Unverschämtheit hatten, von uns die Entfernung des grossbritannischen Ministers gebieterisch fordern zu wollen, sandten sie uns ohne Bekanntmachung einen revolutionären Agenten in das Land, dessen Person schon eine Beschimpfung der Eid-Genossenschaft war, der ungestraft öffentlich an Aufruhr und Empörung sollte arbeiten können, und der sich unmittelbar in Zustand des Krieges mit allen schweizerischen Regierungen sezte. Bernerische Gesandte die nach Paris abgeschikt wurden, um die Ursachen dieser Feindseligkeiten zu erfahren, und wo möglich ihre Fortsezung abzuhalten, wurden ohne Gehör unter betrügerischen Einschläferungen weggeschikt, darum weil sie nicht in Brandschazungen und Bestechungen gewisser Directoren eintreten wollten, die Ehre und Klugheit auszuschlagen geboten, und die nach dem Beispiel so vieler ander Staaten nur unsern Untergang beschleunigt hätten. Die schweizerischen Theile des Bisthums Basel wurden unter dem Vorwand der Subrogation in die Rechte des Bischofs mit Truppen besezt, die eidgenossische Stadt Biel durch einen plözlichen Uiberfall zur Uibergabe an Frankreich gezwungen, das WaadtLand durch eigens abgeschikte Agenten und durch betrügerische Hofnungen zur Empörung gebracht, hierauf zur vorgeblichen Unterstüzung derselben mit einer Armee überschwemmt, um von da ohne Widerstand oder wenigstens mit geringerem Widerstand weiter in's Herz der Schweiz vorrüken zu können. Als Bern nebst den andern vorliegenden Ständen schon bei dem erstern Ereignisse die feindseligen Absichten einsah, zu seiner Vertheidigung die LandesMacht aufstellte, die übrigen Stände zur Hülfe aufrief, anfänglich auch alles dazu mit rührendem Enthusiasmus bereit und willig war: so wurden diese VertheidigungsMaasregeln als ein feindseliger Angrif angegeben, und durch Kunstgriffe aller Art und mit doppelsinnigen Worten die Meinung zu gründen gesucht, daß die Franzosen keine feindseligen Absichten hätten, daß ihre Truppen nur gegen Bern und Solothurn bestimmt seyen, daß sie allein an dem Eintritt der Franzosen schuld seyn würden, u. s. w. dadurch dann die friedliche Leichtgläubigkeit bethört, die Einigkeit der Schweiz gelähmt, die vorliegenden Stände geschwächt, und die entferntern sich nicht in Gefahr glaubenden Kantone, in der Meinung sich zu retten, an ihrem eigenen Untergang zu arbeiten veranlaßt. Durch eben solche Mittel und betrügerische Versprechungen wurden selbst treue Gemeinden und Particularen, zum LandesVerrath angelökt, Dörfer und Städte, die die Waffen zur Vertheidigung des Vaterlands ergriffen, mit Brand und Verheerung bedroht, denen aber, die sich durch solche Schreknisse erschüttern liessen, heuchlerische und nie gehaltene SicherheitsPatente ausgetheilt, Kanton gegen Kanton, Distrikt gegen Distrikt, das Volk gegen die Obrigkeit aufgehezt, die Obrigkeit selbst durch empörende Drohungen oder Verläumdungen entzweit und erschrekt, und endlich um alles in Verwirrung zu bringen, von ihnen sogar ihre eigne Zernichtung, der Verrath des Vaterlands gefordert. Als auch dieses nicht hinreichte, so wurde man mit betrügerischen FriedensAnträgen, während welchen sie ihre Truppen verstärkten, aufgehalten; jede Bedingung derselben war aber, nebst der empörenden Ungerechtigkeit, noch doppelsinnig in zweideutigen Ausdrüken abgefaßt, ihre Ausführung physisch unmöglich, ihr

Resultat gieng auf nichts weniger, als Land und Leut ohne weiters der französischen Willkür zu überliefern, und dagegen wurde nicht das mindeste, selbst nicht einmal der Abzug ihrer Truppen versprochen. Zulezt hatten sie noch die Schamlosigkeit, uns mitten in einem heiligen WaffenStillstand auf die treuloseste Weise anzufallen, und so war es kein Wunder, wenn eine kriegsgewohnte durch RaubLust angetriebene Armee, gegen einen durch Furcht und leichtgläubige Verblendung, durch Auflösung seines Oberhaupts, durch Zwietracht und offenbare Aufwieglung in Verwirrung gebrachten, muthlos gewordnen, wegen dem treulosen Überfall des Feindes an Verrätherei glaubenden Haufen von Landleuten, in kurzer Zeit hat siegen können, ohngeachtet noch in diesen lezten Aeusserungen der schweizerischen LandesKraft, die seltensten Beispiele von Tapferkeit und der erhabensten Vaterlandsliebe geliefert worden sind.

Allein kaum war der Feind in unser Land gedrungen und hatte den mächtigsten Theil der Schweiz überwältigt, so wurde die Larve weggeworfen, und dem bis dahin verstellten Raub und UnterjochungsPlan der ungezähmte Lauf gelassen. Unsere Kassen und Kapitalien wurden ausgeraubt, unsre Magazine aufgezehrt oder verkauft, unsere Waffen und Zeughäuser weggeführt, unsre Wohnungen und Dörfer geplündert, das ganze Land mit immer mehreren TruppenEinmärschen und Durchmärschen überschwemmt, alles was reich und wohlhabend war mit ungeheuren unerschwinglichen Brandschazungen zu Grunde gerichtet, Städte und Landschaften entwafnet, das gemeine Wesen in allen seinen Theilen zertrümmert, vom obersten Magistrat bis zum lezten GemeindsVorgesezten niemand an seiner Stelle gelassen, und uns dagegen mit Gewalt der Waffen ein abgeschmaktes Gewebe von leeren Sentenzen und revolutionärer Hierarchie, welches sie eine Constitution nannten, aufgedrungen, das sich mit allen Bedürfnissen, Gewohnheiten und Hülfsmitteln der Schweiz im ungeheursten Widerstreit befindet, gegen welches, wenn sie es früher angekündet hätten, die ganze Schweiz sich mit vereinter Macht würde empört haben, und das zu nichts anderm zwekmäsig eingerichtet ist, als um die Herrschaft der Franzosen durch ein substituirtes, von ihnen selbst gesetztes oder unter ihren Anhängern erzwungenes, mit ungeheurer Gewalt versehenes Directorium auf alle künftige Zeiten festzusetzen, und Land und Leut ihrer beständigen Willkür zu unterwerfen. Ohngeachtet, nach ihrer Sage, der Krieg blos gegen Bern und Solothurn gerichtet seyn sollte, so wurde dennoch mit den französischen Truppen sogleich weiter in die übrige Schweiz vorgerückt. Zürich und Luzern, die in allem ohne Ausnahme nachgegeben, alles Unrecht erduldet, sogar dem neuen Verfassungsjoche sich unterworfen hatten, wurden mit Brandschazungen belegt, mit Truppen überzogen, gleich wie die andern Stände ihrer Schäze, Magazine und Kirchen beraubt, und das freie Walliserland mit Brand und Verheerung unter ihr Joch gebracht. Die demokratischen Kantone, die durch die bisherigen Vorfälle über die Absicht des Feindes belehrt, von alter HeldenKraft beseelt, durch ihre unwegsamen Gebirge beschüzt und begünstigt waren, konnten weder mit Schmeicheleien noch mit Drohungen, noch mit Gewalt vollends bezwungen werden. Der übermütige Feind ward genöthigt den Kampf aufzugeben, und einstweilen zu Verstellung und Aufschub seine Zuflucht zu nehmen; allein wenige Monate nachher wurden diese redlichen Völker in Folge eines in dem einzigen Thal Unterwalden durch Verzweiflung hervorgebrachten, von dem Feinde selbst absichtlich gereizten, mit zehnfacher Uibermacht und dem Mord der Weiber und Kinder bezwungenen Aufstandes, der feierlich abgeschlossenen Kapitulation zuwieder, mitten im Frieden auf die treuloseste Weise überfallen, entwafnet, verheeret, mit Kontributionen belastet, aus ihren einsamen AlpenHütten verdrängt, dem Hunger und der Verzweiflung preis gegeben. Endlich nachdem die ganze Schweiz bereits unterjocht und entwafnet war, wurde dieselbe noch mit Gewalt und Drohungen an einen schändlichen Tractat gekettet, der unsre Unterjochung noch durch einen gezwungenen Schein von Einwilligung sanctioniren, unser Gebiet der gutfindenden Abreissung oder Veränderung des französischen Directorii überliefern, uns zu allen Kriegen, die seine Herrschsucht unternimmt zwingen, uns des lezten Rests der Unabhängigkeit berauben, von allen Verhältnissen mit andern Staaten abreissen, mit ihnen ausser alle Bündnisse, alle Freundschaft setzen sollte: und von diesen dem Schein nach erträglichen betrügerischen Zuschetungen oder Erleichterungen, wie gewohnt, nicht das wenigste gehalten worden ist.

Was aber aus diesen Gewaltthaten in Bezug auf den Zustand der Schweiz für weitere Folgen hervorgegangen, oder noch hervorgehen müssen, ist theils offenbar, theils leicht vorauszusehen. Unsre Unabhängigkeit ist zerstört, die ganze Schweiz ist zu einer unterjochten Provinz, ihre Einwohner sind das Spiel der Herrsucht, die wahren Leibeigenen des französischen Directorii geworden. Kirche, Erziehungs- und Armen-Anstalten sind beraubt, alle religiösen und moralischen Institute zertrümmert und ihrer Zernichtung nahe gebracht. Die Bande der menschlichen Gesellschaft, die häuslichen, verwandtschaftlichen und alle andern Verhältnisse sind zerrissen, die Stützen der Sittlichkeit aufgelöst und weggehoben. Unsre Rechte, vaterländische Verfassungen, Geseze und Gewohnheiten sind umgestürzt; an ihrem Plaz wird die ganze Schweiz van zwei oder drei verächtlichen und verachteten landsverrätherischen Directoren regiert, die seit mehreren Jahren an dem Untergang der Schweiz gearbeitet, dem französischen Directorio selbst die Vorwände angegeben, die Plane entworfen, seine Truppen in's Land gerufen haben, die auf den Trümmern ihres Vaterlands, auf den Leichnamen ihrer Mitbürger, mitten unter den Verwünschungen des Volks und dem Jammer des allgemeinen Elends zum Throne der Gewalt gestiegen sind, und die ihre Ehre darin suchen, die Knechte und die Instrumente des französischen Directorii und seiner Unterdrükungen zu seyn. Alle gesellschaftliche und bürgerliche Freiheit ist bis auf ihre Elemente zu Grunde gerichtet, und wird noch täglich mit Füssen getreten. Die alten Landesbürger werden verjagt oder unter dem Schreken gehalten, fremde Lands Verräther aber und flüchtige Vagabunden hereingerufen und an die Aemter gesezt. Kein Publikum, keine Gemeinde ist mehr, die ihre eignen Vorgesezten habe, ihr eignes Gut ungekränkt besorgen und benuzen könne, kein Beamter der einen Augenblik seiner Stelle sicher sey, kein Rechtschaffener der eine Stimme für das Vaterland erheben dürfe. Das ganze heichlerische frei genannte Volk ist entwafnet, die Tugend wird zum Verbrechen erklärt, Laster und Wahnsinn aber für Patriotismus gerühmt; Gedanken und Reden werden ausgespäht, die

Weisen und Verständigen des Landes zum Stillschweigen gezwungen, diejenigen die noch Muth, EhrGefühl und Vaterlandsliebe haben, Schaarenweise angekettet und in Gefängnisse geschleppt; alle Greuel der willkürlichsten Tyrannei werden so schamlos ausgeübt, daß sie zur habbituellen HandlungsWeise geworden sind, der Abscheu davor beinahe verschwunden ist, kein Redlicher einen Augenblik seiner Freiheit, seines Eigenthums, seines HausFriedens, der Ruhe seines Schlafes sicher seyn kan, und die ganze Schweiz selbst zu einem Gefängniß geworden ist, die man nicht anders als mit Bewilligung ihrer Unterdrüker oder mit Gefahr seines Lebens und dem Verlust seines Eigenthums verlaßen darf. Kein Recht von welcher Art es auch sey, wird heilig gehalten. Die Begriffe der Gerechtigkeit selbst sind umgekehrt; ihre Austheilung muß, bei Gefahr der Entsezung, von den Gerichten nur nach landesverrätherischer Parteisucht abgemeßen werden. Allein nicht genug daß Religion und Moralität, Unabhängigkeit, Freiheit und Recht zu Grund gegangen sind: es bleibt dem unglüklichen Bewohner der Schweiz nicht einmal dasjenige übrig, was selbst unter der willkürlichsten Gewalt das Leben erträglich oder seine kümmerliche Erhaltung möglich macht. Wohlstand und Verdienst sind zernichtet; es ist bald kein Hausvater mehr, der nicht über die Erhaltung seines Weibes und seiner Kinder in Verzweiflung seyn müße. Das Eigenthum eines jeden ist ein Spiel geworden, das alle Tage vor neuen MachtSprüchen zittern muß. Handel und Wandel liegen danieder, der Schweiß unsrer Arbeit, die Frucht des Landmanns wird von erdrükenden Auflagen und gewaltthätigen Beraubungen aufgezehrt, das gesellige Leben ist von Zwietracht und Mistrauen vergiftet, fast alle Gegenden sind ausgeplündert, die edelsten Söhne des Vaterlands werden ermordet oder mit Gewalt ausgehoben, und für ihre Unterdrüker selbst auf die SchlachtBank geführt; Witwen und Waisen sind verlaßen und in Thränen versunken, die Wohlhabenden zu Grunde gerichtet, die Armen ohne Verdienst, die Bedürftigen ohne Unterstüzung, die Kranken ohne Hilfe und aus den ohnehin beraubten Spitälern verdrängt, Zutrauen und Kredit sind dahin, unser HausFrieden ist gestört, nirgends eine Hofnung zum beßern, sondern solang dieses revolutionäre System und die unmenschliche französische Herrschaft fortdauert, nur die gewiße Aussicht in noch grösern Jammer und gänzliche Verzweiflung übrig.

Allein nach einem ganzen schrekens- und zerstörungsvollen Jahre ist endlich der Augenblik gekommen, wo wir mit Hilfe der vorzüglichsten Mächte Europens dem Elend ein Ende machen, unsre Religion, unsre Verfassungen, Geseze, Freiheiten und Eigenthum wieder herstellen, und dasjenige wieder erlangen können, was ungerechte Bedrüker uns durch himmelschreiende Gewaltthaten geraubt haben. Den Rechtschaffenen die seiner Zeit alles gethan haben um das Vaterland vor diesem Jammer zu verwahren, die das schändliche Joch nicht ertragen konnten, deren Stimme verhöhnt und verfolgt worden ist, blieb während der Uibermacht des Feindes nichts anders übrig, als entweder in stillem Gram den Tag der Rache zu erwarten, oder im Ausland beßere Zeiten, Ruhe und Unterstüzung zu suchen. Nun hat es die göttliche Vorsicht durch die nie zu ersättigende Herrschsucht des Feindes also geordnet, daß wir durch Eid und Ehre, durch Pflicht und Vaterlandsliebe vereinigt, das erlittne Unrecht rächen, und mit der kraftvollen Unterstüzung Sr. Kais. Majestät, der Krone Englands und andrer Mächte, gegen die Unterdrüker unsers Vaterlands, die Söldlinge und Werkzeuge des französischen Directorii, den gerechten Kampf erneuern können, der bisher nur unterbrochen und nicht beendiget war. In dieser einzigen und reinen Absicht treten wir mit einem zwar kleinen, aber beherzten und entschloßenen Haufen, den Gott und die gerechte Sache bald vergrösern werden, bewafnet wieder in unser Vaterland ein, um dasselbe von der schändlichen Knechtschaft, dem namenlosen Elend zu befreien, unter dem es seit Jahr und Tag geseufzet und geblutet hat, und dessen Fortdauer bald bis auf den Namen der Schweiz zernichten, dieselbe zu einer Wüstenei und Einöde machen, die Barbarei des Mittel-Alters wieder unter uns erneuern würde. Wir fordern daher alle Redlichen des Landes, alle in denen noch ein unverdorbnes Herz für Ehre und Vaterland schlägt, denen das Joch der Franzosen unerträglich ist, die Landes Verräther ein Gegenstand des Gräuels sind, mit Zuversicht auf, daß sie diesen ihnen von Gott gesandten günstigen Augenblik mit Wärme und Dankbarkeit benutzen, und ihre Bemühungen mit denen der grosmüthigen Mächte, die sich für unsre Rettung verwenden, vereinigen mögen.

Schweizer, Brüder, Eidgenossen! Ihr alle die es noch mit dem Vaterland redlich meynet, raffet daher Eure letzten Kräfte zusammen, hebet Euren starken Arm zur Rache auf, jezt da die Zeit dazu gekommen ist. Schlaget Euch zu den rechtschaffenen Schweizern, die zur Rettung ihres Vaterlands, zur Vertilgung der gemeinsamen Feinde, die Euch geplündert, unterjocht, gemordet haben, versammelt sind. Trauet auf Gott der die gerechte Sache beschüzt, trauet auf teutsche Treue und Redlichkeit, die nie ihr Wort gebrochen hat. Nehmet die kaiserlichen Armeen, die zu Eurer Rettung kommen, die Euch feierlich zusichern, daß sie Euch nur von dem französischen Joche befreien, Euch Eure alte Unabhängigkeit, Eure Geseze, Rechte und Anordnungen wieder verschaffen wollen, die mit Euch nur ein Herz und eine Absicht haben, als Eure Freunde auf: vereiniget Euch mit Ihnen, folget Ihren Anordnungen, helfet Ihnen mit Rath und That wo Ihr es zu thun vermöget. An Ihrer Spize steht ein Prinz aus Kaiserlichem Hause, der sich durch seine glänzenden sowohl als durch seine bescheidenen Tugenden den Ruhm und die Liebe von ganz Europa erworben hat, den Millionen von Menschen wie ihren Vater und Retter verehren. Unter seinen Befehlen sehet Ihr noch einen ausgezeichneten General, der selbst ein gebohrner Schweizer ist, der die Krone seines Kriegs-Ruhms in der Erlösung seines Vaterlands und der Rettung seiner Mitbürger sucht; der Euch leiten und führen, alle Gefahren mit Euch theilen, Euch alle Mühseligkeiten erleichtern wird. Darum fürchtet Euch nicht vor den elenden Schreknissen, mit denen man Euch zu erschüttern sucht; seyd Eurer tapfern Ahnen würdig, damit sie mit Wohlgefallen auf Euch herabsehen, sie die vor Schaam gestorben wären, wenn sie gewußt hätten, daß ihre Abkömmlinge, für die sie ihr Blut verspritzt, einst ein so schändliches Joch empfangen und erdulden müßten. Fallet über den Feind her, der die Unverschämtheit hat Euch noch zu seinem Beistand aufzurufen, vertilget ihn wo Ihr ihn einzeln oder beisammen antreffet, entziehet ihm die Mittel mit denen Er Euch zu bezwingen gedenkt, damit das

Vaterland von seiner Gegenwart befreit, und gegen ähnliche Gewaltthaten auf alle Zeiten in Sicherheit gesezt werde. Alsdann können wir von unsern Bemühungen, von der mächtigen Unterstüzung, und von Gottes Segen mit Zuversicht erwarten, daß das Reich des Lasters ein Ende nehmen, und die Verbrecher ihre Strafen finden, Religion und Gerechtigkeit aber wieder bei uns eintreten, Akerbau, Handel und Wandel wieder aufleben, die Bedrükungen aller Art verschwinden, Wohlstand und häusliches Glük wieder zu uns kehren werde. Dann werden wir wieder ein freies und redliches, im Ausland geachtetes, im Innern glükliches Volk seyn, wie wir vormals waren, und zu welchem Ende wir hiemit zu Euch kommen, und für Euch streiten oder sterben wollen. NeuRavensburg den 1 Mai 1799.

Friedrich von Steiger,
vormals Schultheiß zu Bern, im Namen
aller vereinigten Schweizer.

9.
Zweite Proclamation des Erzherzogs Karl an die Schweizer, vom 23 Mai 1799.

In dem Zustande von Abhängigkeit und Zwang, worin Ihr Euch durch die Gewalt des Feindes befindet, seyd Ihr mit allem, was auswärts vorgeht, so unbekannt: alles, was Euch in Eurem Unglük ermuntern könnte, wird Euch so sorgfältig vorenthalten, daß ich vermuthen muß, es sey nicht einmal in die ganze Schweiz diejenige Erklärung gekommen, mittelst welcher Ich Euch die friedlichen und freundschaftlichen Absichten Sr. kaiserlichen Majestät in dem Augenblike bekannt machte, als die meinen OberBefehlen unterstehende Truppen den schweizerischen Kanton Schafhausen betreten hatten. Dieses bestimmt mich, die allerhöchsten Gesinnungen Sr. Majestät des Kaisers durch neue Abdrüke der erwähnten Proclamation zu der allgemeinen Kenntniß der verschiedenen Kantone zu bringen.

Schweizer! Seit fast dreihundert Jahren lebtet Ihr in einem beständigen Frieden; Ihr sahet keine fremde Truppen in Euren Landen; ohne die Herschsucht der französischen Regierung würdet Ihr auch fernerhin jenes Glük ungestört genossen haben, aber auf eine in der Geschichte ganz unerhört gewaltthätige und treulose Weise wurde Euer Land eingenommen — Mißhandlungen aller Art folgten auf dem Fuße. Der Feind bringt noch immer auf Eure Beihülfe; Eure Mannschaft soll blos zu seinem Nuzen aufgeopfert werden, um Euch seiner Herrschaft auf immer zu unterwerfen, und von diesem Besizstande den möglichst größten Nuzen zu ziehen. Auch von der Schweiz aus sollten die teutschen Völker überfallen und unterjocht werden; die von dem Feind auf diesen Zwek angelegten Plane wurden aber in dem Zuge ihrer Ausführung durch die Siege der dißeitigen Armeen vereitelt. Die Verfolgung dieser Siege hat, nebst unserem Heile, auch Eure Rettung zur Absicht. Fürchtet Ihr Euch etwa vor den mit einem jeden Kriege verbundenen Übeln, so bedenket, daß Ihr seit Jahr und Tag den Krieg im Lande habet, und daß die Vertreibung des Feindes, der Euch den ersten gemacht, und den zweiten allein zugezogen hat, das einzige Mittel ist, Ruhe und Frieden herzustellen, und Euch den Wohlstand mit Sicherheit wieder zu verschaffen, den Ihr ehemals genossen habet.

Billigkeit und Gerechtigkeit gegen die Schweizer werden übrigens meine Armee in ihren Fortschritten begleiten. Die meinen Befehlen unterstehende Truppen werden eine strenge Mannszucht halten, und von Euch wird nur die nöthige Einquartirung gefordert werden. Was etwa die augenblicklichen Bedürfnisse der Armeen an Fourage erfordern mögen, bis der Nachschub geschehen kan, dafür wird man zur Schadloshaltung eine billige Übereinkunft treffen.

Ich wiederhole demnach sowohl diese, als die Euch bereits in meiner vorigen Proclamation im Namen Sr. kaiserl. Majestät bestimmt gegebene Zusicherungen, und erwarte dagegen mit Zuversicht, daß die Schweiz nichts Feindliches gegen die kaiserl. Armee unternehmen, sondern zum eigenen Besten des Landes ihre reine Absicht befördern und unterstüzen werde; auf der andern Seite muß ich aber eben so bestimmt erklären, daß ich gegen diejenigen Städte, Gemeinden oder einzelnen Partikularen, welche dem Feinde beistehen, oder gar gegen die kaiserl. Truppen streiten würden, mich aller Zusagen entledigt halten, und dieselben in jeder Rüksicht feindlich zu behandeln gezwungen seyn würde.

Ich fordre daher alle Gutgesinnten, denen das Wohl ihres Vaterlands am Herzen liegt, auf, sich jenen verderblichen Absichten entgegenzusetzen, ihre Wirkung zu vereiteln, und sich hingegen mit uns gegen den gemeinsamen Feind werkthätig zu vereinigen. Euer Vaterland wird sodann bald befreit seyn, welches zu retten ich entschlossen bin.

Gegeben im HauptQuartier zu Paradies, den 23 Mai 1799.   Karl.

(Die Fortsetzung folgt.)

III.
AmtsBericht des Generals Berthier
über
Buonaparte's Feldzug in Syrien,
vom Anfang des Febr. bis in die Mitte des Jun. 1799.
(Mit einer Karte von Aegypten und der Gränze Syriens.)

Buonaparte's politisches und militairisches Betragen, seit die fränkische Armee in Aegypten gelandet war, hatte zum Zwek, England einen grosen Schlag beizubringen, und zugleich kein Mittel zu versäumen, um die Pforte von dem Verlangen zu überzeugen, welches die fränkische Republik hegte, die zwischen beiden Mächten bestehende Freundschaft zu erhalten. Bei der Einnahme von Malta wurden türkische Sklaven in groser Anzahl befreit, und nach Konstantinopel zurükgeschikt. Seit der Ankunft in Aegypten wehte die türkische Flagge neben der fränkischen. Dem Agenten der Pforte ward alle Achtung erwiesen. Eine türkische Karavelle befand sich, nebst einigen KauffahrteiSchiffen, im Hafen von Alexandria. Buonaparte gibt dem Kapitain derselben die Versicherung, daß die Franken ihn als Freund betrachten. Es trift ein Befehl des Grosherrn ein, daß diese Karavelle nach Konstantinopel abgehen soll; es war gerade die Zeit, wo die türkischen Schiffe Aegypten zu verlassen pflegen. Buonaparte beschenkt den Kapitain, und trägt ihm auf, den Bürger Beauchamp, mit Depeschen, in denen er der Pforte die freundschaftlichen Gesinnungen der fränkischen Nation bezeugt, an seinen Bord zu nehmen. Beauchamp sollte zugleich die Ursachen bekannt machen, welche Buonaparte hatte, mit Ahmet Dgezar,* Pascha von Acre, unzufrieden zu seyn, und vorstellen, daß seine, auf den Fall, daß sich dieser Pascha ferner schlecht aufführen würde, beabsichtigte Züchtigung desselben die Pforte auf keine Weise beunruhigen dürfe.

Die Ursachen zur Unzufriedenheit mit Dgezar waren folgende. Ibrahim Bey war, nach dem Gefechte bei Salehieh, mit ohngefähr 1000 Mamluken gegen Gaza geflohen, und Dgezar hatte ihn aufgenommen. Immer darauf bedacht, alles zu vermeiden, was die Pforte schwierig machen könnte, hatte Buonaparte zur See einen Offizier an Dgezar mit einem Schreiben abgeschikt, worin er versicherte, daß die fränkische Republik die Freundschaft mit dem Grosherrn zu erhalten, und mit ihm in Frieden zu leben wünschte; er forderte aber die Entfernung Ibrahim Bey's und seiner Mamluken, und daß ihnen aller Beistand verweigert würde. Ahmet Dgezar hatte hierauf nichts geantwortet, den fränkischen Offizier übermüthig weggeschikt, und die Franken zu Acre in Ketten werfen lassen. Auch fuhr er nicht allein fort, die Mamluken aufzuneh-

---

* Ahmet, genannt Dgezar, (nach der Aussprache: Dschesar,) d. h. der Schlächter, ein Schandflek der Natur, wird selbst von den wildesten Morgenländern als ein Ungeheuer angesehen. Er hat zahlreiche Beweise von einer bis dahin unerhörten Grausamkeit gegeben. Er hat mehrere seiner Weiber unter unbedeutenden Vorwänden schinden lassen; die Männer, die er züchtigen will, läßt er mit Eisen beschlagen; denen, die seine Vertraute waren, schneidet er selbst die Köpfe ab; er läßt bei dem leichtesten Verdachte Nasen, Ohren, Hände, Füsse abhauen; Unglükliche, die ihm misfallen, werden bis an den Kopf lebendig eingemauert; er begünstigt die Diebstähle und Erpressungen seiner Beamten gegen das Volk, um sie alsdann erdrosseln zu lassen, und sich des von ihnen geraubten Guts zu bemächtigen.

men, sondern er bedrohte auch die Gränzen Aegyptens durch feindselige Rüstungen.

Die fränkische Armee erhielt keine Nachrichten aus Europa; die ägyptischen Häfen waren blokirt. Indeß erhellte aus allen Berichten, die man zu Lande erhielt, daß die listige Politik Englands die Schlacht von Abukir benuzte, um die Pforte zu verführen, und sie zu einer OffensivAllianz gegen Frankreich zu bewegen. Auch Rußland schien den Grosherrn in ein Bündniß zu ziehen, unter dem glänzenden Vorwand, im Angrif gegen die Franken das beiderseitige Interesse zu vereinigen — ein wahres politisches Ungeheuer von einem Bunde! Aber von einer eben so barbarischen als unwissenden und in Anarchie versunkenen Regierung war Alles zu erwarten. Buonaparte urtheilte, daß, wenn die Pforte sich für Frankreichs Feinde entschiede, eine combinirte Operation gegen Aegypten, ein Angrif von Syrien aus nebst einem Angrif zur See, stattshaben würde. Er faßte seinen Entschluß: nach Syrien zu marschiren; Dgezarn zu züchtigen; die Rüstungen zu einer Unternehmung gegen Aegypten zu zerstören, wenn sich die Pforte mit Frankreichs Feinden verbunden hätte; wäre sie hingegen dessen Freundin geblieben, ihr die Ernennung zum Paschalik von Syrien wiederzugeben, und dann nach Aegypten zurükzukehren, um die zur See combinirte Expedition zu schlagen, welche, nach den physischen Wahrscheinlichkeiten, vor dem Junius oder Julius nicht statthaben konnte.

Buonaparte war, nachdem er den Ibrahim Bey gegen Syrien zurükgejagt hatte, wieder nach Cairo gekommen. Er ließ die Ueberreste der Armee des Murat Bey in OberAegypten durch den General Desair verfolgen. Er organisirte die Regierung von Aegypten, indem er in jeder Provinz einen Divan errichtete; er gab dem Volk das Glük sich selbst zu regieren, das es nie gekannt hatte, zu geniesen. Er ließ Salehieh, Belbeis, Alexandria, Damiate, die Arme des Nils und die Mündung von Rosette bis Lesbe befestigen. Er dämpfte den Aufstand zu Cairo vom 21 Oct., strafte die Schuldigen, vergab den Übrigen, und stellte das Vertrauen wieder her. Er errichtete ein VertheidigungsSystem für die Stadt, um sie gegen die Araber zu sichern, indem er sich zugleich zum Meister dieser so volkreichen Stadt machte, die er mit einem Bataillon Soldaten zu beherrschen wußte. Er richtete die fränkischen Niederlassungen so ein, daß sie vor jeder aufrührerischen Bewegung geschüzt waren, und schuf eine neue KriegsMethode gegen die arabischen Horden, welche von jeher Aegypten verwüsteten. Er erfand eine neue AuflagenVertheilung; er brachte Oekonomie in das administrative Fach der Armee; er errichtete eine HandelsGesellschaft. Er trug dem als Gelehrter und als Krieger gleichausgezeichneten General Andreossy auf, den See Manzaleh und die Pelusischen Mündungen zu unterwerfen, und beide, sowohl in wissenschaftlicher als militairischer Rüksicht, zu recognosciren.* Nach

* Der General Andreossy sondirte am 23 Sept. die Rheden von Damiate, von Bugafieh, und vom Cap Bugan; so wie die Mündung des Nils, um die Fahr-Wasser von Bogas und die Form der Klippen am Eingang zu bestimmen. Am 2 Oct. um 2 Uhr Morgens verließ er Damiate mit 200 Mann und 15 Tschermen, die von Reys vom Nil geführt wurden; drei dieser Tschermen hatten jedes eine Kanone. Um 7 Uhr gieng er über den Bogas, zog die Küste entlang, nahm um 3 Uhr Nachmittags Position bei der Mündung von Dibe, wo er die nemlichen Operationen vornahm wie bei der Mündung des Nils. Am 3, drang er 5 Stunden weit in den See hinein. Die Reys, erschrekt durch die Erscheinung von etwa 130 Tschermen mit Arabern, die sich zu Matarieh eingeschift hatten, führten ihn nach Manzaleh, und nicht nach Matarieh, wo er hinwollte. Er kam unter den Wind; ward angegriffen und verfolgt, zwang aber den Feind, ungeachtet seiner Überzahl, mit Verlust sich zurükzuziehen. Er warf sich wieder auf Damiate, und gieng vor Minieh vor Anker. Am 4, um 9 Uhr Nachts, ward er heftiger, aber mit nicht besserm Erfolg angegriffen. Am 7, segelte er nach Manzaleh, am 8 nach den Inseln von Matarieh; am 14 gieng er bei der Insel Tuna, am 15 bei der Insel Tennis, am 16 an der Mündung von Eume-faregge vor Anker, und kam am 19 bei den Ruinen von Tineh (Pelusium, Farameh,) an. Am 20 nahm er seine Richtung nach dem Kanal von Moez, in welchen er hineindrang. Am 21 besuchte er San, nahm am nemlichen Tage Salehieh auf, zog genaue Nachrichten über den Kanal dieses Namens ein, und fuhr den nemlichen Tag wieder nach Manzaleh und Damiate ab. Hier kam er am 23 an, nachdem er die Recognoscirung, die Sondirungen und die Karte des Sees vollendet hatte, zu deren Verfertigung er die Ausdehnung der Küste auf einer Strek-

seiner Zurükkunft von dieser Recognoscirung am 23 Oct., reiste der General Andreossy mit dem Bürger Berthollet von neuem ab, um die Natrum Seen zu recognosciren.*

Buonaparte hatte zu Cairo ein Institut der Künste und Wissenschaften errichtet. Er stiftete dort eine Bibliothek, ließ ein chemisches Laboratorium bauen, wies zum Unterhalt dieser Stiftungen Gelder an, schikte die Gelehrten auf Reisen in die Theile des Landes, wo die Stellung der Armee Sicherheit gab.**

von mehr als 45,000 Klaftern nach der Kette hatte messen lassen.

* Der General Andreossy begab sich, in Gesellschaft des Bürgers Berthollet, mit 80 Mann Infanterie von Cairo nach Terane, von wo er in der Nacht vom 23 Jan. 1799 abreiste, und nach vierzehnstündigem Marsch bei den Natrum Seen ankam. Diese liegen in einem mehr als zwei Stunden breiten Thal, dessen Richtung 44 Grad nach Westen ist; sie begreifen eine Strekke von etwa 6 Stunden. Im Thale, gegen die Spize des Abhangs gegenüber von Terane, sind drei koptische Klöster, von denen eines vereinzelt steht. Am 24 besuchte er die Seen; er begab sich am 26 nach dem Fluß ohne Wasser, einem grosen, mit Sand verschütteten Thale, welches an das Thal der Natrum Seen stöst, und dessen Urkeu gegen drei Stunden von einem Ufer zum andern hat. Er fand hier grose, ganz versteinerte Baum-Stämme. Er campirte am nemlichen Tage beim vierten Pfeiler, in der Richtung von Wardan. Das Thal der Natrum Seen hat einige ergiebige Quellen von sehr gutem Wasser. Das Natrum ist von guter Beschaffenheit, und kan einen sehr wichtigen Handelszweig machen. Am 29 Jan. war der General Andreossy wieder zurük.

** Nouet und Mechain bestimmten die Breite von Alexandria, Cairo, Salehieh, Damiate, Suez ꝛc. Peyre und andre Brükken- und Strassen Bau Künstler nahmen die Nivellirung des Kanals von Suez vor. Lefebvre und Malus besorgten die Recognoscirung des Kanals von Moez. Lefebvre und Gruebard begleiteten den General Andreossy auf der Recognoscirung des Sees Manzaleh. Peyre und Girard nahmen den Plan von Alexandria auf. Lanoren recognoscirte den Kanal von Abumanea; er hatte die Aufsicht über die Arbeiten beim Kanal von Alexandria. Geoffroi untersuchte die Thiere des Sees Manzaleh, und die Fische des Nils; Delille die Pflanzen von Nieder Aegypten. Arnolet und Champy, Sohn, waren bei der Expedition nach dem Rothen Meer, um Recognoscirungen vorzunehmen, und die Mineralien zu untersuchen; sie giengen nach Cosseir. Girard hatte eine Arbei

Endlich traf er alle nöthigen Vorbereitungen zu seiner Expedition gegen Syrien. Vor seiner Abreise aber wollte er Meister von Suez seyn, diesen für den Indischen Handel so wichtigen Punkt selbst recognosciren, das Problem lösen, ob der Kanal, welcher einst das Rothe Meer mit dem MittelMeere verbunden haben sollte, und in Ansehung dessen die Geschichte bisher nur Zweifel überliefert hatte, wirklich existirt habe. Während der Vorbereitungen zum syrischen Feldzuge reiste also Buonaparte am 22 Dec. 1798 nach Suez ab.* Er hatte den See-

in Betref aller Kanäle von OberAegypten zu verrichten. Denon reiste nach Fayum und in OberAegypten, um die Denkmäler abzuzeichnen; Dutertre zeichnete die von Alexandria und Cairo ab. Conté richtete eine mechanische Werkstatt ein, baute WindMühlen, und mehrere für Aegypten neue Maschinen. Beuchamp und Nouet machten einen fünffachen Kalender, der Republik, der römischen, griechischen, koptischen und muhamedanischen Kirchen. Saviani sammelte die Insecten der Wüste und Syriens. Costaz redigirte ein Journal. Fourrier, Secretär des Instituts, ward französischer Commissair beim Divan. Man sagt hier nichts von den Bürgern Monge und Berthollet; sie waren überall, beschäftigten sich mit Allem, waren die ersten Urheber von allem, was zur Beförderung der Wissenschaften abzwekte.

* Von einem Theile seines GeneralStabs, den InstitutsGliedern Monge, Berthollet und Costaz, und dem Bürger Bourrienne begleitet, von einem Korps Reiterei escortirt, reiste Buonaparte von Cairo ab. Er campirte am 24 Dec. bei Birket el Hadji, oder dem See der Pilgrime. Am 25 campirte er zehn Stunden weiter in der Wüste. Am 26 kam er zu Suez an. Am 27 recognoscirte er die Küste und die Stadt; er ordnete VertheidigungsWerke an. Er gieng am 28 über die Furth des Rothen Meeres bei Suez, die bei niedrer Ebbe gangbar ist; er besuchte die MosesQuellen, drithalb Stunden von Suez, in Asien. Sie bestehen aus fünf Quellen, die auf der Spize kleiner Anhöhen von Sand sprudeln. Das Wasser ist süß, und hat einigen SeeGeschmak; man findet hier Spuren von einer kleinen, modernen WasserLeitung, die das Wasser nach Cisternen am MeeresUfer führte, wo es zum Dienste der Schiffe geholt wurde. Die Quellen sind 3/4 Stunden von der See; die See war aber hoch; er gieng an der Spize des Rothen Meeres hinauf, der Führer verirrte ihn in den Sümpfen, aus denen er mit genauer Noth wieder herauskam, indem er bis an den Gürtel im Wasser stak; dieser Führer muß wohl ein Abkömmling von dem gewesen seyn, der den Pharao führte. Suez kündigt durch seine Magazine an, daß es der StapelPlaz eines

neral Bon vorausgeschikt, welcher mit 1500 Mann und 2 Kanonen durch die Wüste gezogen war, und am 7 Dec. Besiz von Suez genommen hatte. Zu Suez erfuhr Buonaparte, daß Dgezar zum Pascha von Damask und Aegypten ernannt worden wäre, daß er Truppen sammelte, daß ein Korps sich bereits dem Hafen von El-Arisch, eine TagReise weit am Eingang der Wüste, näherte. Er schikte dem General Regnier, der mit seiner Division zu Catieh stand, den Befehl zu, den General Lagrange mit der 9ten HalbBrigade und 2 Kanonen abzusenden, um Catieh zu nehmen, und dort ein Fort errichten zu lassen. Dieser General kam am 7 März zu Catieh an, befestigte sich da, und am nemlichen Tage traf Buonaparte zu Cairo ein, wo er alle Rüstungen zur syrischen Expedition betrieb.

beträchtlichen Handels war. An den Hafen können nur Barken kommen; aber eine SandSpize, die eine Stunde weit in die See hinein läuft, bei niedriger Ebbe blos ist, und in deren Nähe Fregatten vor Anker liegen können, bietet die Möglichkeit dar, eine Batterie daselbst zu errichten, welche den AnkerPlaz beschüzen, und die Rhede deken würde. — Die Araber von Toy kamen, mit den Franken Freundschaft zu schliessen. Buonaparte munterte den Handel auf, indem er einen Zoll anlegte, wo die Gebühren niedriger sind als die bei der Ankunft der Franken eingeführten; er sicherte den HandelsStand gegen die gewöhnlichen Erpressungen der Mamluken oder der Paschas. Es läßt sich vermuthen, daß Suez wieder mehr Glanz erhalten wird als es je hatte, die zum Schuze dieses Ortes, und insbesondere für den Transport von Suez nach Cairo und Belbeis durch organisirte Karavanen, getroffenen Maasregeln geben Grund zu dieser Hofnung. Während des Aufenthalts von Buonaparte kamen vier Schiffe von Diedda. — Am 30 gieng er von Suez am Rothen Meer entlang gegen Norden; dritthalb Stunden von Suez fand er die Reste des Einganges vom Kanal; er folgte demselben vier Stunden weit. Er brachte die Nacht im Fort von Agerut; die vom 31, zehn Stunden weit in der Wüste, die vom 1 Jan. 1799 in Belbeis zu. Am 3 Jan. begab er sich nach dem Oasis von Honareb, wo er die Spuren des Kanals von Suez, bei seinem Eingang in die bebauten und bewässerten Felder von Aegypten wieder antraf; er folgte ihm mehrere Stunden lang; er ließ den Ingenieur Peyre sich nach Suez begeben, und mit hinreichender Bedekung von da wieder abreisen, um den ganzen Lauf des Kanals geometrisch aufzunehmen und zu nivelliren: eine Operation, welche das Problem der Existenz eines der grösten und nüzlichsten Werke der Welt auflösen wird.

Hier folgt der

Etat

der zur Expedition nach Syrien bestimmten Armee.

1. Division des Generals Kleber, mit den Generalen Verdier und Junot unter seinen Befehlen	2349 Mann.
2. Division des Generals Regnier, mit dem General Lagrange unter seinen Befehlen	2160 —
3. Division des Generals Bon, mit den Generalen Rampon und Vial unter seinen Befehlen	2449 —
4. Division des Generals Lannes, mit dem Generalen Veaux und Robin unter seinen Befehlen	2924 —
Kavallerie aus verschiedenen Regimentern, unter dem General Murat	800 —
Artillerie, unter dem General Dommartin	1385 —
Ingenieurs, unter dem General Caffarelli	340 —
Guides zu Fuß und zu Pferd	400 —
88 Dromedare, mit ihren Führern.	
	Zusammen 12,945 Mann.

Der Artillerie Park 4 Zwölfpfündern, 3 Acht Pfündern, 5 Haubizen, 3 Mörsern von 5 Zoll. Uberdis waren jeder der vier Divisionen 4 Achtpfänder, 2 Haubizen von 6 Zoll, 2 Dreipfünder, den Guides zu Pferde 4 Achtpfünder, 2 Haubizen von 6 Zoll, der Kavallerie 4 Vierpfünder beigegeben.

Die 19te HalbBrigade, die 3ten Bataillons der HalbBrigaden von der syrischen Expedition, die nautische Legion, die Depots der KavallerieKorps, die Malteser Legion, wurden zur Besatzung von Alexandria, Damiate, Cairo, und zu beweglichen Colonnen, welche die Provinzen von NiederAegypten im Gehorsam erhalten, und sie gegen die Araber beschützen sollten, vertheilt. Der General Desaix besetzte mit seiner Division OberAegypten.

Die Befehlshaberschaft der Provinz Cairo ward dem General Dugua anvertraut; die andern wurden den Generalen Beillard, Lariffe, Zayonczek, Fugieres, Leclerc, und dem GeneralAdjutanten Almeyrus übertragen. Der Bürger Poussielgue, GeneralVerwalter des FinanzWesens, blieb in Cairo; Esteve, GeneralZahlmeister der Armee, ein ausgezeichneter junger Mann, begleitete die Expedition. Sehr wichtig war insonderheit die Befehlshaberschaft von Alexandria; der OberGeneral glaubte sie einem thätigen Offizier anvertrauen zu müssen, welcher ausser dem IngenieurWesen, und den andern militairischen Wissenschaften, auch die Artillerie verstünde. Durch Buonaparte's Entfernung wurde dieser Plaz, in militairischer und administrativer Rükficht, fast unabhängig; das Kommando desselben war um so wichtiger, als die Engländer in der Nähe waren, und zu gleicher Zeit Symptome der Pest sich zu äussern anfiengen; er übergab es dem BrigadeGeneral Marmont. Dem GeneralAdjutant Almeyrus, welcher das Kommando zu Damiate erhielt, befahl er, die dortigen BefestigungsArbeiten zu betreiben, ferner Lebensmittel und Munitionen für die syrische Armee einzuschiffen, und hiezu die Schiffahrt, vom See Manzaleh und vom Hafen Tineh zu benuzen, von wo man sie in die, 5 Stunden Landeinwärts gelegenen, Magazine von Catieh transportiren sollte. Auch befahl er, einen Theil des BelagerungsGeschüzes von Alexandria einzuschiffen. Kühnheit und Beharrlichkeit führen oft zum Siege; Buonaparte glaubte den, in den dortigen Gewässern kreuzenden englischen Schiffen trozen zu müssen, und die Fahrzeuge seegelten ab. Es lagen Fregatten zu Alexandria; Buonaparte befahl dem GegenAdmiral Perree, Nachts mit der Juno, der Courageuse und der Alceste auszulaufen, vor Jaffa zu kreuzen und sich mit der Armee in Communication zu sezen. Er berechnete, daß derselbe, zu einer von ihm bestimmten Zeit ankommen müsse. Man muste dieses Mittel wagen, um in dem Fall, daß Acre einen hartnäkigen Widerstand entgegensezte, einiges BelagerungsGeschüz herbeizuschaffen; ausserdem kannte man die Stärke dieses Plazes nicht, und die Beschwerlichkeiten der Wüste erlaubten es nicht, BelagerungsGeschüz zu Lande fortzuschaffen.

Schleunige und ausserordentliche Mittel wurden in Cairo

ergriffen, um die zum Transport alles dessen, was zum Zuge einer Armee in der Wüste gehört, — ArtilleriePark, Lebensmittel, Munitionen, Wasser, — erforderliche Anzahl Kameele und Maulesel herbeizuschaffen. In Bulak waren KanonierSchaluppen verfertigt, und um sich der Schiffahrt auf dem See Manzaleh zu versichern, nach Damiate geführt worden. Der General Kleber erhielt Befehl, sich mit seiner Division in Damiate einzuschiffen, und über den See Manzaleh, nach Tineh, und von da nach Catieh zu begeben, wo er am 4 Febr. einzutreffen beordert war.

Der General Reanier, der, um sich nach Salehieh zu begeben, am 23 Jan. mit seinem GeneralStabe von Belbeis abgereist war, sezte am 2 Febr. seinen Weg weiter fort, um am 4 desselben Monats in Catieh zu seyn, wo er seinen Vortrab antraf. Am 6 brach er wieder auf, und langte am 9 vor El-Arisch an. Dieser Ort und das Fort waren mit etwa 2000 Mann von den Truppen des Pascha von Acre besezt.

Gefecht bei El-Arisch. Der General Lagrange, mit zwei Bataillonen der 15ten und einem Bataillon der 75sten HalbBrigade, und zwei Kanonen, machte den VorTrab des Generals Reanier. Wie er sich am 8 Febr. den Quellen von Messudiat näherte, erblikte er einen Haufen Mamluken, die von seinen Plänklern verjagt wurden. Abends langte er nahe am Meer bei einem vor El-Arisch gelegenen PalmenWald an. Am 9 marschirte er mit seiner Colonne links von El-Arisch, indeß der General Reanier sich rechts von da wandte. Lagrange gewann schleunig die SandBerge, welche El-Arisch bestreichen, faßte daselbst Stand, und pflanzte sein Geschüz auf. Reanier ließ den SturmMarsch schlagen, und der VorTrab stürzte sich rechts und links auf das Dorf, welches er in der Fronte angrif. Der Feind hielt das Dorf besezt, das in Form eines Amphitheaters von gehauenen Steinen gebaut ist, und durch das Fort beschüzt wird. Trotz des hartnäkigsten Widerstands und des lebhaftesten Feuers, ward das Dorf mit dem Bajonet erobert; der Feind schloß sich in dem Fort ein, aber so übereilt, daß er beim Verrammeln der Thore gegen 200 Mann zurükließ, welche getödet oder gefangen wurden.

Noch denselben Abend fieng der General Regnier die Belagerung des Forts von El-Arish an. Zu gleicher Zeit erblikte er eine Verstärkung von feindlicher Reiterei und Infanterie, welche ein zur Verproviantirung von El-Arish bestimmtes Convoi begleitete. Diese Verstärkungen wuchsen nach und nach an, bis zum 14, wo der Feind, durch seine Uiberlegenheit an Reiterei kühn gemacht, sich eine halbe Stunde von El-Arish auf einer Platte lagerte, die von einer sehr jähen Schlucht gedekt war, wo er sich für unüberwindlich hielt. Der General Kleber langte mit einigen Truppen seiner Division an. Regnier theilte ihm einen Plan mit, wie er den Feind Nachts in seinem Lager überfallen wolle, und Kleber genehmigte denselben. In der Nacht vom 14 umgieng ein Theil der Division Regnier die Schlucht, welche das Lager der Mamluken dekte, und überfiel es; alles, was nicht entfliehen konnte, ward getödet oder gefangen; er bemächtigte sich vieler Pferde, Kameele, Mund- und Kriegs-Vorräthe, und alles Gepäkes; zwei Beys und einige Kiaschefs wurden auf dem Schlachtfelde getödtet.

Der OberGeneral Buonaparte wär inzwischen am 10 Febr. mit seinem GeneralStabe von Cairo abgegangen, und übernachtete zu Belbeis; am 11 zu Kored, am 12 zu Salehjeh, am 13 zu Kantora in der Wüste, am 14 zu Catieh, am 15 bei dem Brunnen von Birlab, am 16 bei dem Brunnen von Messudiat, am 18 zu El-Arish, wo sich zugleich der Park der Expedition, die Division Bon, und die des Generals Lannes vereinigten. Der General Regnier hatte einige KanonenSchüsse gegen das Fort thun, und die LaufGräben anfangen lassen; da er aber nicht genug Munition hatte, um Bresche zu schiessen, so forderte er den Kommandanten auf, und rükte mit der Blokade näher; er hatte auch eine Mine bis unter einen der Thürme führen lassen: sie war aber vom Feinde entdekt worden. Am 18 nahm die Armee ihre Stellung vor El-Arish; Buonaparte ließ einen der Thürme des Schlosses kanoniren; sobald Bresche geschossen war, forderte er das Fort zur Uibergabe auf. Die Besazung bestand aus Arnauten, Mograbinen, lauter Barbaren ohne Anführer, welchen keines der von polizirten Völkern angenommenen KriegsGeseze bekannt war. Sie antworteten, sie wollten ihr Fort

wohl mit Waſſer und Gepäke verlaſſen, um ſich nach Acre
zu begeben. Buonaparte wollte das Blut ſeiner Soldaten
ſchonen; er verſchob den Angrif. Endlich am 20 Febr. ergab
ſich die 1606 Mann ſtarke Beſazung unter der Bedingung, durch
die Wüſte nach Bagdad zu ziehen; ein Theil der Mograbinen
nahm Dienſte bei der fränkiſchen Armee. Im Fort fanden ſich
ohngefähr 250 Pferde, 2 demontirte ArtillerieStüke, und Lebensmittel auf mehrere Tage. Am 21 wurden die Fahnen und
die gefangenen Mamluken nach Cairo geſchikt.

Der General Kleber war mit ſeiner Diviſion und der
Kavallerie von El-Ariſh abgegangen; am 22 ſollte er gegen
Khan-Junus vorrüken. Das HauptQuartier brach am 23
von El-Ariſh auf, und erreichte die Anhöhen von Khan-
Junus, ohne das mindeſte von der Diviſion Kleber zu
entdeken. Der OberGeneral ſchikte einen kleinen Trupp ſeiner
Escorte in's Dorf, wo ſich die Franken noch nicht gezeigt hatten. Einige Mamluken, die ſich darinn befanden, nahmen die
Flucht, und begaben ſich nach dem Lager des Abdallah Paſcha, welches man auf dem Wege nach Gaza, in der Entfernung einer Stunde von Khan-Junus erblikte. Da Buonaparte nur ein Piket zur Escorte hatte, und überzeugt war,
daß die Diviſion Kleber ſich verirrt haben müſte, ſo zog er
ſich drei Stunden von Khan-Junus, nach Santon in der
Wüſte zurük. In Santon traf er die Avantgarde ſeiner Kavallerie; die Wegweiſer hatten den General Kleber in der
Wüſte irregeführt; aber durch einige Araber, die er aufgefangen, war er wieder auf den rechten Weg gebracht worden, von
dem er ſich eine TagReiſe weit entfernt hatte. Er langte am
24, um 8 Uhr Morgens, nach acht und vierzig Stunden des
ermüdendſten Marſches, und ohne Waſſer, an. Das Zuſam-
mentreffen der drei Diviſionen und der Kavallerie zu Santon,
die der Vorſchrift zufolge nach einander hätten durchziehen ſollen, erſchöpfte die Brunnen. Man grub mit Mühe, um ſich
ein wenig Waſſer zu verſchaffen. Die Armee konnte ſich hier
nur kärglich erfriſchen, und fand bei weitem nicht ſo viel als
ſie brauchte, ihren brennenden Durſt zu löſchen.

Am 24 rükte das HauptQuartier und die Armée nach Khan-
Junus vor, dem erſten Dorfe in Paläſtina, wenn man

aus der Wüste kommt, und wo man die bebauete Ebene vor Gaza vor sich liegen sieht. Die Division Regnier hatte den Befehl, zu El-Arish zu bleiben, bis die Gefangenen es geräumt hätten, die Anstalten, das Fort in Vertheidigungs-Stand zu sezen, getroffen worden, und der Artillerie Park aufgebrochen wäre. Sie sollte in einer Entfernung von zwei TageReisen die Arrieregarde der Armee ausmachen. Anderthalb Stunden von Khan-Junus traf man auf dem Wege einige GranitSäulen, einige umherliegende Stüke Marmor, die man für Uiberbleibsel eines alten Monuments halten sollte; 150 Toisen davon liegt ein Brunnen; höchst wahrscheinlich, und nach den Uiberbleibseln zu urtheilen, war dieses ein Karavanserai, wo die Karavanen sich aufhielten, um sich beim Eingange in die Wüste, welche Syrien von Aegypten trennt, mit Wasser zu versehen.

Die Armee hatte izt 80 Stunden in der dürresten Wüste zurükgelegt; denn die Wohnungen in der Gegend von Catieh und El-Arish bieten nichts als ErdHütten und einige PalmBäume neben den Brunnen dar; übrigens ist der Boden überall ein brennender, dürrer Sand. Der Anblik der Ebenen von Gaza ergözte die Augen um so mehr, da sich Berge umherziehen, und sie an europäische Gegenden erinnern, die nicht das Einförmige der unermeßlichen Ebenen Aegyptens haben, noch des brennenden Sandes, der die Luft beständig mit einem unerträglichen Staube füllt. Abdallah Pascha und die Mamluken, die vor Khan-Junus gelagert waren, hatten, da sie erfahren, daß die Armee sich näherte, in der Nacht vom 24 ihr Lager abgebrochen, und sich nach Gaza gezogen.

Am 25 Febr. rükte die Armee gegen Gaza. Zwei Stunden vor der Stadt zeigte sich auf den Anhöhen ein Korps feindlicher Reiterei. Buonaparte ließ nun jede seiner drei Divisionen ein Vierek bilden; die von Kleber erhielt den Befehl gegen Gaza vorzudringen, die von Bon gegen das Centrum, und die vom General Lannes zog sich nach den Anhöhen zur Rechten, um diejenigen zu umgehen, auf denen sich die feindliche Kavallerie befand. Die fränkische Kavallerie, mit 6 Kanonen, unter Anführung des Generals Murat, gieng gerade auf die feindliche los. Der Feind machte verschiedene Bewegungen, veränderte seine Stellungen, schien unentschlossen; endlich rükte er vor; aber gleich darauf zog er sich wieder zurük; wir drangen auf ihn los; er zog sich weiter zurük; der General Kleber schnitt ihm einige von seiner Mannschaft ab, und strekte sie zu Boden; die fränkische Kavallerie suchte die feindliche zum Kampfe zu bringen, aber es gelang ihr nicht, und diese verschwand gegen Abend. Die Armee befand sich nun dreiviertel Stunden weiter als Gaza, das schon Vormittags geräumt worden war. Das HauptQuartier ward in diese Stadt verlegt; die Armee nahm eine Position auf den Anhöhen. Gaza hat ein zirkelförmiges Schloß, das in gutem Stande ist, und innerhalb ein Fünfel von 40 Toisen im Durchmesser hat; es enthielt 15 Centner Pulver, einige Kanonen, und eine Menge Vorräthe. In der Stadt fand man ohngefähr 100,000 Rationen Zwiebak, Reiß, Tobak, Zelte, und viel Gerste. Die Einwohner hatten eine Deputation an Buonaparte geschikt; die Stadt wurde freundschaftlich behandelt.

Den 26 und 27 Febr. brachte der OberGeneral damit zu, die Stadt und das Land in bürgerlicher und militairischer Rüksicht zu organisiren. Er sezte einen Divan ein, der aus den angesehensten türkischen Einwohnern der Stadt bestand. Die Lebensmittel und KriegsBedürfnisse, die sich zu Gaza fanden, waren der Armee um so viel mehr werth, da das, was ihr an Gegenständen dieser Art von Cathie nachkommen sollte, wegen der Schwierigkeit des Transports in der Wüste noch weit zurük, und in der Lage, worinn sie sich befand, von gar keinem Nuzen für sie war.

Am 28 Febr. machten sich das HauptQuartier und die Armee auf den Weg nach Jaffa, wo der Feind seine Stärke sammelte um sich zu vertheidigen.

Die Nacht vom 1 März brachte man zu Esdud, und die vom 2 zu Ramleh, einem Fleken zu, der größtentheils von Christen bewohnt wird. Wir fanden dort ZwiebakVorräthe, die der Feind in der Eile nicht hatte mit fortbringen können; eben so glüklich waren wir in dem Dorfe Boddo. Einige Araber schwärmten umher, um diese Dörfer auszuplündern; wir zerstreuten sie.

Am 3 März rükte Kleber, dessen Division die Avantgarde bildete, gegen Jaffa vor. Bei seiner Annäherung zog sich der Feind in die Stadt zurük, und schoß auf die Division; wo eine Position nahm. Buonaparte und die übrigen Divisionen kamen nach. Die Division Kleber erhielt den Befehl, sich als Avantgarde an den Fluß Elaugeah, auf dem Wege nach Acre, in einer Entfernung von zwei Stunden zu stellen, um die Belagerung von Jaffa zu deken. Die Divisionen Bon und Lannes berennten am 4 die Stadt. Diese Divisionen besezten die Anhöhen. Abends ward der Plaz recognoscirt, und beschlossen, die Stadt an der SüdSeite, auf den Anhöhen anzugreifen, die sich an das Ufer des Meeres hinziehen, und zu den höchsten und stärksten VertheidigungsWerken der Festung führen. Jaffa ist mit einer Mauer ohne Grähen umgeben, mit festen Thürmen an den Seiten und Kanonen; zwei Forts beschüzen den Hafen und die Rhede; der Plaz schien mit allem, was zu seiner Vertheidigung gehörte, wohl versehen. In der Nacht vom 4 auf den 5 ward der Laufgraben geöfnet; man errichtete eine Batterie gegen den hervorstehendsten vierekigten Thurm, und zwei GegenBatterien. Eine andre Batterie ward an der NordSeite angelegt, um vermittelst eines falschen Angrifs eine Diversion zu machen. Der 5 und 6 März wurden damit zugebracht, diese Arbeiten zu vervollkommen. Der Feind versuchte zwei Ausfälle, ward aber mit grosem Verluste an Todten und Verwundeten zurükgeschlagen. Den 6 Morgens fiengen die Batterien zu spielen an; um 4 Uhr Abends schien bereits eine hinlängliche Bresche gemacht zu seyn; das Zeichen zum Sturmlaufen ward gegeben; die Karabiniers von der 22sten leichten HalbBrigade stürzten voran; der GeneralAdjutant Rambeaud, der Adjunct Netherwood, und der Offizier vom GenieWesen Vernois waren an der Spize, von einigen zum Genie- und ArtillerieWesen gehörigen Arbeitern begleitet; der BrigadeChef von der 22sten leichten HalbBrigade büste hier sein Leben ein. Unsre Tapfern erstiegen die Bresche, troz des SeitenFeuers aus einigen Kanonen, die wir nicht hatten zum Schweigen bringen können. Sie bemächtigten sich des vierekigten Thurms. Der Feind versuchte mit doppelter Anstrengung unsre Truppen zurükzuschlagen, die, so wie sie vorrükten, von der Division Lannes und durch das KartätschenFeuer unsrer Artillerie gegen die Stadt unterstüzt wurden; sie drangen von einem Dache zum andern, von einer Strasse zur andern; bald bemächtigten sie sich des Forts, dann erreichten sie den Hafen; die Besazung verlor den Muth; der größte Theil ward niedergemacht; ohngefähr 300 Aegyptier, die dem Schwerte der Stürmenden entkommen waren, wurden nach Aegypten zurükgeschikt, und ihren Familien wiedergegeben. Von den Franken wurden auf der Bresche und in der Stadt gegen 30 getödet und einige verwundet. Die Besazung bestand aus 1200 türkischen Kanonieren, 2000 Mograbinen oder Arnauten, und einigen Aegyptiern. In der Stadt fanden sich 10 SechszehnPfünder, aus denen die FeldEquipage bestand, die der Grosherr dem Dgezar geschikt hatte, und auf den Wällen einige 20 eiserne und metallene Kanonen, von sehr schlechter Beschaffenheit.

Buonaparte, Meister von allen Forts, verschonte die Einwohner; der General Robin übernahm das Kommando des Plazes. Es gelang ihm, den Unordnungen Einhalt zu thun, welche die Folge eines Sturms waren, dem sich Barbaren, die durchaus nichts von den KriegsGebräuchen unter gesitteten Völkern wissen, mit Hartnäkigkeit widersezt hatten. Die Einwohner wurden geschüzt, und am 7 März war jeder wieder in seine Wohnung zurükgekehrt. In dem Hafen fand man fünfzehn kleine HandelsSchiffe. Buonaparte sezte einen Divan nieder, der aus den angesehensten Türken des Landes bestand; er verordnete die nöthigen Maasregeln, um den Plaz in Vertheidigungs Stand zu sezen, und ließ ein Spital errichten. Jaffa war für die Armee ein Plaz von der äußersten Wichtigkeit; der dortige Hafen ward das ZwischenLager für alles, was ihr von Damiate und Alexandria zugeführt werden sollte. Das Kommando desselben ward dem GeneralAdjutant Gresien, einem in jeder Rüksicht ausgezeichneten Offizier, anvertraut; er starb, nach einem kurzen Aufenthalt zu Jaffa, an einer Krankheit.

Die Division Regnier war am 9 März zu Ramleh angekommen; sie hatte Befehl erhalten, daselbst Position zu nehmen; sie ward nun angewiesen, sich nach Jaffa zu begeben, für den Abgang der Convois von Lebensmitteln und Amunition, die der Armee folgen sollten, zu sorgen, und sich zwei Tage nach derselben in Marsch zu sezen, um bei Acre wieder zu ihr zu stoſſen, indem ſie ihren Weg am Meere hin über Kaïſaria * und Kantura nähme.

Gefecht bei Korſum, 15 März. Die Diviſion Kleber war zu Misky gelagert, wo ſie die Belagerung von Jaffa gedekt hatte; die Diviſionen Bon, Lannes, und das Haupt-Quartier brachen, am 14, von Jaffa auf, und lagerten ſich bei Misky. Am 15 richtete die Armee ihren Marſch auf Zetta. Gegen Mittag entdekte die Avantgarde ein Korps feindlicher Kavallerie. Abdallah Paſcha, mit 1000 Reitern, war auf den Anhöhen von Korſum, und hatte zu ſeiner Linken ein Korps von ohngefähr 5,000 Napluſanern, die den Berg beſezt hielten: ſeine Abſicht war, die Armee dadurch, daß er Poſition auf ihrer Flanke nähme, aufzuhalten, ſie zu beunruhigen und zu nöthigen, ſich gegen die Gebirge von Napluſa ** zu wenden, damit ihr Marſch gegen Acre verzögert würde. Die Diviſionen Kleber und Bon, und die Kavallerie, giengen auf die feindliche Kavallerie los, welche verſchiedene Bewegungen machte, aber das Gefecht vermied. Die Diviſion Lannes ward beordert, ſich rechts zu ziehen, um den Abdallah Paſcha von den Napluſanern abzuſchneiden, und ſein Projekt zu vereiteln, indem man ihn nöthigte, ſich auf Acre oder Damaſk zurükzuziehen. Dieſe Diviſion drang zu hizig ein; ſie ſtürzte ſich in die Gebirge, und grif die Napluſaner an, welche die Flucht nahmen; die leichte Infanterie verfolgte ſie zu weit. Der Ober-General bemerkte, daß die Armee vorrükte, in ſtetem Verfolgen des Abdallah Paſcha, der den Weg nach Acre eingeſchlagen hatte; er ließ mehrmals ſeine leichte Infanterie zurükrufen, die ſich mühſam und zweklos zwiſchen Felſen herumſchlug. Auf wiederholten Befehl zog ſie ſich endlich zurük; aber die Napluſaner ſahen dieſes für eine Flucht an, verfolgten unſre leichte Infanterie, ſchoſſen auf ſie zwiſchen den Felſen, verwundeten einige 30 Mann, und tödeten den Bürger Barthelemi, Chef der 69ſten HalbBrigade; beim Ausgange des Paſſes durch die Gebirge machten ſie Halt. Dieſes Gefecht ko-

* Caesarea.

** Nabolos, oder Napluſa, iſt eine Stadt, welche an dem Orte ſteht, wo einſt die Stadt Sichem oder Sichar ſtand, und von Arabern, Oſmanen, Samaritern und Chriſten bewohnt iſt.

stete den Naplusanern mehr als 200 Mann an Todten oder Verwundeten. Die Armee und das HauptQuartier brachten die Nacht vom 15 bei dem Thurm von Zetta, eine Stunde von Korsum, zu.

Am 16 März campirte man bei Sabarieh, beim Ausgange der Päße, die von dem Berge Karmel auf die Ebene von Acre führen. Die Division Kleber zog auf Caifa, welches der Feind bei unsrer Annäherung verlassen hatte; wir fanden daselbst ohngefähr 20,000 Rationen Zwiebak, und eben so viel Reiß. Ein englisches Geschwader von zwei KriegsSchiffen, einer Fregatte und zwei Avisos lag auf der Rhede von Caifa. Der Hafen dieses Plazes würde uns von großem Nuzen gewesen seyn, wenn das Fort sich in bewafnetem Zustande befunden hätte; aber der Feind hatte mit seinen Truppen alle Artillerie und KriegsVorräthe weggeschaft. Man bemächtigte sich der MundVorräthe, und ließ eine Besazung in dem Schlosse. Caifa ist mit guten Mauren umgeben, die durch Thürme flankirt sind; ein Schloß beschüzt den Hafen und die Rhede; ein Thurm mit SchießScharten beherrscht die Stadt auf 150 Toisen, auf einer Anhöbe, die aber selbst vom Karmel dominirt wird: der Plaz ist unhaltbar, wenn er mit Kanonen angegriffen wird.

Am 17 März sezten sich das HauptQuartier und die Armee in Marsch gegen Acre; der Weg war schlecht, das Wetter neblicht. Die Armee kam erst spät bei der Mündung des kleinen Flußes vor Acre an, die ohngefähr 1500 Toisen von dem Plaze entfernt ist. Der Boden des Flußes ist sumpfig. Buonaparte glaubte nicht, den schwierigen Uibergang während der Nacht versuchen zu müssen, zumal da sich einige feindliche Plänkler zu Fuß und zu Pferde am andern Ufer gezeigt hatten. Man schlug, in der Nacht, eine Brüke; am 18, mit TagesAnbruch, gieng die ganze Armee hinüber.

18 März. Der OberGeneral begab sich auf eine Anhöhe, die in einer Entfernung von 1000 Toisen die Stadt Acre beherrscht; er ließ den Feind angreifen, der in den Gärten um die Stadt war, und nöthigte ihn, sich in dieselbe zurückzuziehen. Die Armee lagerte sich auf einer einzeln liegenden Anhöhe, die gleichlaufend mit dem Meere, von dem sie ohngefähr

Toisen entfernt ist, sich nordwärts anderthalb Stunden bis zum Cap Blanc erstrekt, und im Westen eine sienenviertel Stunde lange, und von den Bergen zwischen Acre und dem Jordan begränzte Ebene übersieht. Die zu Caifa, und in den Dörfern Schafamz* und Nazaret vorgefundenen Magazine wurden zum Unterhalt der Armee bestimmt. Man bediente sich der Mühlen von Ranour und Kerdane, um Korn zu mahlen; die Armee hatte seit Cairo kein Brod mehr gehabt. Buonaparte ließ die festen Schlösser von Saphet, Nazaret und Schafamz besezen, um die Päße, die auf den Weg nach Damast führen, frei zu haben.

19 März. Die Generale Dommartin und Caffarelli rekognoscirten den Plaz; man eschloß, die Fronte des hervorspringenden Winkels an der Ostseite der Stadt anzugreifen. Der BrigadeChef vom GenieKorps, Samson, ward von einer Kugel, die ihm durch die Hand gieng, verwundet. Noch hatte man keine Nachricht von der eingeschiften Belagerungs-Artillerie erhalten.

20 März. Man öfnete den LaufGraben, in einer Entfernung von ohngefähr 150 Toisen von der Stadt; man benuzte dabei die Gärten und Gräben der alten Stadt, so wie eine Wasserleitung, die bis an die AussenWerke fortläuft. Die Stellung ward so genommen, daß der Feind in seinen Mauern bleiben muste, und wir ihn mit Vortheil zurükwerfen konnten, wenn er einen Ausfall wagen möchte. Es ward unmittelbar der Anfang mit den Arbeiten an den BrescheBatterien und ContreBatterien gemacht. Der Kommandant des englischen Geschwaders wuste, daß beträchtliche Vorräthe an Lebensmitteln zu Caifa lagen; er entwarf daher das Projekt, sie zugleich mit einigen kleinen Fahrzeugen, die daselbst mit Lebensmitteln von Jaffa für uns angekommen waren, wegzunehmen. Buonaparte hatte das Kommando von Caifa provisorisch dem EscadronsChef Lambert, einem sehr ausgezeichneten Offizier, übertragen.

* Wir haben die Benennungen der Ortschaften aus Büsching und andern berichtigt. Bei allen, wie z. B. bei dem obigen Dorfe, dessen Name sicher corrupt ist, war es freilich nicht möglich.

Am 22 März hörte man im Lager vor Acre eine lebhafte Kanonade aus der Gegend von Caifa her. Wir erfuhren bald, daß verschiedene englische Schaluppen, mit ZweiunddreißigPfündern bewafnet, den Versuch gemacht hätten, Caifa anzugreifen, und sich unsrer Fahrzeuge zu bemächtigen; daß der EscadronsChef Lambert befohlen, man möchte die Engländer bis an's Land kommen lassen, ohne einige sichtbare VertheidigungsAnstalten zu machen; daß er ungefähr 60 Mann, woraus seine Besatzung bestand, in Hinterhalt gestellt, und in dem Augenblik, da der Feind das Land betreten, mit denselben unter einem lebhaften MusketenFeuer über sie hergefallen sey, sich einer Schaluppe, eines ZweiunddreißigPfünders bemächtigt, und 17 Gefangene gemacht; daß er hierauf die übrigen Schaluppen beschossen, und sie, nachdem fast ihre ganze Mannschaft, worunter auch zwei Offiziere, getödet oder verwundet wurden, zur Flucht genöthigt hätte. Der englische Commodore gab nun seine feindseligen Absichten gegen Caifa auf, und legte sich vor Acre. Die BelagerungsArbeiten wurden thätig betrieben.

Am 26 März that der Feind einen Ausfall, ward aber mit Verlust zurükgeschlagen.

Am 28 wurden die Batterien und ContreBatterien fertig. Unsre BelagerungsArtillerie war noch nicht gekommen; wir bedienten uns der FeldArtillerie, die aus 16 ZwölfPfündern, AchtPfündern und kleinen Stüken bestand. Mit TagesAnbruch fieng man an, Bresche zu schiessen; gegen 3 Uhr Nachmittags war eine Oefnung gemacht. Man hatte eine Mine angelegt, die Contrescarpe zu sprengen; die Mine spielt, man glaubt, die Wirkung sey beträchtlich genug, und gibt der Ungeduld der Truppen nach, die einen Sturm wagen wollen. Die Bresche schien von der nemlichen Art zu seyn, wie die zu Jaffa; die Grenadiere stürzen hinan, werden aber unerwartet, durch einen fünfzehn Fuß breiten, mit einer guten Contrescarpe versehenen Graben, in ihrem Laufe gehemmt. Dis Hinderniß schlägt ihren Muth nicht nieder. Es werden Leitern angesezt; die zuerst angelangten Grenadiere lassen sich herab; aber die Bresche lag noch acht bis zehn Fuß höher als der Schutt. Man sezt aufs neue einige Leitern an, der Adjudant Mailly ersteigt sie zuerst, und erreicht die Bresche; er wird getödet. Das Feuer aus dem Plaze war schreklich; die Contrescarpe hält einen Theil der Grenadiere, die den ersten zu Hülfe kommen sollten, auf, und nöthigt sie zum Rükzuge. Die GeneralAdjutanten Lescales und Langier blieben auf dem Plaze. Den Feind hatte schon ein panischer Schreken ergriffen, und er war nach dem Hafen geflohen; er ward aber nach der Bresche zurükgeführt, wohin sich Dgezar's tapferste Truppen zogen. Die Höhe der Bresche über dem Schutte verhinderte unsre Grenadiere hinauf zu klettern, wodurch der Feind Zeit gewann, wieder den höchsten Theil des Thurms zu erreichen, von welchem er Steine, Granaden und brennbare Materien herabwarf. Die Grenadiere, die bis an den Fuß der Bresche gelangt waren, und sich in der Unmöglichkeit sahen sie zu erreichen, mußten sich zurükziehen; 6 Mann waren geblieben, und 20 verwundet worden. Die Einnahme von Jaffa hatte so viel Zuversicht eingeflößt, daß man Acre für minder wichtig ansah, als man vielleicht hätte thun sollen. Man war nicht hinlänglich von der Breite des Grabens unterrichtet; man hatte das Hinderniß der Contrescarpe nicht genug in Anschlag gebracht; man hielt sie für verfallen, und glaubte an manchen Stellen statt ihrer einen allmähligen Abhang entdekt zu haben; endlich machte auch noch die gar zu große Begierde, den Sturm zu versuchen, daß man versicherte, die Mine habe die Contrescarpe gesprengt, da sie doch nur ein Loch in dem bedekten Wege gemacht hatte.

Am 29 März zeigte sich eine Fregatte auf der Rhede von Caifa. Wenige Stunden nachher erfuhren wir, daß der EscadronsChef Lambert, da er die türkische Flagge entdekt, der fränkischen Besazung befohlen, sich nicht zu zeigen; die türkische Fregatte, die nichts von unsrer Ankunft wußte, schikte ihr Boot mit 20 Mann an's Land; sie stiegen aus, wurden umzingelt, zu Gefangenen gemacht, und ihr Boot weggenommen.

Am 30 März that der Feind einen Ausfall, ward aber mit großem Verlust zurükgeschlagen. Der BrigadeChef vom GenieKorps, Destroyes, verlor dabei sein Leben. Dgezar hatte Emissarien nach Aleppo, nach Damask, nach Saida,* und an die Naplusaner geschikt, mit beträchtlichen Summen, um einen Aufstand in Masse aller waffenfähigen Ru-

* Sidon.

feſmänner zu bewirken, die, wie ſein Firman lautete, die Ungläubigen bekämpfen ſollten; wir wären nur ein kleiner Haufe, ohne Artillerie. Er würde von einer furchtbaren engliſchen KriegsMacht unterſtüzt; ſie dürfen ſich nur zeigen, um uns gänzlich zu Grunde zu richten. Wir erfuhren durch Chriſten, daß ſich zu Damaſt viel Volk verſammelte, und daß beträchtliche Vorräthe in dem von den Mograbinen beſezten Fort Taberya ** aufgehäuft würde. Dgezar hofte von einem Augenblicke zum andern, die combinirte Armee von Damaſk erſcheinen zu ſehen; dis reizte ihn dazu, öftere Ausfälle zu thun.

Am 1 April war unſre BelagerungsArtillerie noch nicht angekommen; wir erfuhren im Gegentheil, daß drei Schiffe von der Flottille, die, mit Lebensmitteln und KriegsBedürfniſſen beladen, von Damiate abgeſegelt war, von den übrigen abgekommen, und im Nebel unter das engliſche Geſchwader gerathen wären, das ſie genommen hätte; der Reſt der Schiffe war zu Jaffa angekommen. Auf den drei genommenen Schiffen befanden ſich einige Belagerungs Stüke; Buonaparte ſchilte dem GegenAdmiral Perree und nach Damiate den Befehl, ſie zu erſezen. Am 2 ward wieder Breſche geſchoſſen, und es gelang uns, einen Theil der Contreſcarpe zu ſprengen; Buonaparte befahl, daß man den Verſuch mache, durch die Breſche in den Thurm zu bringen; aber der Feind hatte dieſen Thurm ſo mit Holz, Säken voll Erde, und BaumwollenPaken angefüllt, die unſer Geſchüz in Flammen geſezt hatte, daß der Verſuch nicht gelingen konnte. Wir erwarteten unſre BelagerungsArtillerie und friſche Ammunition, um einen wiederholten Angrif zu machen; inzwiſchen ſuchten wir eine Mine unter dem Thurm hinzuführen, um ihn zu ſprengen. Dieſe Arbeit war wichtig; der Feind, der dis bemerkte, ſuchte ſich des Einganges der Mine zu bemächtigen, aber immer vergebens.

Am 3 April brach der General Vial, mit TagesAnbruch, an der Spize von 4000 Mann auf, um ſich der Stadt Sur, des alten Tyrus, zu bemächtigen; nach einem Marſch von eilf Stunden langte er an. Der Weg über das Cap Blanc iſt für Kanonen unzugänglich; oben auf dem Berge ſieht man die Uiberbleibſel eines von den Metualin's erbauten Schloſſes, wel-

** Tiberias.

des Dgezár zerstört hatte. Nachdem man über das Cap Blanc gekommen, findet man am Eingange des Thals die Uiberbleibsel eines alten Forts, und die Ruinen zweier Tempel. Der General Vial beruhigte die Einwohner von Sur, die bei seiner Annäherung flüchteten; sie kehrten in die Stadt zurük; Türken und Christen, alle fanden gleichen Schuz; er legte eine Besazung von 200 Metualin's hinein. Sur hat eine Bevölkerung von 1500 Seelen; die Stadt ist mit einer Mauer ohne Gräben umgeben; Stüke von alten Säulen dienen zum Theil der Mauern zur Unterlage. Der General Vial kam, am 5 April, in das Lager vor Acre zurük.

Der englische Commodore hatte gesehen, wie Dgezars Truppen bei verschiedenen Ausfällen zurükgeworfen worden waren; er entwarf nun den Plan zu einem neuen Auffalle, in Uibereinstimmung mit dem fränkischen Ausgewanderten Phelippeaux. Am 7 April, mit TagesAnbruch, dringt der Feind zu unsrer Rechten, zu unsrer Linken, und gegen unser Centrum heraus; an der Spize der Colonnen befanden sich MarineTruppen von den englischen Schiffen; an die Batterien waren lauter Engländer gestellt, und ihre Fahnen wehten unter denen von Dgezar. Der Feind sucht unsre ersten Posten zu überrumpeln; aber er wird entdekt. Das Feuer unsrer WaffenPläze und unsrer Parallelen trift ihn von allen Seiten; alles, was sich zeigt, wird getödet oder verwundet; er zieht sich zurük, ohne einen Fusbreit unsrer Werke eingenommen zu haben. Die Colonne des Centrums bewies mehr Hartnäkigkeit; sie sollte an den Eingang unsrer Mine zu kommen suchen; die Anführung derselben war dem englischen Kapitän Thomas Oldfield, einem ausgezeichneten Offizier, dem nemlichen, der bei der Einnahme des Caps der guten Hofnung zuerst in dasselbe hineindrang, anvertraut worden. Er dringt mit einigen Tapfern seiner Nation bis zum Eingang der Mine; sie greifen als tapfere Männer an, und finden tapfern Widerstand; der Tod thut ihrer Kühnheit Einhalt. Der übrige Theil ergreift die Flucht, und kehrt in die Stadt zurük. Die RükSeite der Parallelen ist mit türkischen und englischen Leichen bedekt. Der Körper des Kapitains Thomas Oldfield wird von unsern Grenadieren fortgetragen; sie bringen ihn, sterbend, nach dem HauptQuartier; sogleich nach seiner Ankunft gibt er seinen Geist auf. Der Degen, den er mit Ehren geführt hatte, ward auch nach seinem Tode geehrt; er blieb in den Händen eines unsrer Grenadiere. Er ward mitten unter uns beerdigt, und nahm die Achtung der Franken mit in's Grab.

Ausreisser aus der Festung brachten uns die Bestätigung, daß englische Kanoniere die Batterien bedienten, daß der englische Commodore einen fränkischen ArtillerieOffizier, Namens Phelippaur, bei sich hätte. Sie erzählten uns, daß die bei den Angriffen verwundete oder getödte Franken, nach der grausamen und barbarischen Sitte des Morgenlandes, von den Türken verstümmelt worden, die ihnen die Köpfe zu Trophäen abgeschnitten. Einige Tage nach dem Sturm vom 28 März, hatte man auf dem Ufer eine grose Menge von Säken wahrgenommen; unsre Soldaten öfneten einige derselben. O des Gräuels! Sie erblikten Unglükliche, zwei an zwei gebunden; wir erfuhren von den türkischen Ausreissern, daß mehr als 400 verhaftete Christen auf Dgezar's Befehl, zwei an zwei gebunden, in Säke eingeschnürt, und in die See geworfen worden waren: und die englische Fahne wehte auf den Wällen neben Dgezar's Fahne, in eben dem Augenblike, wo 400 Schlachtopfer so niederträchtig hingewürgt wurden! Auf euch berufe ich mich, Nationen, die ihr die Ehre mit den Uibeln des Krieges zu paaren wisset: wenn politische Umstände eure Soldaten genöthigt hätten, neben den Kriegern eines Dgezar zu kämpfen, so würdet ihr eueren Ruhm darin gesucht haben, dieses Ungeheuer zu zwingen, sich den unter den gesitteten Völkern anerkannten militairischen Gebräuchen zu fügen; so lange eure Fahnen neben der seinigen geweht hätten, würde das Verbrechen sie nicht besudelt haben. — Die Engländer begnügten sich, die Belagerten zur See zu unterstüzen. Der englische Commodore machte bekannt, daß er 20 Franken, welche in Konstantinopel Sklaven waren, befreit hätte. Er schikte einen ArmeeCourier zurük, den die Türken genommen hatten. — Buonaparte hatte 300 TürkenSklaven zu Malta freigelassen, und sie nach Konstantinopel geschikt: der englische Commodore trug für seinen BundsGenossen nur einen Theil dieser Schuld ab. Phelippeaur, gebohrner Franzos, sah diese abscheuliche Sitte des Morgenlands, die

Loos des Krieges in die Hände des Feindes lieferte: und diese Braven waren Franzosen! Was sage ich? Während man die Uiberreste Mailli's, der auf dem Felde der Ehre, an der Bresche, geblieben war, verstümmelte, empfieng er dessen Degen aus den Händen der Barbaren, und höhnte diesen Helden, der bei einem polizirten Volke EhrenBezeugungen empfangen hätte.

Buonaparte erhielt Kundschaft durch die Christen von Damask, daß ein beträchtlicher Trupp von Ibrahim Bey's Mamluken, von Janitscharen aus Damask, von Dilettis, Aleppern, Mograbinen, Anstalt machte, über den Jordan vorzurüken, sich mit den Arabern und Naplusanern zu verbinden, um die Armee vor Acre anzugreifen, während Dgezar, von dem Feuer der englischen Schiffe unterstüzt, einen Ausfall thun würde. Der Kommandant des Schlosses von Saphet gab Nachricht, daß einige Truppen den Jordan über die JacobsBrüke * passirt wären; auch erfuhr man durch die VorPosten von Nazaret, daß eine andre Colonne über die Brüke von Sis ** el Mekanieb gegangen sey, und sich schon zu Taberya befinde; daß die Araber sich am Ausgang der Gebirge von Naplusa sehen liessen; daß beträchtliche ProviantVorräthe zu Taberya und Ginin ankämen. Der BrigadeGeneral Junot war nach Nazaret geschikt worden, um den Feind zu beobachten; er meldete, daß sich derselbe im Dorfe Lubi bliken lasse.

Gefecht bei Lubi, 8 April. Da der General Junot erfahren hatte, daß sich ein feindlicher Trupp auf den Höhen von Lubi, vier Stunden von Nazaret, in der Richtung gegen Taberya bilde, so sezte er sich mit der 2ten leichten HalbBrigade, den drei GrenadierKompagnien von der 19ten, die zusammen ohngefähr 300 Mann ausmachten, und einem Detaschement von 160 Reitern aus den verschiedenen Korps, in Marsch zum Recognosciren. In einer kleinen Entfernung von Kana, auf der Spize der Höhen von Lubi, ward er den Feind gewahr; er sezte seinen Weg fort, umgieng den Berg, und fand sich hierauf in einer Ebene von 3000 Reitern umringt; die muthigsten stürzten sich auf sein Korps; er that was die Umstände mit sich brachten, kämpfte mit einer Tapferkeit und Kaltblütigkeit, welche dem

* Dschisr-Jacub.
** oder Dschisr, d. i. Brüke.

Chef und den Soldaten gleiche Ehre machten. Der Feind ließ uns fünf Fahnen zurük. Immer fechtend, erreichte der General Junot nach und nach die Anhöhen bis Nazaret; er ward bis Kana, zwei Stunden vom Schlachtfelde, verfolgt. Der Feind verlor, nebst seinen 5 Fahnen, 5 bis 600 Mann; wir hatten 60 Verwundete oder Todte. Der BrigadeChef Duvivier zeichnete sich, wie gewöhnlich, aus.

Gefecht bei SedJarra, 11 April. Nach erhaltener Nachricht von dem Gefechte bei Lubi, ward der General Kleber beordert, mit dem Rest der Avantgarde aus dem Lager bei Acre aufzubrechen, um den General Junot in Nazaret zu verstärken. Er verließ das Lager am 9, übernachtete mit seiner Mannschaft zu Bedaonieh, bei Saphory, und begab sich den andern Tag nach Nazaret, um sich daselbst mit Lebensmitteln zu versehen. Da er erfuhr, daß der Feind seine Stellung bei Lubi nicht verlassen habe, so beschloß er gegen ihn vorzurüken, und ihn den andern Tag (11 April) anzugreifen. Kaum war er bei der Anhöhe von SedJarra, eine ViertelStunde von der Höhe von Lubi, angelangt, so zog sich der Feind von seinen Anhöhen herab auf die Ebene, umzingelte ihn mit etwa 4000 Reitern und 5 bis 600 Mann Fusvolks, und rüstete sich zum Einhauen. Kleber kam ihm zuvor, griff zu gleicher Zeit die Reiterei und das Dorf SedJarra an; dessen er sich bemächtigte. Der Feind verließ das Schlachtfeld, und muste sich bis an den Jordan zurükziehen, wohin er würde verfolgt worden seyn, wenn es der Division nicht an Patronen gefehlt hätte. Die Truppen rükten wieder in die Position von Saphory und Nazaret ein.

Nach dem Gefechte von SedJarra zog sich der Feind theils nach Taberya, theils nach der Brüke von Gis el Melanieh, theils nach dem Baisar.* Dieser leztere Ort, am Ufer des Jordans, ward bald der allgemeine Sammelpunkt, von wo, am 14, die ganze feindliche Armee sich auf die Ebene, gegenwärtig von Fuli, ehemals von Esdrelon genannt, zog; hier vereinigte sie sich mit den Samaritern oder Naplusnern. Der General Kleber meldete dem General Busnaparte,

* wahrscheinlich das Kastell el Saisan; nach Büsching Th. V. Abth. I. S. 471, der 3ten OriginalAusgabe.

der Feind sey 15 bis 18,000 Mann stark, und werde von den LandesEinwohnern zu 40 bis 50,000 angegeben; er gab Nachricht, daß er aufbreche, um solchen anzugreifen. Zu gleicher Zeit erfuhr Buonaparte durch den Kommandanten von Saphet, daß sich der Feind, am 13, gezeigt, und die umliegende Gegend verwüstet habe; er, der Kommandant, habe sich in das Fort zurükgezogen, wo er angegriffen worden sey; der Feind habe einen Sturm versucht, sey aber mit grosem Verluste zurükgeschlagen worden; jedoch finde er sich blokirt, mit wenig Lebensmitteln und Munitionen. (Der Kapitain Simon, Kommandant des Forts von Saphet, hat sich ausgezeichnet. Der Bürger Tedesco, vom AdministrationsWesen, der einzige Franke von der Besazung, der ein Pferd hatte, bot sich an, zu recognosciren, und ward getödtet.) Buonaparte urtheilte, daß gegen einen Schwarm, der sich nur schlug wann er wollte, und ihn durch den Vortheil der Uiberzahl riefen konnte, eine entscheidende Schlacht nöthig sey. Er fühlte die Nachtheile, sich in der Nähe von seiner Position vor Acre zu schlagen. Er ordnete demnach die nöthigen Anstalten an, um den Feind auf allen Punkten anzugreifen, und zum Rükzuge über den Jordan zu zwingen. (Man kommt von Damask, indem man rechts des Sees von Taberya, auf der JacobsBrüke, oberhalb deren in einer Entfernung von drei Stunden das Schloß von Saphet liegt, und links des Sees, auf der Brüke von Gizel Mekanieh, unweit des Forts von Taberya, über den Jordan geht. Diese beiden Forts liegen am rechten Ufer des Jordans.)

Schlacht vom Berg Thabor, oder auf der Ebene von Esdrelon. Am 13 April ward der General Murat beordert, mit 1000 Mann Infanterie und einem Regiment Kavallerie aus dem Lager vor Acre aufzubrechen, um in gezwungenen Märschen gegen die JacobsBrüke vorzurüken, diese wegzunehmen, dem Feinde, welcher Saphet blokirte, in den Rüken zu fallen, und sofort zu dem General Kleber zu stossen, der eine beträchtliche Macht gegen sich über hatte. Kleber hatte den OberGeneral benachrichtigt, daß er den 14 aufbräche, um den Feind in seiner Position bei Juli zu umgeben, ihn von Taberya abzuschneiden, und den Versuch zu machen, ihn Nachts in seinem Lager zu überfallen.

den 15 und 16. April. Buonaparte ließ vor Acre die Division Regnier und Lannes zurück; er brach am 15 mit dem Reste der Kavallerie, der Division Bon und acht Artillerie-Stücken auf, und nahm Position auf den Anhöhen von Saphety, wo er übernachtete. Am 16, mit TagesAnbruch, marschirte er auf Juli, den BergSchluchten nach. Um 9 Uhr Morgens, da er auf den letzten Höhen anlam, von denen man Juli und den Berg Thabor erblikt, sah er nahe an diesem Berge die Division Kleber im Handgemenge mit dem Feinde — 10,000 Mann Kavallerie, in deren Mitte 2000 Franken sich schlugen; am Fuße der Gebirge von Naplusa, beinahe zwei Stunden von dem KampfPlaze, sahen wir das Lager der Mamluken aufgeschlagen. Buonaparte ließ nun drei Vierete bilden, wovon eines aus Reiterei bestand, und traf seine Anstalten, um den Feind in einer weiten Entfernung zu umgehen, von seinem Lager zu trennen, ihm den Rükzug auf Ginin, wo er seine Magazine hatte, abzuschneiden, und ihn in den Jordan zu sprengen, wo der General Murat ihn abschneiden sollte. Die Reiterei erhielt Befehl, mit zwei Kanonen von der leichten Artillerie aufzubrechen, um das Lager der Mamluken aufzuheben.

Die Infanterie umgeht die feindliche Armee. Der General Kleber, der Mamluken, vier Kanonen und eine Verstärkung an Reiterei erhalten hatte, war am 15 aus seinem Lager von Saphury aufgebrochen, und in der Absicht den Feind, welches auch dessen Anzahl seyn möchte, am 16 vor TagesAnbruch anzugreifen, gegen das Gaisar marschirt. Wie sehr er sich aber auch geeilt hatte, so konnte er doch, bei den beschwerlichen Wegen, und den Difileen, auf welche er stieß, erst zwei Stunden nach SonnenAufgang anlangen, so daß der Feind, gewarnt durch seine VorPosten, Zeit gehabt hatte, seine Zurüstungen zu machen, um aufzusitzen. Der General Kleber hatte zwei Vierete bilden, und einige Ruinen besezen lassen, wo er sein Fuhrwesen aufstellte. Der Feind hielt das Dorf Juli mit naplusanischer Infanterie, und zwei, von Kameelen getragenen, kleinen Kanonen besezt; die ganze Kavallerie desselben 10,000 Mann an der Zahl, umringte den Rest der Division des Generals Kleber, der sowohl durch seine Artillerie als durch MusketenFeuer die Angriffe des Feindes so tapfer als kaltblütig zurükschlug. Wir waren auf eine halbe Stunde vom General Kleber entfernt, als Buonaparte dem General Rampon mit der 32 HalbBrigade zu der Division Kleber, dem General Vial mit der 25ten gegen die Gebirge von Nouzet zu marschiren, und den Guides zu Fuß eiligst aufzubrechen befahl, um den Rükzug auf Sinin abzuschneiden. Erst in diesem Augenblike erkannte der Feind, daß er es mit Franzosen zu thun hätte. Unordnung verbreitete sich unter dieser Masse von Kavallerie. Wir feuerten einen AchtPfünder ab, welches das Signal war, um uns dem General Kleber anzumelden. Sogleich ließ dieser das Dorf Fuli angreifen, und mit dem Bajonet wegnehmen. Im SturmMarsch drang er auf die feindliche Reiterei ein; die Colonnen der Generale Rampon und Vial hatten sie gegen den Gebirgen von Naplusa abgeschnitten, und die Guides zu Fuß schossen die Araber nieder, welche gegen Sinin entflohen. Der Z... stuzt; er sieht sich von seinem Lager und seinen Magazinen abgeschnitten; Schreken ergreift ihn; fliehend wirft er sich hinter den Thabor, welcher Zeuge seiner Niederlage ist. Während der Nacht, und in der grösten Unordnung, erreicht er die Brüke von Siz el Mekanieh; ein Theil stürzt sich in den Jordan, wähnend eine Furth zu finden, und ertrinkt. Im nemlichen Augenblik hatte der General Murat den Sohn des Statthalters von Damask bei der JacobsBrüke überfallen, sein Lager aufgehoben, getödtet was nicht entflohen war, Saphet entsezt, und den Feind mehrere Stunden weit auf der Straße nach Damask verfolgt. Die Colonne Reiterei, die unter Befehl des GeneralAdjutanten Leturcq gegen das Lager der Mamluken abgeschikt worden war, hatte dasselbe völlig überfallen, 500 Kameele, alle Zelte und Vorräthe genommen, und eine grose Anzahl Mannschaft getödtet.

Die Armee campirte am 16. Der Berg Thabor sieht den TagsBefehl der Armee an die verschiedenen fränkischen Truppen ausfertigen, Sur oder das alte Tyrus, Cäsarea, die Katarakten des Nils, die Mündungen von Pelusium, Alexandria, und die Ruinen von Kolzum und Arsinoe, an den Ufern des rothen Meeres, besezt hielten. Buonaparte ließ in den Dörfern Nouzes, Sinin,

Juli, alles verbrennen und niedermachen; er muße die Naplusaner bestrafen. Er wirft ihnen vor, daß sie die Waffen ergriffen haben; er thut der Rache Einhalt und verspricht ihnen Schuz, wenn sie ruhig in ihren Gebirgen bleiben. Der General Murat rastet nicht. Er läßt einen Posten bei der JacobsBrüke, verproviantirt Saphet, zieht auf Taberya los, dessen er sich am 17 bemächtigt; er nimmt alle Kriegs- und MundVorräthe des Feindes hinweg; die leztern reichen hin, um die Armee ein Jahr lang damit zu nähren. Der General Kleber mit seiner Division stellt sich beim Baisar von Nazaret, läßt die JacobsBrüke und die von Siz el Mekanieh, die Forts von Saphet und Taberya besezen; er hat Befehl, den Jordan zu deken. Mit der Division Bon, und den KavallerieKorps unter den Befehlen des Generals Murat, rükt Buonaparte wieder in das Lager vor Acre ein.

Die Resultate der Schlacht von Esdrelon oder vom Berg Thabor sind die Niederlage von ohngefähr 20,000 Mann durch 4,000 Franken, die Wegnahme aller ihrer Magazine, ihres Lagers, und ihr erzwungener Rükzug auf Damask. Die Berichte des Feindes, die aus Damask kamen, gaben seinen Verlust zu mehr als 5,000 Mann an. Sie konnten nicht begreifen, wie sie im nemlichen Augenblik auf einer Linie von neun Stunden hatten geschlagen werden können: so wenig wissen diese Barbaren, die mehr RäuberHorden als Krieger genannt zu werden verdienen, von combinirten Manövers. — Buonaparte erhält Nachricht, daß der GegenAdmiral Perree, dem er Befehl gegeben hatte, mit den Fregatten Juno, Courageuse und Alceste auszulaufen, zu Jaffa 3 Vierundzwanzigpfünder gelandet habe, und daß 6 ZehnPfünder von Damiate angekommen seyen. Die drei Fregatten werden beordert, von Tripoli in Syrien gegen Cypern zu kreuzen, um die Schiffe wegzunehmen, welche Lebensmittel und Munition nach Acre führten.

19 April. Einige Araber, die in der Gegend des Berges Karmel lagerten, beunruhigten unsere Communicationen. Der GeneralAdjutant Leturq brach daher, am 19, mit einem Korps von 300 Mann gegen sie auf, überfiel sie in ihrem Lager,

mähte einige 60 Mann nieder, und nahm ihnen 300 Ochsen ab, die der Armee zur Nahrung dienten.

Am 22 April arbeitete der Feind an einem WaffenPlaze, um das Thor zu deken, durch welches er seine Ausfälle südwärts gegen die Küste machte.

24 April. Die Mine um den Thurm worin Bresche geschossen worden, zu sprengen, wird fertig. Alle unsere Batterien fangen an zu spielen; man zündet die Mine an; aber ein unterirdischer Gang unter dem Thurme leitet einen Theil der Wirkung ab; nur eine Seite des Thurms stürzt zusammen; der übrige Theil bleibt stehen, und bietet noch immer die nemliche Schwierigkeit dar; Buonaparte befiehlt, daß etwa 30 Mann den Versuch machen sollten, sich in dem Thurme festzusezen (loger), um dessen Verbindung mit dem übrigen Plaze zu recoinnosciren. Unsre Grenadiere gelangen an die Trümmer unter dem Gewölbe des ersten Stokwerks, und sezen sich dort fest; aber der Feind, der durch die Stega communicirte, und den Schutt der obern Gewölbe besezt hielt, schleudert brennbare Materien dahin, und nöthigt unsre Leute, ihren Posten zu räumen.

25 April. Unsre Batterien fahren fort, den Thurm zu zerstören; Abends versucht man, sich im ersten StokWerk festzusezen; unsre Arbeiter halten sich bis 1 Uhr Morgens; der Feind, den man aus den Trümmern der obern StokWerke nicht ganz hatte vertreiben können, wirft wieder brennbare Materien herab, und zwingt von neuem zur Räumung. Der General Braux wird schwer verwundet.

Am 27 April stirbt der General Caffarelli an den Folgen der Wunde, die er am 9 im LaufGraben erhalten hatte; durch eine Kugel, die ihm den Ellbogen zerschmetterte, war er genöthigt worden, sich den Arm abnehmen zu lassen. Dieser so ausgezeichnete Offizier wird von der ganzen Armee bedauert. Die Wissenschaften verlieren an ihm einen Mann, der sich unter den Gelehrten einen bedeutenden Namen erworben hatte, und die Armee einen eben so tapfern als thätigen Krieger, den die Erfahrung zu einem der Ersten in seinem Fache ausgebildet haben würde.

28 April. Das BelagerungsGeschütz kommt an; man be-

schäftigte sich nun mit den nöthigen Anstalten, um dasselbe in Batterie aufzuführen. Die feindlichen Kanonen auf der Angrifs-Fronte waren fast alle demontirt; der Feind suchte diese Fronte zu vertheidigen, indem er sie durch Artillerie- und Musketen-Feuer flankirte. Er errichtete AussenWerke, vorwärts von seiner rechten Flanke hatte er schon einen WaffenPlaz zu Stande gebracht; er baute einen andern auf der linken, dem Pallast des Paschas gegenüber; diese beiden WaffenPläze flankirten vortheilhaft den AngrifsThurm. Der Feind errichtet hier Cavaliers, treibt Sappen, um das MusketenFeuer zu vermehren, uns in den Rüken zu kommen, uns einzuengen; kurz, er geht auf ContreAttake los. Er hatte eine grose Leichtigkeit mit seinen Aussenwerken vorzurüken, durch den Schuz des KleinGewehr-Feuers von seinen Thürmen und seinen sehr hohen Mauern. Es wäre eine Überlegenheit an Geschüz, die wir nicht hatten, erfordert worden, um sein KleinGewehrFeuer überall zum Schweigen zu bringen, um den Angrif und die Festsezung in seinen AussenWerken zu delen. Unsre Tapfern nahmen seine Werke weg, so oft sie darauf losgiengen; aber sie musten solche sofort wieder räumen, und der Feind besezte sie wieder.

1 Mai. An diesem Tage wurden 4 AchtzehnPfünder aufgepflanzt; man richtete sie in der Absicht, mit Zerstörung des BrescheThurms fortzufahren; die andern Batterien spielten gegen die Spize des Walls und gegen die feindlichen Aussen-Werke. Abends wurden 20 Mann beordert, sich im Thurm festzusezen; es gelang ihnen; aber der Feind benuzte einen Bogau, den er im Graben hatte, und unterhielt ein MusketenFeuer im Rüken der Bresche. Unsere Grenadiere zogen sich zurük, nachdem sie die Schwierigkeit von dem Thurme in den Plaz herunterzukommen erkannt hatten. In dem Augenblik, wo man den BrescheThurm erstieg, hatte der Feind auf seiner rechten Seite einen starken Ausfall gethan; aber zwei GrenadierKompagnien stürzten sich ihm entgegen, schnitten ihn ab, und zwangen alles, was nicht mehr unter dem Schuze der Kanonen des Plazes war, zu ertrinken. Der Feind verlor an diesem Tage gegen 500 Todte oder Verwundete. Buonaparte befahl, unter der östlich vom Plaze gelegenen Courtine eine zweite Bre-

sche, und eine Sappe zu machen, um gegen den Graben vorzurücken, den Minirer anzustellen, und die Contrescarpe zu sprengen.

Bis zum 4 Mai trieben Belagerer und Belagerte ihre Werke mit Eifer; nun fehlte es uns an Pulver, und wir liesen mit unserm Feuer nach.

5 Mai. Der Feind poussirte seine Sappen kühn, besonders auf seiner Rechten, wo er die Absicht hatte, unsre Minier-Sappe abzuschneiden. Buonaparte beorderte einige Grenadier-Kompagnien, um 10 Uhr Abends sich in die feindlichen AussenWerke zu werfen. Der Befehl wird vollzogen, der Feind überfallen, zusammengehauen; man bemächtigt sich seiner Werke; drei seiner Kanonen werden vernagelt; aber unsre Truppen können sich nicht lange genug halten, um sie so weit zu zerstören, daß der Feind sie nicht wieder besezen könnte. Das Feuer von dem Plaze senkte sich zu gerade auf diese Werke. Am 5 rükt der Feind wieder in dieselbe ein, und beschäftigt sich mit deren Wiederherstellung; aber seine HauptAbsicht war, gegen den Boyau unsrer Mine, die zur Sprengung der Contrescarpe bestimmt war, vorzuschreiten. Da er die Schwierigkeit erkannte, diß von aussen zu bewerkstelligen, so entschloß er sich, seine Contrescarpe gegen die Maske unsrer Mine abzuschneiden, an der wir nur Nachts arbeiten konnten, da sie nur acht Toisen von der Contrescarpe eines nicht mehr als 20 Fuß breiten Grabens entfernt war.

Am 6 Mai, um 3 Uhr, nahm man wahr, daß der Feind durch eine bedekte Sappe gegen die Maske unsrer Mine vorbrach, man kanonirte ihn: das Übel war geschehen. Gegen die Nacht war Mannschaft dahin geschikt, die ihn wieder aus seinen Boyaux verjagte; aber die Mine war entdekt, die Einfassung zerstört, die Hölung angefüllt. Diß Ereigniß war um so unangenehmer, als die Mine allenfalls in der Nacht vom 5 auf den 6 hätte spielen können, wenn der Kommandant von Gaza nicht mit Sendung des Pulvers, das er den Befehl hatte schleunigst zu übermachen, gezögert hätte.

Nacht vom 6 auf den 7 Mai. Buonaparte glaubte, daß nunmehr blos auf Erweiterung der Bresche vom Thurm gesehen werden müste. Er gab Befehl, daß in der Nacht vom 6 auf den 7 die feindlichen WaffenPläze angegriffen werden sollten;

man sollte die Boyaux des Feindes wegnehmen, welche die Bresche flankirten, und besonders denjenigen, der das Glacis von unsrer ersten Mine couronnirte; man sollte sich in seinen Werken festsezen, nachdem man alles, was sich da finden liesse, niedergemacht haben würde; zugleich sollte man ihn aus dem BrescheThurm vertreiben, und sich ebenfalls da festsezen. Die Eclaireurs der 85sten HalbBrigade bemächtigten sich desselben; aber da der Boyau vom Glacis der alten Mine nicht weggenommen werden konnte, so waren unsre Tapfern nicht im Stande, sich im Thurme zu halten.

Am 7 Mai entdekte man eine türkische Flotille von ohngefähr 30 Segeln, die von Merasch, einem Hafen der Insel Rhodus kam, und ansehnliche Verstärkungen an Mannschaft, Lebensmitteln und KriegsBedürfnissen brachte. Sie war unter Bedekung einer Karavelle und verschiedener bewafneten Corvetten. Buonaparte befahl, daß die Division Bon, noch in der Nacht vom 7 zum 8, und ehe die Verstärkung ausgeschift worden, einen ähnlichen Angrif, wie in der vorigen Nacht, machen sollte. Um 10 Uhr Abends waren wir im Besiz der beiden feindlichen WaffenPläze, des Boyau's vom Glacis, und des Thurms; man sezt sich in dem Thurme und im Boyau vom Glacis der alten Mine fest. Die 1ste und 3ste HalbBrigaden füllen die Boyau's und die WaffenPläze mit feindlichen Leichen an, nehmen mehrere Fahnen weg, vernageln die Kanonen; nie ward mit mehr Muth und Anstrengung gefochten; die Truppen wurden von den BrigadeGeneralen Vial und Rampon unter den Befehlen des DivisionsGenerals Bon angeführt. Wir verloren bei diesem Angrif 150 Mann an Todten oder Verwundeten, worunter 17 Offiziere waren; der Chef der 18ten HalbBrigade, Boyer, ein vorzüglicher Offizier, war unter den Todten. In der Nacht erhielt man Nachricht, daß das Pulver aus Gaza unterwegs wäre.

Am 8 Mai, Morgens, befahl Buonaparte, die Courtine rechts vom Thurme zu beschiessen; die Courtine stürzt zusammen, und bietet einen ziemlich bequemen Übergang dar. Buonaparte begibt sich dahin; die Division Lannes erhält Befehl, zu stürmen; sie schikt ihre Eclaireurs und ihre Grenadiere vorwärts, unter Anführung des BrigadeGenerals Rambeaud; man erklettert die Bresche; etwa hundert Mann waren schon in die Stadt gedrungen. Es war befohlen, daß zu gleicher Zeit unsre Truppen, die sich des Thurms bemeistert hatten, einige Feinde angreifen sollten, die von den Trümmern eines benachbarten, die Bresche zur Rechten dominirenden Thurms Besitz genommen hatten. Es war ferner befohlen worden, daß einige unsrer Leute sich in die äussern WaffenPläze des Feindes werfen sollten. Diese Befehle wurden nicht mit der erforderlichen Uibereinstimmung vollzogen. Der Feind zog sich aus seinen äussern WaffenPläzen durch den Graben rechts und links, und fieng ein KleinGewehrFeuer an, das unsre Soldaten auf der Bresche im Rüken nahm; einige Türken, die aus dem zweiten Thurm, der die rechte Seite der Bresche bestrich, nicht vertrieben worden waren, beschossen die Flanken; sie warfen brennbare Materien herab, wodurch einige Verwirrung unter den Stürmenden entstand; das Feuer aus den Häusern, hinter den Verrammlungen, aus den Strassen, aus Dgezar's Pallast, das diejenigen, die sich von der Bresche in die Stadt hinabstürzten, im Rüken nahm, nöthigte einige, die schon hineingedrungen waren, und zwei Kanonen und zwei Mörser weggenommen hatten, zu einer rükgängigen Bewegung, die sich der Colonne mittheilte. Die Guides zu Fuß, welche die Reserve bildeten, stürzten auf die Bresche, thaten Wunder der Tapferkeit; man kämpfte Mann gegen Mann: aber der Feind war auf seiner Hut; die Colonne drang nicht mehr mit demselben Ungestüm vor, troz aller Anstrengungen des Generals Lannes, der schwer verwundet ward. Der Feind hatte Zeit gehabt, sich zu sammeln, und eine grose Anzahl der von der Flotte ausgeschiften Truppen zum Kampfe vorzuführen. Die Nacht war eingetreten; man befahl den Rükzug; der General Rambeaud hatte im Pläze sein Leben eingebüst.

Als wir wieder in unser Lager zurükkamen, erhielten wir die Nachricht, daß der GegenAdmiral Perree, während er vor Jaffa gekreuzt, zwei Schiffe von der türkischen Flotte weggenommen habe, auf denen sich 400 Mann Truppen, 6 FeldStüke, vieles PferdGeschirr, Lebensmittel, 150,000 Livres an Geld, so wie der Intendant der türkischen Flottille befunden, der ihm ein Verzeichniß aller auf derselben eingeschiften Truppen und Munitionen eingehändigt, und ihm gesagt hatte, daß diese Flotte ausgerüstet worden, um Alexandria oder Damiate anzugreifen, während Dgezars Armee durch die Wüste gegen Cairo vorrüken sollte; aber unser plötzlicher Einfall in Palästina hatte diesen Plan vereitelt, und sie genöthigt, Acre zu Hilfe zu kommen, wo sie die zum Angriffe Aegyptens bestimmten Vorräthe verbrauchte, und außer Stand zu weitern Unternehmungen gesezt ward.

Am 9 Mai, und in der folgenden Nacht, sezten unsre Batterien ihr Feuer fort.

Am 10, um 2 Uhr Morgens, begab sich Buonaparte an den Fuß der Bresche. Mehrere Korps hatten Befehl, sie zu ersteigen, um den Feind zu überfallen. Sie kommen dahin, machen die Posten nieder, aber sie werden durch inwendige Verschanzungen aufgehalten; man zieht sich zurük; das Feuer dauerte den Tag über fort. Um 4 Uhr Abends suchten die Grenadiere von der 25sten HalbBrigade, welche von der Avantgarde zurükkamen, um die Ehre an, Sturm zu laufen: sie stürzten sich hin; der Feind war aber gewarnt, und hatte eine zweite und dritte Linie von Feuer verstärkt, welches neue Anstalten nöthig machte. Man befahl den Rükzug.

Diese drei Stürme kosteten uns ohngefähr 500 Mann an Todten und Verwundeten. Der GeneralAdjutant Fouler, so wie der Chef der 25sten HalbBrigade, Bürger Venour, wurden getödet; der General Bon ward tödlich verwundet. Die Adjutanten Netherwood und Montpatris, und mein Adjutant Arrighy, wurden schwer verwundet; der erstere, indem er auf der innern Seite der Bresche mit dem Säbel einhieb. Der Adjunct Pinault blieb auf der Stelle, und der Adjutant Gerboult, so wie der Adjutant des OberGenerals, Bürger Croisier, erhielten tödliche Wunden. Der General Verdier war beidemale an der Spize der Grenadiere. — Die RükSeiten der Parallele waren mit türkischen Leichnamen angefüllt, die einen schädlichen und unerträglichen Geruch verbreiteten.

11 Mai. Buonaparte schikte Morgens einen Parlamentar an Dgezar mit folgendem Schreiben.

„Alexander Berthier, Divisions General, Chef des General Stabs, an Ahmer Pascha und Dgezar.

„Der OberGeneral hat mir den Auftrag ertheilt, Ihnen einen WaffenStillstand vorzuschlagen, um die Leichname zu beerdigen, die ohne Begräbniß an den LaufGräben liegen. Er wünscht zugleich eine Auswechslung der Gefangenen festzusezen; in seiner Gewalt befinden sich ein Theil der Besazung von Jaffa, der General Abdullah, und besonders die Canoniers und Bombardiers, welche zu dem vor drei Tagen von Konstantinopel zu Acre angekommenen Transport gehörten, so wie eine Menge Soldaten von der Armee, die von Damast gekommen war. Er weiß, daß fränkische Gefangene zu Konstantinopel und auf der Insel Rhodus sind; er wünscht, daß Sie jemanden ernennen mögen, um sich über diese verschiedenen Gegenstände mit einem von seinen Offizieren zu besprechen.
Unterzeichnet: Alexander Berthier."

Der Uiberbringer dieses Schreibens war ein Türke, den man als Spion ergriffen hatte. (Mit Barbaren darf man nicht wagen, was unter polizirten Nationen im Kriege üblich ist.) Es wird auf ihn geschossen; die Festung sezte ihr Feuer fort. Wir fuhren auch von unsrer Seite fort, sie zu beschiessen, und Bomben hineinzuwerfen.

13 Mai. Man schifte aufs neue den Parlamentär ab; er kam in die Stadt, aber sie sezte ihr Feuer fort. Nichts deutete an, daß man eine Antwort geben würde. Vielmehr that der Feind, um 6 Uhr Abends, auf das Signal eines KanonenSchusses, einen Ausfall zur Rechten und zur Linken, ward aber zurükgeschlagen.

Buonaparte sah izt die Absicht seiner Expedition erfüllt. Die Armee hatte die Wüste durchzogen, die Afrika von Asien trennt, und alle Hindernisse mit mehr Standhaftigkeit und Schnelligkeit, als je eine Horde Araber that, überstiegen; sie hatte sich aller Festen, Pläze, welche die Brunnen in der Wüste dekten, bemächtigt; in den Gefilden von Esdrelon und dem Berg Thabor 25,000 Reiter zerstreut, die, in der Hofnung Aegypten zu plündern, aus allen Theilen Asiens hergeströmt waren. Dreissig Schiffe, die ein zur Belagerung der Häfen von Aegypten bestimmtes türkisches ArmeeKorps trugen, waren gezwungen worden, ihre Richtung nach Acre zunehmen, wo dis Geschwader seine lezte Bestimmung fand. Mit ohngefähr 10,000 Mann hatte Buonaparte den Krieg, der,

Monate lang, im Herzen von Syrien unterhalten, 40 Feld-
Stüke genommen, mehr als 7000 Mann getödet oder zu Gefan-
genen gemacht, 50 Fahnen erbeutet, die Festungen von Gaza,
Jaffa, Caifa und Acre geschleift, die Armee, die auf dem
Wege war, einen Einfall in Aegypten zu thun, vernichtet, ihr
FeldGeräthe, ihre Schläuche, ihre Kameele und einen General
gefangen genommen.

Die JahrsZeit der Landungen in Aegypten rief
ihn gebieterisch dahin zurük; die Krankheiten in Syrien
nahmen schreklich überhand; sie hatten uns schon ohngefähr
700 Mann weggerafft, und durch die Berichte, die wir von Sur
erhielten, erfuhren wir, daß in Acre mehr als 60 Menschen
täglich an diesen Krankheiten starben.

Buonaparte glaubte daher, nicht länger vor Acre bleiben zu müssen, wo er hoffen konnte, nach einigen Tagen den
Pascha selbst in seinem Pallaste gefangen zu nehmen; die Einnahme dieser Festung schien ihm nicht wichtig genug, um in
dieser JahrsZeit auch nur einige Tage deswegen zu verlieren,
und um das Leben einiger Tapfern aufzuopfern, die er zu we-
sentlichern Unternehmungen höchst nöthig hatte. Alle, die Belagerungen gegen die Türken geführt haben, wissen, daß sie sich
mit Weibern und Kindern ermorden lassen, um bis auf den
lezten Steinhaufen zu vertheidigen; sie glauben nicht an Ka-
pitulationen, weil sie selbst keine andre Art, Krieg zu führen,
kennen, als ihre Feinde zu ermorden. Buonaparte entschloß
sich, die Belagerung aufzuheben; aber es waren mehrere Tage nöthig, um die Verwundeten und Kranken fortzuschaffen. Er befahl, daß während dieser Zeit alle Batterien von
Kanonen und Mörsern fortspielen, und der Uiberrest der Bela-
gerungsMunitionen dazu verwendet werden sollte, den Pallast
des Dgezar, die FestungsWerke und die Gebäude in Schutt zu legen.

15 Mai. Mit TagesAnbruch bemerkte man, daß der englische Admiral mit drei türkischen Schiffen unter Segel gegangen
war. Er hatte izt erst erfahren, daß unsre Fregatten zwei von
seinen Avisos und ein türkisches Schiff weggenommen hatten.
Er war für ein Convoi von Tschermen und zwei türkischen
Avisos besorgt, die nach dem Hafen von Abuzabura geschikt
worden worden waren, um Naplusaner einzuschiffen, welche

Dgezar von neuem gegen uns aufgewiegelt zu haben glaubte. Wirklich jagte auch der Admiral Perree diese Flotille, die durch die Engländer befreit ward. Unsre Fregatten gewannen die hohe See; aber sie wurden nicht verfolgt. Die englischen Schiffe kamen von Acre zurük.

Am 16 Mai, um halb 3 Uhr Morgens, that der Feind einen Ausfall; er ward zurükgeschlagen. Um 7 Uhr that er einen neuen Ausfall auf allen Punkten; überall ward er zurükgeschlagen; er konnte in keinen Boyau eindringen; er ward von unsern Batterien mit Kartätschen empfangen, und mit dem Bajonet in seine WaffenPläze zurükgetrieben; alles war mit seinen Leichnamen besäet: wir verloren 60 Mann an Todten oder Verwundeten. Der General Verdiere kommandirte an diesem Tage im LaufGraben.

17 Mai. Ein englischer Parlamentär erschien; er brachte den Türken zurük, den wir, am 11, als Parlementär an Dgezarn geschikt hatten, und ein Schreiben von dem englischen Commodore, worin dieser meldete, daß Dgezar, da er sich unter dem Schuze seiner Schiffe befinde, nicht ohne seine Dazwischenkunft antworten könne; er gab ein Paket ab, worin Proclamationen, angeblich von der Pforte herrührend, beglaubigt von Sidney Smith, enthalten waren, folgenden Inhalts.

„Proclamation.

„Der Minister der erhabenen Pforte an die Generale, Offiziere und Soldaten der fränkischen Armee in Aegypten.

„Das fränkische Directorium, indem es gänzlich das VölkerRecht vergas, hat euch in Irrthum geführt, eure Redlichkeit getäuscht und, den Gesezen des Krieges zum Troz, euch nach Aegypten, in ein der Herrschaft der Pforte unterworfenes Land geschikt, indem es euch glauben machte, daß sie selbst in diesen Einfall in ihr Gebiete eingewilligt habe. Könnt ihr denn noch zweifeln, daß, indem es euch auf solche Art in eine weitentfernte Gegend schikte, sein alleiniger Zwek war, euch aus Frankreich zu verbannen, in einen Abgrund von Gefahren zu stürzen, und euch alle, so viel eurer sind, umkommen zu machen? Wenn ihr in gänzlicher Unkunde der eigentlichen Umstände in die Ländereien von Aegypten gekommen seyd, wenn ihr einer, unter den Mächten bisdahin unerhörten, Verlezung der Verträge zum Werkzeuge gedient habt; war dieses nicht eine Wirkung der Treulosigkeit eurer Directoren? Gewiß! Inzwischen muß Aegypten von einem so ungerechten Einfall befreit werden. Unzählbare Armeen marschiren in diesem Augenblike; unermeßliche Flotten bedeken schon die Meere. Diejenigen unter euch, von welchem Grade sie seyn mögen, die einer Gefahr, welche ihnen droht, entgehen wollen, müssen, ohne den geringsten Aufschub, ihre Gesinnungen den Kommandanten der Land- und SeeMacht der alliirten Mächte bekannt machen; sie können gewiß seyn, daß man sie an die Orte, wohin sie verlangen, führen, und ihnen Pässe ertheilen wird, um auf ihrem Wege durch die alliirten Escadern oder Kapers nicht beunruhigt zu werden. Mögen sie sich demnach beeifern, in Zeiten diese wohlthätigen Gesinnungen der erhabenen Pforte zu benutzen, und solche als eine günstige Gelegenheit betrachten, sich aus dem schreklichen Abgrund, in den man sie gestürzt hat, zu retten. Geschehen zu Konstantinopel, am 11 des Monats Ramazan, im Jahr der Hegyra 1213, oder 15 Febr. 1799.

„Ich Unterzeichneter, bevollmächtigter Minister des Königs von England bei der Osmanischen Pforte, und dermaliger Befehlshaber der vereinigten Flotte vor Acre, bescheinige die Glaubwürdigkeit dieser Proclamation, und verbürge deren Vollziehung. Am Bord des Tigers, 10 Mai 1799.

Unterzeichnet: **Sidney Smith**."

Die Armee, nachdem sie diese Schrift gelesen hatte, bezeugte darüber jene Verachtung, die eine niederträchtige Handlung Männern von Ehre einflößt.

Der englische Admiral ließ uns wissen, daß am 5 Jan. 1799 ein AllianzVertrag zwischen England und der Pforte geschlossen worden. Das englische Boot, und der Offizier, der es kommandirte, ward ohne Antwort zurükgeschikt; das Feuer dauerte von beiden Seiten fort. Während der Nacht machte man den Anfang mit Fortschaffung der Verwundeten, der Kranken, und des BelagerungsGeschüzes, nach Kantkra. Das erste Bataillon der 69sten HalbBrigade brach am 18 Mai auf; das zweite folgte ihm am 19; sie dienten dem Artillerie- und KrankenTransporte zur Bedekung. Die Avantgarde, unter den Befehlen des Generals Junot, nahm, nachdem sie die Magazine zu Taberya verbrannt hatte, eine Position bei Saphory, um die Pässe, die von Obeline und Scheffamire nach dem Lager vor Acre führten, zu deken.

20 Mai. Der Feind, der sehr lebhaft beschossen und mit Bomben beworfen wurde, und sah, daß Dgezar's Pallast, die bisdahin noch stehen gebliebenen Theile seiner FestungsWerke und seine Wohnungen zerstört wurden, that, mit TagsAnbruch, einen Ausfall: er ward zurükgeschlagen. Um 2 Uhr Nachmittags fiel

er zum zweitenmal auf allen Punkten aus; er benuzte die Verstärkungen, die er erhalten hatte; sein Zwek war, sich in unsre Batterien zu stürzen; er focht mit mehr Hartnäkigkeit als je, muste aber überall weichen, den einzigen Boyau, der das Glacis des Breche-Thurms couronnirte, ausgenommen, dessen er sich bemächtigte. Aber kaum befand er sich darin, als der General Lagrange, der im LaufGraben kommandirte, ihn mit zwei Grenadier-Kompagnien angrif, nicht nur den Boyau wieder wegnahm, sondern auch den Feind bis in seinen äussern WaffenPlaz verfolgte, und nachdem er ihn daraus vertrieben, ihn nöthigte, sich in die Stadt zurükzuziehen. Der Feind verlor bei diesem Ausfall eine Menge seiner tapfersten Krieger. — Die gesammte BelagerungsArtillerie war fortgeschaft worden; sie ward in den Batterien durch einige FeldStüke ersezt; was unnüz war, warf man in's Meer; durch die Mine und durch die Sappe hatte man eine WasserLeitung von mehreren Stunden, die das Wasser nach Acre führt, zerstört; alle Magazine, die Aerndten in der Gegend von Acre, wurden verbrannt. Um 9 Uhr Abends, den 20 Mai, ward der GeneralMarsch geschlagen, und die Belagerung, 61 Tage nach Eröfnung des LaufGrabens, aufgehoben. Die Armee war durch eine Proclamation des OberGenerals davon benachrichtigt worden.

Die Division des Generals Lannes sezte sich in Marsch nach Kantura. Ihr folgten die FeldGeräthschäften der Armee und des Parks, und die Division des Generals Bon. Die Division des Generals Kleber, und die Kavallerie, nahmen Position; die Infanterie neben dem Depot vom LaufGraben; die Kavallerie vor der Brüke über den Fluß bei Acre, 1500 Toisen von dem Plaze. Der General Kleber ließ den General Regnier, dessen Division sich im LaufGraben befand, benachrichtigen, daß er Position genommen habe; sogleich ließ nun dieser, in der größten Stille, seine Posten sich nach den WaffenPläzen, und von da an das Ende des LaufGrabens zurükziehen; die FeldStüke wurden mit den Händen weggehoben und fortgeführt. Die Division Regnier begab sich in ihr Lager zurük, um dort ihre Tornister zu nehmen, und folgte dem Marsch der Armee. Nachdem sie über die Brüke gegangen war, sezte sich die Division Kleber gleichfalls in Bewegung; ihr folgte die Kavallerie, welche 100 Dragoner, die abgestiegen waren, zurükließ, um die Arbeiter zu beschüzen, welche die beiden Brüken zerstören sollten; sie hatte Befehl, den Fluß erst zwei Stunden nach dem Abzuge der lezten Truppen von der Infanterie zu verlassen. Der General Junot hatte sich mit seinem Korps nach der Mühle von Kerdane begeben, um die linke Flanke der Armee zu deken. Die Belagerung würde bei Tage aufgehoben worden seyn, hätten wir nicht einen Weg von drei Stunden am Ufer machen müssen, wo uns feindliche KanonierSchaluppen verfolgt, und durch eine Kanonade beunruhigt haben würden, der wir uns nicht aussezen durften. Der Feind sezte die ganze Nacht hindurch sein Feuer gegen unsre Parallelen fort, und merkte erst beim Anbruche des Tages die Aufhebung der Belagerung; er war so übel zugerichtet, daß er keinen Versuch machte, unsern Rükzug zu erschweren.

Die Armee rükte in der größten Ordnung fort. Am 21 Mai kam sie zu Kantura, demjenigen Hafen an, der uns zum Ausschiffungs-Punkte für alle Gegenstände, die von Damiate über Jaffa kamen, gedient hatte, und wohin auch unser BelagerungsGeschüz und die in Jaffa erbeutete türkische FeldStüke gebracht worden waren. Diese Artillerie von 40 Kanonen war allmählig in das Lager vor Acre geschaft worden, um die fränkische FeldArtillerie, die wir zur Belagerung gebraucht hatten, zu ersezen. Buonaparte hatte nicht Pferde genug, um so viele Kanonen fortzuschleppen; die Mittel zur Einschiffung auf dem Meere wollte er lieber zum Transport der Verwundeten und Kranken nach Jaffa benuzen. Er entschloß sich also, nur 20 türkische FeldStüke mitzunehmen; die übrigen 22 ließ er in das Meer werfen, und die dazu gehörigen Lavetten und MunitionsKarren zu Kantura verbrennen. Alle Verwundeten und Kranken wurden nach Jaffa geschaft; Generale, Offiziere, Verwalter, jeder gibt seine Pferde her; kein einziger Franke bleibt zurük.

Die Armee brachte die Nacht vom 22 Mai auf den Ruinen von Cäsarea zu; am folgenden Tage zeigten sich die Naplusaner beim Hafen Abuzabura; einige von ihnen wurden zu Gefangenen gemacht und erschossen, die übrigen ergriffen die

Flucht: ihre Absicht war, sich die Lumpen zuzueignen, die eine Armee immer zurückläßt.

Am 23 bezog die Armee ein Lager, vier Stunden von Jaffa, am Ufer eines kleinen Stroms. Es wurden Parteien ausgeschikt, um die Dörfer zu verbrennen, die während der Belagerung unsre Zufuhren genekt hatten. Das Getraide wird verbrannt, und die Heerden werden weggeführt.

Am 24 kam die Armee zu Jaffa an. Eine SchiffBrüke ward über den kleinen Fluß Labohna * geschlagen, der in der Gegend, wo er in's Meer fließt, nicht leicht zu durchwaten ist. Am 25, 26 und 27 blieb die Armee in Jaffa. Diese Zeit ward dazu benuzt, die Dörfer in der umliegenden Gegend, die sich schlecht betragen hatten, zu bestrafen. Man nahm ihnen ihr Getraide und Vieh hinweg. Die FestungsWerke von Jaffa wurden gesprengt; alle dort befindliche eiserne Kanonen in's Meer geworfen; die Verwundeten zu Wasser und zu Lande fortgeschaft; das zweite Bataillon der 69sten, und die 21ste HalbBrigade dienten den leztern zur Bedekung. Die Handelsleute zu Jaffa musten eine Contribution von 150,000 Livres zahlen.

Buonaparte erhielt hier Nachrichten aus Aegypten. Der General Dugua meldete ihm, daß aufrührerische Bewegungen sich in den Provinzen von Benisuef, Shartie, und vornemlich Bahire geäußert; daß die Engländer sich vor Suez gezeigt; daß die Mamluken, die aus OberAegypten vertrieben worden, und sich in die Provinzen von NiederAegypten herabgezogen, das Volk aufzuwiegeln gesucht; aber daß durch die Thätigkeit der Truppen und der Generale überall die Ordnung hergestellt worden; daß Cairo und die andern bedeutendern Städte Aegyptens in der größten Ruhe geblieben. Diese aufrührerische Bewegungen bildeten einen Zweig des allgemeinen AngrifsPlanes, der gegen die Franken in Aegypten zu gleicher Zeit statthaben sollte, da Dgezar von Syrien her eindringen, und die türkische und englische Flotten sich vor Damiate zeigen würden. Folgendes sind die interessanten Details davon.

Ein arabischer Stamm, der aus Afrika kam, hatte sich, den 5 März, an den Gränzen der Provinz Gizeh gelagert, und

* nach Büsching Elaugeah.

beunruhigte dieselbe, indem er raubte und die Fellahs aufzuwiegeln suchte. Der General Dugua ließ gegen sie den General Lanusse marschiren, der sich in Hinterhalt stellte, ihr Lager wegnahm, und sie zerstreute; der Sohn des Generals Leclerc, ein ausgezeichneter junger Mann, ward schwer verwundet. Wenige Tage nachher hatte sich das Dorf Bordein, in der Provinz Sharkie, empört. Der BrigadeChef Duranteau, ein Offizier von Verdienst, begab sich den 14 März dahin, und brannte es ab. Der Pascha von Aegypten, der mit Ibrahim Bey von Cairo, bei dem Einzuge der Franken, entflohen war, hatte daselbst seinen Kiaschef zurükgelassen. Dieser Mann hatte sich durch sein kluges Betragen eine Art von politischem Zutrauen von Seiten Buonaparte's erworben, der ihm die Stelle eines Emir Hadji für die nächste Karavane von Mecca ertheilt, ihn von dem Plane seiner Expedition in Syrien unterrichtet, und mit ihm verabredet hatte, daß er der Armee dahin folgen sollte: auch hatte er sich wirklich auf den Weg gemacht; aber er marschirte langsam, und verweilte sich in der Provinz Sharkieh, wo er vorgab, Nachricht von Buonaparte's Tode und der gänzlichen Niederlage seiner Armee zu haben. Er brach in offenbaren Aufstand aus, und suchte die Provinz Sarkieh, so wie die Araber aufzuwiegeln, von denen einige sich mit ihm vereinigten. Der General Dugua, eben so vorsichtig als thätig, hatte den BrigadeGeneral Lanusse beordert, ihn zu verfolgen, allein immer von dem Marsch der Franken voraus benachrichtigt, sah er bei ihrer Annäherung, entging ihnen indem er sich in die Wüste warf, und die Gebirge von Damask zu erreichen suchte.

In der zweiten Hälfte des Aprils vereinigte sich ein Emissair, der aus Afrika kam, zu Derne lanzete, den Heiligen spielte, und eine Schaar von Anhängern um sich hatte, mit den Arabern, und gab sich für den im Koran angekündigten Engel El-Mahdi aus. Zweihundert Mograbinen kamen gleichfalls, wie von ohngefähr, aus Afrika, und vereinigten sich mit ihm; er gab vor, die Flinten, Bajonette, Säbel und Kanonen der Franken könnten die wahren Gläubigen, die mit ihm ziehen würden, nicht beschädigen; im Gegentheil würden jenen, wenn sie nur ihre Waffen erblikten, alle Mittel zur Gegenwehr benommen seyn; er fand Glauben. Sobald er seine Macht für stark genug hielt, zog er mit den Arabern, (die einige Tage zuvor mit dem General Marmont, zu Alexandria, einen Friedens Vertrag geschlossen hatten), gegen Demanhur, überfiel und tödtete daselbst 60 Mann von der nautischen Legion, die ohngeachtet des Befehls, den ihr Kommandant hatte, sich in das Fort von Rhamanie zu ziehen, in dieser Stadt geblieben waren. Der Engel El-Mahdi benutzte diesen Vortheil, und sezte die ganze Provinz in Aufruhr. Der Brigade Chef Lefebvre bruch mit 200 Mann aus dem Fort von Rhamanie auf; aber alles war empört, Araber und Fellahs; er ward umzingelt, und schlug sich bis an den Abend, wo er sich in das Fort zurückzog, nachdem er alles, was ihm in Schuß Nähe gekommen war, getödtet hatte. Durch den Tod vieler von seinen Jüngern, die unsre Kugeln getroffen hatten, verlor der Heilige El-Mahdi von seinem Credit; aber die Provinz blieb noch immer empört. Am 8 Mai zog der General Lanusse, mit einer beweglichen Colonne, nach Rhamanie, und von da nach Demanhur, und schlug alles, was er vor sich fand. Er ließ 1500 Mann in dieser Stadt über die Klinge springen, verwandelte sie in einen Aschenhaufen, und zerstreute die Anhänger des Heiligen El-Mahdi, der selbst verwundet und halbtod vor Furcht entfloh. Die Mograbiner sezten über den Nil, und zogen sich nach Sharkie. Die Provinz kehrte wieder zum Gehorsam zurük.

In der nemlichen Zeit hatten sich die Mämluken, durch den General Dasair aus OberAegypten vertrieben, in die Provinzen von NiederAegypten herabgezogen, und suchten die Fellahs und Araber zum Aufstand zu bewegen; sie wurden durch den Brigade Chef Destrees geschlagen, und flohen in die Provinz Scharkie, wohin, nach dem Befehl des Generals Dugua, der BrigadeGeneral Davoust sie verfolgte. Am 28 April erreichte er den ElphiBey und die Araber, schlug sie, tödtete drei ihrer angesehensten Kiaschefs; der Rest entfloh in den Oasis von Hured, und entkam durch die Wüsten nach Syrien.

Der General Lanusse, der mit erstaunenswürdiger Schnelligkeit sich überall hin begab, wo aufrührerische Bewegungen waren, holte am 6 Mai, in der Provinz Scharkie, die Mograbinen und die Mannschaft ein, die, als er Demanchur verbrannte, aus der Provinz Bahire entkommen war; er tödtete ihnen 150 Mann, und verbrannte das Dorf, wohin sie sich geflüchtet hatten.

Am 4 Mai hatten sich ein englisches KriegsSchiff und eine Fregatte vor Suez gezeigt; aber da sie diesen Hafen in Vertheidigungs Stand fanden, segelten sie wieder ab, und ließen einen Brik zum Kreuzen zurük. Der Patriarch von Mecca zwang die Engländer, zu gestatten, daß die KauffahrteiSchiffe Kaffee nach Suez führten. Buonaparte hatte am 6 März eine KanonierSchaluppe, die Tagliamento, von Suez abgehen lassen, um sich nach Cossir zu begeben, und alle Schäze wegzunehmen, welche die in OberAegypten geschlagenen Mamluken dort einschiffen ließen; aber beym ersten KanonenSchuß flog die Tagliamento in die Luft, und die Unternehmung mißlang.

Dis waren die Aufstände, die von unsern Feinden angesponnen waren, und zu eben der Zeit ausbrachen, da wir Jaffa nahmen, und Acre, so wie die Armee, die von Syrien aus in Aegypten einfallen, und die Flotte, die sich vor Damiate zeigen sollte, zu Grunde richteten.

Am 28 Mai brach die Armee nach Yebna [*] auf. Die Division Regnier, welche die Colonne zur Linken bildete, marschirte über Ramleh, und hatte den Befehl, die Dörfer und alle Aerndten zu verbrennen. Das HauptQuartier, die Divisionen Bon und Lannes, zogen im Centrum, wo sie gleichfalls die Dörfer und Aerndten verbrannten. Eine Colonne Kavallerie ward zur Rechten, am Meer hin, detaschiert; sie zog den Dünen nach, um alle Heerden, die sich dahin geflüchtet hatten, einzutreiben. Die Division Kleber bildete den NachTrab, und hatte Befehl, Jaffa nicht vor dem 29 zu verlassen. In dieser Ordnung marschirte die Armee bis nach Khan-Junus. Diese ganze unermeßliche Ebene war nichts als Feuer: zur Rache für die MordThaten, die hier an unsern Truppen ver-

[*] nach Berthier Ihne, das alte Jamnia.

äst worden, und für die so häufigen Angriffe unsrer Zufuhren, während zugleich diese schrekliche, aber in den Gesezen des Krieges gegründete Maasregel dem Feinde alle Mittel benahm, sich Lebensmittel zu verschaffen, und Magazine zu errichten.

Am 29 Mai campirte die Armee zu Mecheltha'l, und am 30 kam sie zu Gaza an, von wo sie am 31 weiter zog. Diese Stadt hatte sich gut betragen; Personen und Eigenthum wurden daher respectirt. Das Fort ward gesprengt. Drei von den angesehensten reichen Einwohnern hatten sich schlecht betragen; sie mußten iezt dafür eine Contribution von 100,000 Livres zahlen. Die Division Kleber marschirte eine TagReise hinten nach.

Am 31 Mai kam die Armee zu Khan-Junus an; von da brach sie am 1 Jun. wieder auf, und gelangte nun in die Wüste; ihr folgte eine grose Anzahl Vieh, das dem Feinde weggenommen worden, und zur Verproviantirung von El-Arisch bestimmt war. Die Wüste zwischen diesem Orte und Khan-Junus begreift einen Umfang von eilf Stunden, der von Arabern bewohnt ist, die öfters unsre Zufuhren angegriffen hatten. Man verbrannte nun mehrere ihrer Läger, nahm ihnen vieles Vieh und Kameele hinweg, und ließ die geringe Aerndte, die sich in einigen Theilen dieser Wüste fand, im Feuer aufgehen. Am 2 Jun. rastete die Armee zu El-Arisch: Buonaparte ließ daselbst eine Besazung, und versah den Plaz mit Kriegs- und MundBedürfnissen. Die Armee sezte hierauf ihren Marsch nach Catieh fort, wo sie am 4 ankam. Obgleich die Divisionen eine nach der andern marschirten, so litten sie doch sehr vom Durste.

Die Wüste dehnt sich in einer Streke von 22 Stunden, in deren Umfang man blos auf halbem Wege einen schlechten Brunnen von salzigtem Wasser findet. In Catieh rastete die Armee. Das dortige Fort enthielt beträchtliche Magazine. Bounaparte benuzte den dortigen Auffenthalt, um Tineh, das alte Pelusium, und die Mündungen vor Euemme faregg zu recognosciren. Eine beträchtliche Garnison blieb in Catieh; ein BrigadeGeneral erhielt das Kommando darüber, mit dem man zugleich jenes von El-Arisch und von Tineh verei-

nigte, wo man ein Fort anlegte, um die Mündungen von Eumm
faregge zu beherschen.

Am 6 Jun. sezte die Armee ihren Marsch fort. Das Haupt-Quartier brach am 7 auf, und begab sich nach Damiate. Die übrige Armee, die sich zu Catieh gesammelt hatte, ruhte daselbst aus, und zog dann nach Cairo, wo sie am 14 Jun. ankam.

Die Grosen und das Volk von Cairo giengen der Armee entgegen, die in Parade daher zog. Sie waren erstaunt, dieselbe in einem Zustande zu erbliken, als ob sie eben izt aus ihren Kasernen ausgerükt wäre. Der Soldat glaubte in der Stadt Cairo sein Vaterland wieder zu sehen, und die Einwohner empfiengen uns wie ihre Landsleute.

Das ArmeeKorps, das den Feldzug in Syrien führte, hat, in vier Monaten, ohngefähr 700 Mann, die an Krankheiten *

---

* Als wir in Syrien einrükten, waren fast alle Städte von der Pest angestekt, einer Krankheit, welche Unwissenheit und Barbarei für den Orient so verheerend machen. Wer davon ergriffen wird, hält sich schon für tod; alles verläßt ihn, und er stirbt, während Medizin und eine vernünftige Pflege ihn gerettet haben würden. Der Bürger Degenettes, OberArzt der Armee, bewieß einen Muth und einen Charakter, die ihm Ansprüche auf die NationalErkenntlichkeit geben. Wenn unsre Soldaten von irgend einem kleinen Fieber befallen wurden, so glaubte man schon, sie seyen von der Pest angestekt, und diese Krankheiten waren gemischt. Die Spitäler der FieberKranken waren von den Aerzten, und was zu ihrem Gefolge gehört, verlassen. Degenettes begab sich selbst in diese Spitäler, besichtigte alle Kranken, befühlte die Beulen, verband sie, erklärte und behauptete, daß da keine Pest sey, sondern blos ein bösartiges Fieber mit Beulen, das bei der nöthigen Sorgfalt, und wenn der Kopf des Kranken ruhig sey, leicht geheilt werden könne. Er stieg gleichsam auf die Bresche, und trieb denn die Herzhaftigkeit so weit, daß er sich zwei Incisionen machte, und sich das Eiter einer Beule einimpfte. Er ward nicht krank. Er beruhigte das Gemüth des Soldaten, was so mächtig auf die Genesung wirkt, und durch seine anhaltende Sorgfalt in den Spitälern wurden eine grose Anzahl Leute, die von der Pest befallen waren, geheilt. Andre Aerzte folgten seinem Beispiel; ihm hat man vielleicht das Leben vieler Menschen zu danken. Er ließ die FieberKranken mit Beulen transportiren, ohne daß für die Armee die mindeste Anstekung daraus erfolgte. Der Bür-

sterben, 500 die in Gefechten blieben, und etwa 1300 Verwundete verloren, von denen 90 amputirt werden mußten, die folglich nur noch unter den Veteranen werden dienen können: beinahe alle übrige Verwundeten wurden wieder hergestellt und traten wieder in ihre Korps ein.

Verfaßt zu Cairo, am 6 Messidor, im 7 Jahre der fränkischen Republik. (24 Jun. 1799.)

Der DivisionsGeneral, Chef des GeneralStabs der Armee.

Unterzeichnet: Alexander Berthier.

IV.
Buonaparte's AmtsBericht
über seinen zweiten Feldzug in Aegypten, vom 11 Jul. bis 2 August 1799.

Die JahresZeit der Landungen hatte mich bestimmt, Syrien zu verlassen. Die Landung hatte auch wirklich statt.

Am 11 Jul. zeigten sich hundert Segel, worunter mehrere KriegsSchiffe waren, vor Alexandria, und ankerten zu Abukir.

Am 15 landete der Feind, erstürmte mit seltner Unerschrokenheit die Redoute und das Fort von Abukir, sezte seine FeldArtillerie an's Land, und, mit 50 Segeln verstärkt, faßte er Posten, den rechten Flügel an das Meer, den linken an den See Hadieh, auf sehr schönen Hügeln, gelehnt.

Ich verließ am 15 mein Lager bei den Pyramiden, kam den 19 zu Rhamanie an, marschirte auf Birkat, welches

ger Larrey, OberWundArzt der Armee, machte sich gleichfalls durch den Eifer und die Thätigkeit verdient, womit er die Verbindung der Verwundeten besorgte, die er und seine Collegen am Fuße der Bresche vornahmen. Mehrere von ihnen wurden getödet.

das Centrum meiner Operationen ward, und fand mich am 25, um 6 Uhr Morgens, dem Feinde gegenüber. Der General Murat kommandirte den VorTrab; er ließ den feindlichen rechten Flügel durch den General Destaing angreifen; der DivisionsGeneral Lannes grif den linken an; der General Lanusse unterstüzte den VorTrab. Eine schöne Ebene von 400 Toisen trennte die Flügel der feindlichen Armee; die Kavallerie drang dazwischen, und stürzte sich mit größter Schnelligkeit in den Rüken des linken und des rechten: beide fanden sich von der zweiten Linie abgeschnitten. Die Feinde warfen sich in das Wasser, um die Barken zu erreichen, welche dreiviertel Stunden weit in See waren; sie ertranken alle; es war das gräßlichste Schauspiel, das ich je sah. Ich ließ nunmehr die zweite Colonne angreifen, welche durch ein Dorf, eine Redoute, starke Verschanzungen beschüzt, und von mehr als 30 KanonierBöten flankirt war. Der General Murat erstürmte das Dorf; die Generale Lannes und Feugieres griffen die Redoute an: die Kavallerie vollendete die gänzliche Niederlage. Es entstand ein schrekliches Gemezel; der Chef der 69sten HalbBrigade, und der GrenadierKapitain Bernard, bedekten sich mit Ruhm. Diejenigen, welche unser Schwert nicht tödtete, warfen sich in's Meer, und ertranken alle.

Nun ließ ich das Fort von Abukir berennen, wo sich die Reserve befand, und wohin die rüstigsten Flüchtlinge sich gerettet hatten. Um Blut zu sparen, ließ ich 6 Mörser zum Bombardement des Forts aufstellen. Das Ufer, welches im vorigen Jahre mit den Leichnamen der Engländer und Franken, die bei Abukir umkamen, bedekt war, war mit mehr als 6,000 Feinden besäet; 200 Fahnen, die ganze Bagage, 40 FeldStüke, Kussei-Mustapha, Pascha von Natolien, Vetter des türkischen Botschafters zu Paris, alle seine Offiziere, fielen in unsre Gewalt. Wir hatten 100 Todte und 500 Verwundete; unter den ersten befinden sich die GeneralAdjutanten Leturcq, Duvivier, Cretin, und mein Adjutant Guibert. Die beiden ersten waren vortrefliche KavallerieOffiziers; der dritte war der beste Ingenieur, ein Fach, welches so mächtig zum Gewinn der Schlachten beiträgt, und worin der geringste Fehler die verderblichsten Folgen haben kan-

2000 Mann, wurden zu Gefangenen gemacht. Im Schlosse fanden sich 300 Verwundete und 1800 Leichen. Manche unsrer Kugeln hat ihre sechs Mann getödet. In den ersten vierundzwanzig Stunden nach dem Abzug der türkischen Besazung kamen mehr als 400 Gefangene um's Leben, weil sie zu gierig gegessen und getrunken hatten.

Diese Vorfälle bei Abukir kosten solchergestalt der Pforte 18,000 Mann und eine grose Anzahl Kanonen. Während der vierzehn Tage, die dieser Feldzug dauerte, war ich mit der Stimmung der Einwohner von Aegypten äusserst zufrieden; niemand hat sich gerührt, und jedermann hat fortgefahren zu leben wie gewöhnlich.

Die GenieOffiziere Bertrand und Lindot, und der Kommandant der Artillerie Faultrier, haben sich äusserst ausgezeichnet.

(In einem der folgenden Hefte wird eine Zusammenstellung der verschiedenen Angaben Berthier's und Sidney Smith's geliefert werden.)

Annalen der brittischen Geschichte, des Jahres 1796. Als eine Fortsezung des Werks: England und Italien, von J. W. v. Archenholz. Neunzehnter Band. 1799.

Mit diesem Bande beschließt der Verfasser eine eben so unterhaltende als lehrreiche Sammlung, welche alle Materialien zu der politischen und sittlichen Geschichte des für ganz Europa folgenreichsten Decenniums, welches das brittische Reich je erlebt hat, enthält. Als freier Staat war es, daß Britannien einem solchen Sammler so reichen Stoff aller Art darbieten konnte, wie kein andrer Staat der Welt. Als freier Staat war es, daß Britannien die auffallendsten Merkwürdigkeiten der Wissenschaften, der Künste, der Gewerbe, des Handels, der menschlichen Natur in jeder ihr gegebenen Richtung, vereinigte. Als freier Staat war es, daß Britannien den Kampf gegen eine andre Freiheit als die seinige mit solcher Energie, solcher Konsequenz, und solchem Glüke bestand, wie kein anderer, der zu eben diesem Kampfe berufenen Staaten. Um nun seine alte Freiheit vor jener neuen, vor ihrer Verführung und ihrer Gewalt zu schüzen, hat der Britte die Bestandtheile derselben, einen nach dem andern, auf dem Altar des Vaterlands und wahrer oder gewöhnter Nothwendigkeit geopfert. Um zu bleiben was er war, hörte er nach und nach auf, es zu seyn, und tröstete sich leicht, so oft er das, was er auf diesem Wege wurde mit dem verglich, was er auf einem andern hätte werden können. Auf diesem Punkte läßt ihn H. v. A. stehen, und überläßt es einem etwanigen Nachfolger, die weiteren Entwikelungen seines Schiksals, in denen sich die Aufgabe lösen muß, ob Britannien zu seiner klugen Absicht, einer zerstörenden Umwälzung vorzubauen, sich eben so kluger Mittel bedient hat, mit gleicher Genauigkeit, mit gleichumfassender Sachkenntniß zu verfolgen. Die brittischen Annalen mögen aber da, wo H. v. A. sie abbrach, wieder aufgenommen werden, oder nicht, so werden sie durch den mannichfaltigen Reichthum ihres Inhalts immer eine allgemein interessante, und für jedes Mitglied des gebildeten Publikums fast unentbehrliche Sammlung bleiben.

J. G. Cotta'sche Buchhandlung.

Friedrich Frommann's, Buchhändler in Jena, neue Verlagsbücher. Vom Oktober 1798 bis April 1799.

Fülleborns, G. G. Beyträge zur Geschichte der Philosophie, 10tes Stük, 8. 20 Gr.

Herzlieb, Chr. Fr. K. Predigten über epistolische Terte. Nebst einer Zuschrift an Herrn Probst Teller über Popularität im Predigen, 2te Auflage, mit einer Vorrede des oben genannten Herrn Probsts, wie Predigten und Erbauungsbücher überhaupt zu benuzen, gr. 8. 1 Rthlr.

Löffler, D. J. Fr. Chr. Predigten. Erster Band. Dritte Ausgabe. Nebst einer Abhandlung über die kirchliche Genugthuungslehre, gr. 8. 1 Rthlr. 8 Gr.

Mellin, G. S. A. encyclopädisches Wörterbuch der kritischen Philosophie u. s. w., 2ter Band, 1te Abth. gr. 8.   1 Rthlr. 8 Gr.
Niethammer, D. Fr. J. Versuch einer Begründung des vernunftmäßigen Offenbarungsglaubens, nach dem Lateinischen. Mit einem Anhang, der eine Darstellung des Gesichtspunkts enthält, aus dem diese Begründung aufgefaßt werden muß, 8.   14 Gr.
Schneider, J. G. Historiae Amphibiorum naturalis et literariae. Fasciculus Primus, continens Ranas, Calamitas, Bufones, Salamandras et Hydros in genera et species descriptos notisque suis distinctos. c. 2. tab. aer. incis. 8 maj.   1 Rthlr. 12 Gr.
Zellers, D. W. A. neues Magazin für Prediger, 7ter Band, 2tes Stük, gr. 8.   18 Gr.
— — desselben, 8ter Band, 1tes Stük, mit den Portraits der Herren Bartels und Niemeyer für den 7ten und 8ten Band, gr. 8.   18 Gr.
Terenzens Lustspiele. Aus dem Lateinischen übersetzt von M. Chr. B. Kindervater. In zwei Theilen. Erster Theil, gr. 8. auf Velinpapier, geheftet   2 Rthlr. 4 Gr.
 auf Drukpapier   1 Rthlr. 4 Gr.
Θεοφραϲου Χαρακτηρες. Theophrasti Characteres, seu notationes morum atticorum. Graece ex librorum scriptorum copiis et fide interpolati et aucti, virorumque doctorum coniecturis correcti. Editor J. G. Schneider, 8 maj.   22 Gr.

Portrait des Herrn Abt Bartels nach Schwarz gestochen von Lips. Erste Abdrücke   8 Gr.
Portrait des Herrn KonsistorialRath D. Niemeyer nach Gareis von Lips. Erste Abdrücke   8 Gr.

Unter der Presse sind:

Arnold, Th. kurzgefaßte englische Grammatik, verbessert von M. J. B. Rogler, 10te Auflage, gr. 8.   16 Gr.
Ritter, J. W. Beyträge zur nähern Kenntniß des Galvanismus und der Resultate seiner Untersuchung. Für Aerzte, Physiker und Chemiker, mit Kupfern, 1tes Stük, gr. 8.
Schneider, J. G. Εκλογαι φυσικαι. Eclogae Physicae ex scriptoribus praecipue graece excerptae in usum studiosae litterarum iuventutis. 8 maj.
Tieck, L. romantische Dichtungen. Erster und zweyter Thl. 8.

Titan
von Jean Paul.
(Verfasser des Hesperus, der unsichtbaren Loge 2c.)

Von diesem Werke erscheint im Verlage der Carl Matzdorfschen Buchhandlung in Berlin zur Leipz. Jubil. Messe 1800 der 1te Band und das 1te Bändchen. Subscribenten, welche dem Werke vorgedruckt werden sollen, erhalten dasselbe auf schönerm Papier. Man wendet sich deshalb bis Ende dieses Jahrs an die Verlags- wie auch jede andre gute Buchhandlung mit portofreien Briefen und leserlich geschriebenen Nahmen.

In der Bauer- und Mannischen Buchhandlung zu Nürnberg wie auch in allen soliden Buchhandlungen Teutschlands ist zu haben:

Posselts, Dr. Ernst Ludwig, Taschenbuch für die neueste Geschichte ꝛc. 6ter Jahrgang, mit Küffnerischen Kupfern, 1800.

Der berühmte Herr Verfasser führt hier die Geschichte des Krieges der ersten Coalition gegen die französische Republik bis zum Frieden von Campo Formio, also bis zu seinem Schlusse fort. Auch dieser Jahrgang zeichnet sich in hohen Grade durch Genauigkeit, Vollständigkeit, durch eine unparteyische, und doch beseelte Darstellung der militairischen und politischen Ereignisse aus, welche diesen Zeitraum auf immer denkwürdig gemacht haben. Besonders willkommen wird allen Klassen von Lesern die am Ende gelieferte, so klar und treffend geordnete allgemeine Uibersicht des ganzen Krieges seyn. Auch der äussere Schmuk des Werkgens ist seines Inhalts nicht unwürdig. Das Titelkupfer stellt den ächtteutschen jugendlichen Helden, Erzherzog Karl, dar. Die zwölf nachfolgenden Kupfer, von Herrn Küffner gestochen, enthalten die merkwürdigsten Szenen der Expedition in Egypten (von welcher zugleich, in der Erklärung, eine kurze Geschichte geliefert wird), so wie der Revolutionen in der Schweiz und in Italien. Die zwei Einbandsvignetten sind Allegorien auf den Frieden von Campo Formio, und auf den Wiederausbruch des Krieges.

Die bisher in unserm Verlage erschienenen sechs Jahrgänge dieses Taschenbuchs zusammen, bilden eine vollständige Geschichte des ersten französischen Revolutions Krieges; eine Geschichte, die man gewiß noch in späten Jahren mit dem grösten Interesse lesen, und wobei Jeder sich lebhaft die fast unglaublichen Begebenheiten vergegenwärtigen wird, von welchen er Zeitgenosse, zum Theil selbst Augenzeuge war.

Öftere Anfragen veranlassen uns, anzuzeigen, daß wir nur noch einige wenige Exemplare von den vorhergehenden Jahrgängen vorräthig haben.

Eine solche vollständige Sammlung von allen sechs Jahrgängen, mit allen dazu gehörigen Kupfern und Vignetten kostet . 7 Thlr. Sächs. oder 12 fl. 36 kr.

Der Preiß des gegenwärtigen Jahrgangs ist 1 Thlr. 8 ggr. oder . 2 fl. 24 kr.

Ferner:

Député, du, de la Revolution Suisse ou défense du ci-devant Général de Weiss contre ses detracteurs, 8. 1799. en Comm.   8 ggr. oder 36 kr.

Auch unter dem Titel:

Zur Geschichte des Anfangs der Schweizerischen Revolution, oder Vertheidigung des ehemaligen General von Weiß gegen seine Verläumder. Aus dem Französischen, 8. 1799. 8 ggr. oder 36 kr.

Leser, der du nicht aus eigner Erfahrung weißt, was Revolutionen sind, lese hier, und staune. Diese Schrift ist nicht blos die persönliche Schuzschrift ihres berühmten Verfassers; sie ist zugleich die interessanteste Geschichte der schweizerischen Revolution, ihres Ursprungs, ihrer geheimen Triebfedern ꝛc. von Meisterhand geschrieben; denn wem ist der General von Weiß nicht als Philosoph, als Staatsmann, und zugleich als der geistreichste Schriftsteller bekannt?

Ankündigung.

Holzschubers, Joh. Carl Sigm. von, Versuch eines vollständigen Polizei-Systems, 1ten Bandes 1tes Heft. gr. 8. 1799. 12 ggr. oder 54 kr.

Der Herr Verfasser hat die Absicht ein möglichst vollständiges Polizey-System zu liefern, und zu dem Ende in diesem 1ten Heft des 1ten Bandes eine nöthige Vorinnerung, Einleitung, Plan und zwei bereits bearbeitete Gegenstände, die Sorge für die Nahrungsmittel, und die Erhaltung der Reinlichkeit der Luft und menschlichen Wohnungen betreffend, vorausgeschickt. Die Resultate von mehrern sachkundigen Gelehrten, welchen die Verlagshandlung das Manuscript zur Prüfung vorlegte, gereichten einstimmig zum Lobe des Herrn Verfassers, weil er sich durch Kenntniß und Eifer, durch Freymüthigkeit und Deutlichkeit auszeichnet, und dadurch das gegenwärtige Unternehmen seiner Allgemeinheit wegen, dem auswärtigen Publikum sowohl als dem einheimischen vorzüglich empfehlungswürdig macht.

Da jedoch die Fortsetzung nicht anders als durch eine hinreichende Anzahl von Subscribenten bewirkt werden kann; so glaubt sich unterzeichnete Handlung, längstens bis zu Ende dieses Jahrs, derselben zuverlässig versehen zu dürfen. Sie wird sich aber dargegen zur Pflicht machen, den Herrn Subscribenten das ganze Werk in zwanglosen Heften zu zehen Bogen, wovon vier allezeit einen Band ausmachen werden, mit möglichst saubern und correctem Druck und gutem Papier um den oben angesetzten, nach Ablauf des Subscriptions-Termins aber nothwendig erhöhet werdenden Preiß zu liefern.

Bauer- und Mannische Buchhandlung
in Nürnberg.

Anzeige.

Ich habe für das Jahr 1800 u. f. den Verlag des bey Friedrich Vieweg in Braunschweig im Jahre 1799. angefangenen Historischen Journals von Friedrich Genz übernommen. Regelmäßig und unfehlbar erscheint mit dem Anfange eines jeden Monats ein Heft 7—8 Bogen stark und am Schlusse des Jahrs wird ein vollständiges Register über alle im ganzen Jahrgange befindlichen Aufsätze als dreyzehntes Heft unentgeldlich nachgeliefert werden. Der Jahrgang kostet 4 Rthlr. Sächsisch praenumerando. Alle löbl. Buchhandlungen wie auch alle löbl. Postämter nehmen Pränumeration an. Sr. Majestät, der Russische Kaiser, haben diesem Journale freien ungestörten Eingang in alle Ihre Staaten gnädigst erstattet.

Den 8 Nov. 1799.   Heinrich Frölich
             Buchhändler in Berlin.

―――

Ankündigung.

In unserm Verlage ist so eben erschienen und in jeder Buchhandlung zu haben:

Archiv für die Geschichte, Erdbeschreibung, Statistik, und Alterthümer der Teutschen Niederrheinlande. Angelegt von Dr. August Christian Borheck, ordentlichem Professor der Geschichte und Beredsamkeit in Duisburg. 1r Bd 1r Heft. MedianPappier. 18 ggr. oder 1 fl. 15 kr.

Noch liegt die Geschichte der teutschen Niederrheinlande größtentheils in Archiven, Chroniken, und Bibliothecken versteckt. Viele Vorarbeiten müssen erst noch geschehen, viele Geschichtsquellen eröfnet werden, ehe sie ihren Möser, ihren Spittler, ihren Müller bekommen können.

Nicht viel mehr, als für die Geschichte, ist bisher auch für die Erdbeschreibung und Staatsverfassung dieser so beträchtlichen teutschen Länder geschehen. Der Erste aller Erdbeschreiber — welcher Teutsche denkt dabei nicht gleich unsern unsterblichen Büsching? — konnte seinem Nationalwerk die Vollkommenheit auch nicht geben, die ihm seine Nachfolger und Nacheiferer geben müssen, weil ihm noch nicht genug vorgearbeitet war, und mehr als Ein Mann, besäße er auch Büschingische Gelehrsamkeit und Arbeitsamkeit zugleich, dazu erfordert wird, Teutschlands Erdbeschreibung und Staatsverfassung zur Vollkommenheit zu bringen.

Diese nothwendigen Vorarbeiten dem künftigen Geschicht- und Erdbeschreiber des Niederrheinischen Teutschlands nach und nach zu liefern, ist der Zweck dieses Archivs, das sich daher über Geschichte, Erdbeschreibung, und Staatsverfassung dieser teutschen Länder, im ganzen Umfange dieser Wissenschaften ausbreiten wird.

Wir werden daher in unser Archiv alles aufnehmen, was zur Aufklärung der historischen, geographischen und statistischen Kenntniß der teutschen Niederrheinlande etwas beitragen kann, unter welchen wir diejenigen teutschen Landschaften verstehen, die im Flußgebiet des Niederrheins liegen, und zu Teutschland gerechnet werden.

Urkunden, die entweder noch ungedruckt, oder fehlerhaft gedruckt sind, werden mit diplomatischer Genauigkeit in ihrer Ursprache abgedruckt. Von ungedruckten Chroniken, oder schon gedruckten, aber ihrer großen Seltenheit wegen gleichsam als ungedruckt zu betrachtenden soll der Inhalt vollständig dargelegt und ein solcher gedrängter Auszug geliefert werden, der nichts Wesentliches übergeht, und das Charakteristische des Schriftstellers vollkommen darstellt, damit der künftige Geschichtschreiber ihn gehörig würdigen könne. Diese Chroniken liefern wir alle in teutscher Sprache. Eben dies wird bei einzelnen seltenen kleinen Schriften, die nur mit äusserster Mühe und Kosten anzuschaffen sind, und bei den für dies Archiv zweckmäßigen Abhandlungen geschehen, die sich in solchen großen Sammlungen finden, deren bei weitem größte Theil des Inhalts den Geschicht- und Erdbeschreiber unsrer Lande nicht interessirt. Dies wird hoffentlich den Geschichtforschern sehr angenehm seyn. Ausserdem werden wir in diesem Archiv Beschreibungen von Alterthümern, die sich in unseren Landen finden, historische Untersuchungen und Bearbeitung einzelner Theile oder Abschnitten der Geschichte dieser Länder, statistische Aufsätze, Lebensbeschreibungen gelehrter und denkwürdiger Männer, Nachrichten von gelehrten und Schulanstalten, von Manufakturen, Fabriken, dem Handel, Topographien, und Verbesserungen der Büschingischen Erdbeschreibung ꝛc. mittheilen. Dieses werden etwa die Gegenstände seyn, für die wir unser Archiv bestimmen.

Jeder Patriot, der zur Bereicherung dieses Archivs etwas beitragen kann, wird sich das Publikum, und den Herausgeber durch dessen gefällige Mittheilung verbindlich machen, und kann auf das Honorar, das von der Verlagshandlung bezahlt wird, und, wenn er sie verlangt, auf die heiligste Verschweigung seines Nahmens jedesmal rechnen.

Die Verlagshandlung wird alle Oster- und Michaelismessen so lange ununterbrochen ein Stück von 10 Bogen liefern, und jeden aus zwei solchen Stücken bestehenden Band, mit dem saubern Kupfer eines denkwürdigen Mannes dieser Länder zieren, als sie vom Publikum durch Absatz unterstützt wird. Und sollten sie daran wohl zweifeln dürfen, da die mehrsten übrigen teutschen Lande ähnliche Zeitschriften schon seit langer Zeit unterstützen?

Elberfeld 28 Nov. 1799.

Comptoir für Litteratur.

Verlagsbücher von dem Comptoir für Litteratur in Elberfeld. Ostermesse 1799.

Geschichte des Menschen nach seiner geistigen und körperlichen Natur, für jeden gebildeten Leser: Nach dem Französischen des Herrn le Camus frei bearbeitet vom Hofrath von Eicken. 8. 1 Rthl. 12 gr. oder fl. 2. 20 kr.

Reise (die) zur Meße. Für Verehrer der Tugend, Freundschaft und Liebe. 8. mit 1 Kupf. 20 gr. oder fl. 1. 20 kr.

Stricker (Joh. Heinrich) kurze Erklärung des Buchhaltens nebst Anweisung zur gründlichen Erlernung der einfachen Buchhaltung und einer Tabelle, welche den Werth mehrerer aus- und inländischer Rechnungsmünzen gegen Neuethlr. zu 1 5/6 Rthlr. anzeigt. 4. 1 Rthlr. oder fl. 1. 30 kr.

Ueber Mode und Luxus, oder über die Armuth und ihre Quellen. 8. 5 gr. oder 20 kr.

Vestalinen (die) oder der Keuschheitsorden. Allen teutschen Jünglingen und Mädchen, Eltern und Erziehern gewidmet. 8. 8 gr. oder 36 kr.

Weissensteins (Joh.) gründliche Unterweisung in der Handlungswissenschaft, nach der Darstellung des Herrn Professor Büsch in Hamburg. 8. 12 gr. oder 45 kr.

Nachricht
vorzüglich für die Buchhandlungen.

Die Stettinische Buchhandlung in Ulm, welche von jeher die Geschichte der Deutschen, des Hrn. Mich. Ignaz Schmidt im Verlag hatte, hat nun auch die ganze Auflage von der zu Wien herausgekommenen Ausgabe dieses Werks mit dem Verlagsrecht und Privilegio an sich gekauft, und ist nunmehr dieses Buch, sowohl die Aeltere als Neuere Geschichte, einzig und allein bey derselben zu haben. Auch läßt solche durch Hrn. Prof. Jos. Milbiller dieses vortreffliche klassische Werk bis auf unsere Zeiten fortsetzen, und ist bereits der 13te Theil, oder der 8te Band der Neuern Geschichte unter der Presse, welcher noch dieses Jahr fertig werden wird.

Die Wiener Ausgabe besteht in 8 Bänden der Aeltern und 7 Bänden der Neuern Geschichte, wobey jeder Band auf Drukpapier 1 fl. 30. kr. und auf Schreibpapier 2. fl. kostet.

Die Ulmer Ausgabe besteht in 5 Bänden der Aeltern, und in 7 Bänden der Neuern Geschichte, deren jeder 1 fl. 30 kr. kostet.

So eben ist erschienen, und bereits in allen guten Buchhandlungen zu haben:

Der Herausgeber des philosophischen Journals, gerichtliche Verantwortungsschriften gegen die Anklage des Atheismus. Herausgegeben von J. G. Fichte. 8. brochirt 15 gr. oder 1 fl. 8 kr. rheinisch.

Gabler.

Genealogisch-historisch-statistisches Taschenbuch für das Jahr 1800. Eine Uebersicht des thatvollen achtzehnden Jahrhunderts enthaltend. Mit einer Landkarte und sechs historischen Kupfern. Hof, in der Grauischen Buchhandlung.

Am Schluß eines so merkwürdigen Jahrhunderts sieht jeder denkende Mensch gerne noch einmal auf die grossen und wichtigen Begebenheiten desselben zurück, und diesen Rückblick zu erleichtern, eine richtige Uebersicht der grossen Staaten-Veränderungen mit ihren Folgen darzustellen, ist der Zweck dieses Werkes, dessen historischer Inhalt ihm eine längere als blos ephemerische Brauchbarkeit sichert.

Die Einrichtung ist folgende: In dem Kalender, wo die verschiedenen Zeitrechnungen mit der neuen französischen bequem neben einander gestellt sind, ist auf jedem Tag eine merkwürdige Begebenheit aus dem verflossenen Jahrhundert angezeigt. Die Genealogie ist so eingerichtet, daß nächst kurzen Notizen über den Ursprung und die Abtheilungen der regierenden Häuser auch diejenigen verstorbenen Personen nicht übergangen sind, deren Namen in den Welthändeln dieses Zeitraums denkwürdig geworden, und wichtige Vorfälle entweder erläutern oder an solche erinnern.

Hierauf folgt eine historische Uebersicht, welche die Eigenheiten des Jahrhunderts, die Staaten Veränderungen, welche in demselben vorgefallen sind und alle grosse Begebenheiten desselben darstellt. Nach dieser eine statistische Uebersicht der Größe und Bevölkerung, der Zunahme oder Abnahme der vorzüglichsten europäischen Reiche und Staaten.

Eine beygefügte Karte stellt die neuerlichen Republiken dar, und ist als Schauplatz der jetzigen grossen Weltbegebenheiten sehr gut zu gebrauchen.

Sechs historische Kupfer von der Meisterhand des Herrn Mettenleiter trefflich ausgeführt, stellen folgende sechs Szenen aus der neuesten Geschichte dar:

I. Die Ankunft der französischen Gesandten zu Rastadt.

II. Die Ermordung der französischen Gesandten bey Rastadt.

III. Pius VI. exilirt aus Rom.

IV. Buonaparte landet in Egypten.

V. Die Franken leeren die NationalSchätze der Eidgenossen zu Zürich aus.

VI. Duphots Ermordung zu Rom.

und sind mit einer interessanten Beschreibung dieser wichtigen Vorfälle begleitet.

Dieses Taschenbuch ist mit einem allegorischen in Kupfer gestochenen Umschlag gebunden, in allen Buch- und Kunsthandlungen für 1 Thlr. 8 Gr. Sächs. oder 2 Fl. 24 Kr. Rheinisch zu haben.

I.
Neueste KriegsGeschichte.
(Fortsezung.)

4.

Vielseitige Operationen der östreichisch-russischen Armee in Italien nach der Schlacht an der Adda. General Moreau räumt, aus Mangel an Truppen, das ganze nördliche Piemont, und stellt sich mit seinem kleinen Heere zwischen Valenza und Alessandria auf. Zweimal sezen die Alliirten in dieser Gegend über den Po, werden aber beidemale wieder zurükgedrängt. Souworof trift nun Anstalten, die fränkische Position, die er von vorn nicht überwältigen kan, auf seinem rechten Flügel zu umgehen. Treffen bei Marengo. Aufstand im südlichen Piemont, im Rüken der fränkischen Armee. Moreau verlegt sein HauptQuartier nach Coni, am Fuße der Alpen, zurük. Die Alliirten besezen die Stadt Turin. Dadurch, daß Moreau so lange Souworofs HauptMacht auf sich gezogen, hatte der General Macdonald Zeit gewonnen, seine Armee zu sammeln, und, nachdem er in den wichtigsten festen Pläzen in den Gebieten von Neapel und Rom Garnisonen zurükgelassen, sich bis nach Florenz heraufzuziehen, wo er am 24 Mai eintraf. Zu dieser Zeit hatten bereits die Festungen OrciNuovi, Peschiera, Pizzighetone, so wie die Citadellen von Mailand und Ferrara, kapitulirt.

(Epoche: Monat Mai.)

Die im vorhergehenden Abschnitte beschriebenen Fortschritte des Erzherzogs Karl in der Schweiz, standen in genauer Verbindung mit jenen der östreichisch-russischen Armee in Italien.

Die entscheidenden Siege des FeldZeugmeisters Kray an der Etsch, hatten den FeldMarschall Souworof in den Stand gesezt, schneller, als man es hätte für möglich halten sollen, bis ins Herz der Lombardie vorzudringen; die Cisalpinische Republik, die Buonaparte durch zwei Jahre von Siegen und Unterhandlungen gegründet hatte, war innerhalb eines Monats vernichtet worden. Nach dem Uibergang über die Adda, und der Besezung von Mailand, theilte Souworof seine Macht nach allen Richtungen, um zu gleicher Zeit vier verschiedene HauptZweke zu erreichen.

Vorwärts gegen Westen, sezte Er selbst, mit der HauptArmee, die Operationen gegen die Trümmern der Armee des Generals Moreau fort, um dessen Rükzug zu beschleunigen, und ihn zu zwingen, Piemont und das Gebiete von Genua zu verlassen, ehe er noch Verstärkungen würde haben an sich ziehen können.

Gegen Norden, und auf seinem rechten Flügel, drang ein Theil des von dem FeldMarschallLieutenant Bellegarde zur Armee in Italien detaschirten Korps in die Thäler oberhalb der Seen zwischen Italien und der Schweiz ein, um die Bewegungen des linken Flügels der Armee des Erzherzogs jenseits des Gotthards zu erleichtern.

Gegen Osten, und in seinem Rüken, ließ er durch einzelne Korps die Festungen belagern, die durch den Rükzug der fränkischen Armee ihrem eigenen Schiksal überlassen waren. Schon am 30 April hatte sich die kleine Festung Orci Nuovi, am Oglio, dem General Alcaini ergeben; die Besazung, die aus ein paar hundert Mann bestand, ward kriegsgefangen; die Offiziere durften, auf ihr EhrenWort, vor der Auswechslung nicht zu dienen, nach Frankreich zurükkehren. Der

Feldzeugmeister Kray betrieb mit einem Corps von 25 bis 30,000 Mann die Belagerung von Peschiera und Mantua. Der General Klenau belagerte Ferrara, und beobachtete Bologna. Der FeldMarschall Lieutnant Kaim stand mit seiner Division vor Pizzighetone, an der Adda, einer kleinen, aber starken Festung, von welcher Buonaparte geglaubt hatte, daß sie für die Sicherheit der Cisalpinischen Republik allenfalls die Stelle von Mantua würde ersezen können. Die Citadelle von Mailand hielt der General Lattermann mit einem Corps von vier Bataillonen eingeschlossen.

Endlich, gegen Süden, und zu seiner Linken, hatte Souworof den FeldMarschallLieutnant Ott mit einer starken Division in das Modenesische detaschirt, um den General Klenau zu unterstüzen, der fränkschen Armee von Neapel entgegen zu gehen, sich vor ihr der Päße über die Apenninen im Obern Toscana zu bemächtigen, und ihr die Communication mit dem Gebiete von Genua abzuschneiden.

Dies war die Lage und die Vertheilung der österreichisch = rüssischen KriegsMacht in Italien zu Anfang des Mai.

Auf Seiten der Franken, hatte der General Moreau, nach dem Uibergang der Alliirten über die Adda, sich mit den Trümmern seiner Armee auf drei Colonnen zurükgezogen: die zur Rechten marschirte von Lodi über Piacenza; die mitlere von Mailand über Pavia und Voghera; die zur Linken über Vigevano und Novara, wo am 2 Mai das HauptQuartier war. Der gröste Theil der Armee nahm demnach seine Richtung gegen das Genuesische. Der OberGeneral selbst begab sich jedoch zuerst noch nach Turin, that den Unordnungen Einhalt, traf Anstalten zur Vertheidigung der Stadt, vornemlich aber der Citadelle, und stellte zugleich einige Communicationen wieder her, die, wo nicht unterbrochen, doch bereits durch einzelne Rotten von bewafneten

Bauern bedroht, und ihm wegen der Verstärkungen wichtig waren, die er aus der Schweiz, aus Savoyen, und von dem Dauphine her, erwartete.

Mit seiner, durch so viele Treffen, und die in den cisalpinischen Festungen zurükgelassenen Garnisonen, äusserst geschwächten Armee konnte er unmöglich mehr zugleich die Ebenen von Piemont vertheidigen, und das Gebiete von Genua und die Communicationen deken, die er sich sowohl für seine Vereinigung mit der Armee von Neapel als für die Ankunft der Verstärkungen aus der Provence offen halten muste. Als er sich, zu Ende Aprils, über den Tesino zurükzog, hatte er nicht mehr über 12,000 Mann unter den Waffen; wenige Feldherren übernahmen das Commando einer Armee unter so schwierigen Umständen. Es blieb ihm keine andre Wahl, als entweder seine Verbindungen mit der Armee des Generals Massena aufzugeben, oder die Armee von Neapel lediglich ihrem Schiksal zu überlassen, in welchem Fall diese leztere unvermeidlich verloren war. Er konnte hierüber nicht lange unschlüssig seyn. Er zog die sämtlichen Truppen aus den piemontesischen Städten auf dem linken Ufer des Po, so wie den grösten Theil der Garnisonen in Turin und den andern Plätzen auf dem rechten Ufer dieses Flusses zurük, indem er nur einige hundert Mann in Coni, und ohngefähr 1500 Mann in der Citadelle von Turin ließ; auch waren, gegen Ende Aprils, 5000 Mann zu seiner Verstärkung von Nizza zu Coni angekommen. Aus allen diesen Truppen nun, die er in eine Masse vereinigte, bildete er wieder eine Armee von 20 bis 25,000 Mann, die bei der wichtigen Festung Alessandria, zwischen dem Po und dem Tanaro, ein Lager bezog, ihren linken Flügel an Valenza lehnte, und den rechten am Apennin hin erstrekte, um die Pässe zu deken, die gegen die Ripiera von Genua führen, und dadurch den Rükzug der Armee von Neapel zu sichern.

Diese Armee von Neapel, die wir nun bald auf dem KriegsSchauplaze in Italien eine HauptRolle werden spielen sehen, hatte der General Macdonald, sogleich auf die erste Nachricht von Scherer's Unfällen an der Etsch, zu concentriren beschlossen, um auf jeden Fall in marschfertigem Stande zu seyn. Zu dem Ende bezogen die Truppen bei Caserta ein Lager; in der Haupt-Stadt Neapel ward eine NationalGarde gebildet; das Fort San Elmo, die Festungen Capua und Gaeta, wurden auf den Fall einer Belagerung mit Lebensmitteln versehen; die neue Regierung war organisirt, und die zahlreichen Anhänger der Revolution in Neapel fest entschlossen, sich bis auf's äusserste zu vertheidigen. Indeß erhielt Macdonald wiederholte Befehle, den Marsch seiner Armee, so viel wie möglich, zu beschleunigen, um sich in Toscana an die Italienische Armee anzuschliessen. Eine Division, welche die Insurrectionen in Apulien, wo die Einwohner sich durchaus nicht den neuen Gesezen fügen wollten, mit Feuer und Schwert hatte erstiken sollen, ward nun zurükgerufen. Eine andre Division, die Calabrien, wo der Kardinal Ruffo an der Spize der Trümmern der königlichen Armee und einer zahlreichen bewafneten VolksMasse stand, zu unterwerfen beauftragt war, aber nicht in diese Provinz hatte eindringen können, ward ebenfalls von der Gränze derselben zurükgerufen; und nun brach die Armee von Neapel, nachdem sie in dem Fort von San Elmo, in Gaeta und Capua, starke Garnisonen, und in der leztern Stadt noch 2000 Kranke zurükgelassen hatte, am 9 Mai, aus ihrem Lager bei Caserta auf, um über Rom nach Florenz zu marschiren.

So war um diese Zeit ganz Italien durch die fränkischen und östreichisch-russischen Armeen besezt; die verschiedenen Korps und Posten derselben waren gleichsam gegenseitig von einander eingeschlossen. Nicht ein Plaz, nicht ein Posten, der noch in Verbindung mit den Positionen der fränkischen Armeen, oder schon isolirt war, fand sich vom Mittelpunkte der Lombardei bis zu beiden Meeren, der nicht muthig angegriffen und muthig vertheidigt wurde. Im weiten Bezirk der Alpen, in der langen Kette des Apennins, war kein einziger Paß, der in diesem Augenblike nicht in Bezug auf die KriegsOperationen von Wichtigkeit war, der nicht durch Detachements von Truppen oder durch die LandesEinwohner — eine HilfsMacht, womit Verschiedenheit der Meinungen, Zwang, oder Sieg, die beiderseitigen Armeen verstärkten — besezt oder streitig gemacht wurde.

Nach diesem kurzen allgemeinen Gemählde von der Lage der kriegführenden Theile zu Anfang des Mai, kehren wir zur Erzählung der weitern KriegsBegebenheiten zurük.

Schon am 3 hatte der FeldMarschall Souworof sein HauptQuartier nach Pavia verlegt. Eine starke Avantgarde seines rechten Flügels, unter den Befehlen des Generals Bukassovich, gieng über den Tesino, drang ohne Widerstand in dem von den Franken verlassenen nördlichen Piemont vor, besezte die von ihnen geräumten kleinen Pläze Mortara, Novara, Vercelli, und schikte Parteien über Jvrea bis nach Chivasso; indem er auf solche Art am linken Ufer des Po bis gegen Turin vorrükte, wollte er den General Moreau dadurch, daß er über seinen linken Flügel hinausrükte, und ihn sogar völlig umgieng, bewegen, geradeswegs wieder umzukehren.

Inzwischen hatte am 5 Mai die Festung Peschiera kapitulirt; die Besazung, die aus 1500 Mann bestand, ward an die nächsten fränkischen VorPosten gebracht, unter der Bedingung, sechs Monate lang nicht gegen den Kaiser und dessen Alliirte zu dienen; 19 Kanonen, 16 bewafnete Schiffe, eine Menge Kriegs= und MundVorräthe, fielen hier den Siegern in die Hände. Nach dem Falle dieser Festung nahm der FeldZeugmeister Kray sein HauptQuartier in Borgoforte, vereinigte nun alle seine Truppen, und engte die HauptFestung Mantua immer mehr ein.

Am 9 Mai kapitulirte auch Pizzighetone, vier Tage nach Eröfnung der LaufGräben; die Besazung, die nur 600 Mann stark war, ergab sich kriegsgefangen; in der Festung fanden sich 95 Kanonen, KriegsMunition für 6 Monate, und Lebensmittel für 5000 Mann auf länger als ein Jahr. Der FeldMarschallLieutnant Kaim, der die Belagerung kommandirt hatte, erhielt nun Befehl, mit seiner Division wieder zu der HauptArmee zu stossen.

Die Citadelle von Mailand, und Ferrara, hielten sich noch. Bologna, welches der General Montrichard dekte, ward nur in der Ferne beobachtet, und Ancona blos zur See durch ein russisch-türkisches Geschwader blokirt.

Der FeldMarschall Souworof, dessen HauptArmee durch alle diese einzelne Operationen und vielseitige Bewegungen sehr geschwächt war, drängte inzwischen den General Moreau immer näher, und suchte ihn aus seiner starken Position bei Alessandria zu vertreiben.

Um einen Schlag gegen die vorliegende Festung Tortona auszuführen, brach der General Fürst Bagration, an der Spize der russischen Avantgarde, von Pavia auf, gieng bei Covesuo über den Po, und rükte gegen Voghera vor; der General Karaiczay, der zu seiner Unterstüzung nachfolgte, gieng mit zwei Bataillonen und vier Escadrons bei Castelnuovo über die Scrivia, und stellte sich bei Torre di Garofolo, zwischen Tortona und Alessandria, auf. Souworof entschloß sich nun, mit seiner ganzen Armee auf der Seite von Tortona über den Po zu sezen. Die zwei Divisionen Zoph und Fröhlich, unter Anführung des Generals Melas, verliessen am 7 Mai ihr Lager von Casal-Pusturlengo, giengen bei Piacenza über den Po, und bezogen ein Lager bei dem Kastell S. Giovanni, nachdem zu vor der General Morzin mit drei Bataillonen und zwei Escadrons zur Besezung des wichtigen Posten Bobbio, auf der Strasse von Piacenza nach Genua, detaschirt worden war. Am folgenden Tage rükten sie bis Voghera, und am 9 Mai auf Tortona los. Der General Chasteler grif das gegen Voghera führende Thor an, sprengte es mit Hilfe der Einwohner, troz des Kartätschenfeuers aus der Citadelle, und die östreichischen Truppen besezten nun die Stadt Tortona, welche auf dieser Seite der Schlüssel von Piemont ist; die 700 Mann starke fränkische Besazung warf sich in die Citadelle, wo sie von vier Bataillonen blokirt wurde; in der Stadt waren 250 Kranke und Verwundete zurükgeblieben. Am 10 Mai sezte die alliirte Armee über die Scrivia, und lagerte sich bei Torre di Garofolo, wo sie sich mit der russischen Avantgarde vereinigte. Hier traf auch der FeldMarschallLieutnant Kaim mit der Division, womit er Pizzighetone belagert hatte, bei ihr ein. Der General Karaiczay ward mit einem Korps gegen Novi und Seravalle detaschirt, um von da aus Genua und Moreau's Communication mit Macdonald zu bedrohen.

Durch diese Demonstration des FeldMarschalls Souworof auf seiner linken Flanke, und durch die Streifereien seiner leichten Truppen zwischen dem Tanaro und den Apenninen, ließ sich der General Moreau keineswegs in Bewegung sezen. Rechts an Alessandria, links an Valenza gelehnt, im Besize von Casal und Verrua, wo er starke Detaschements aufgestelt hatte, ließ er sich in Ansehung des eigentlichen Planes des FeldMarschalls Souworof nicht irre führen, sondern erkannte wohl, daß dieser den rechten Flügel der fränkischen Armee und deren Communication mit Genua wahrscheinlich nur in der Absicht bedrohe, um auf seinem linken Flügel unvermuthet über den Po zu sezen, und ihn zu einer allgemeinen und entscheidenden Action zu nöthigen.

Dis Projekt ward durch die Einwohner von Mondovi, Ceva, Oneglia, und fast des ganzen südlichen Theils von Piemont unterstüzt, die plözlich, im Rüken der fränkischen Armee, zu den Waffen gegriffen hatten. Diese Insurrectionen gewannen bald einen so furchtbaren Bestand, daß ein Bataillon, welches zu der fränkischen Armee stossen sollte, angegriffen und zerstreut ward. Die Lage, worin General Moreau sich befand, war izt von der Art, daß, wenn er eine Schlacht angenommen und verloren hätte, sein Rükzug dis- und jenseits der Apenninen gleich unmöglich gewesen seyn würde.

Am 11 Mai erfolgte wirklich ein Angrif auf seinen linken Flügel; aber die östreichischen Truppen, die oberhalb Valenza über den Po gesezt hatten, wurden durch den GeneralAdjutant Garreau, der den linken Flügel der Division Grenier kommandirte, mit Verlust zurükgedrängt.

Am folgenden Tage ward der Angrif mit Macht erneuert. Ein russisches TruppenKorps von 700 Mann sezte bei Bassignana, unweit der Spize, wo der Tanaro sich in den Po ergießt, über den leztern Strom, und richtete ihren HauptAngrif auf Percetto, zwischen Valenza und Alessandria, um die fränkische Linie zu durchschneiden. Die Division Grenier, welche diesen Punkt dekte, muste dieser, ihr an Zahl weit überlegenen, Colonne weichen, bis die Ankunft frischer Truppen unter dem BrigadeChef Garbanne das Gefecht herstellte. Da zu gleicher Zeit auch die Division Victor, welche Moreau in Eile hatte vorrüken lassen, auf der Höhe von Pecetto erschien, so wurden die Russen nun auf ihrer linken Flanke und in der Fronte angegriffen. Der Kampf war lang und hartnäkig; ein LandHaus im Centrum des Angrifs ward mehrmals genommen und wiedergenommen; auf russischer Seite blieb ein General auf dem Plaze, auf fränkischer ward der General Quesnel durch einen Schuß in den Arm verwundet. Endlich wichen die Russen, und wurden mit starkem Verluste über den Strom zurükgeworfen.

Nach diesen Versuchen gab der FeldMarschall Souworof die Hofnung auf, die fränkische Position durch einen Angrif von vorn überwältigen zu können, und entschloß sich, sie zu umgehen, und in dieser Absicht mit seiner HauptMacht auf dem linken PoUfer vorzurüken, und sich gegen Turin zu wenden, um dadurch endlich den General Moreau zu nöthigen, sein Lager bei Alessandria zu verlassen, und sich entweder an die Gränzen Frankreichs oder in das Genuesische zurükzuziehen. In dieser Absicht wollte er zur Blokirung der Citadelle von Tortona ein kleines Korps zurüklassen, und mit der übrigen Armee, in der Nacht vom 16, bei Cerra=Fina, zwischen Tortona und Pavia, auf das linke Ufer des Po zurükgehen, sich durch einen zweiten Marsch nach Candia, bei der Mündung der Sesia in den Po, begeben, und von da an diesem Flusse hinauf gegen Turin marschiren.

Aber Moreau, der wahrscheinlich die Bewegungen in dem Lager bei Torre di Garofolo bemerkt hatte, und schon während der vorhergehenden Nacht, bei Alessandria, eine Brüke über die Bormida hatte schlagen lassen, gieng am 16, Morgens acht Uhr, mit einer Colonne von 7000 Mann über dieselbe, und führte selbst seine Reiterei an. Die VorPostenKette der Alliirten, die aus Kosaken bestand, ward von Marengo bis S. Giuliano zurükgedrängt. Während er hierauf durch Detaschements ihre beiden Flügel auf der Seite des Po und des Tanaro zu bedrohen suchte, rükte er mit dem Rest seiner Truppen in SchlachtOrdnung gegen das Lager von Torre di Garofolo vor, in welchem der General Lusignan mit der Division Fröhlich stand, den er diese Position zu verlassen zwang, bis Lusignan sich mit dem zu S. Giuliano gestandenen Korps des Fürsten Bagration vereinigte, worauf die Franken gegen Abend sich wieder über ihre Brüke nach Alessandria zurükziehen musten.

Diß war der lezte Versuch, den der General Moreau machen konnte, um sich in dieser Position zu behaupten. Der FeldMarschall Souworof ließ nun mit Nachdruk die fränkischen Posten am rechten Ufer des Po, oberhalb Valenza, angreifen. Der General Bukassovich, der am 16 Mai auf zwei Punkten, bei Verrua und bei Ponte-Stura, über diesen Fluß gesezt hatte, nahm am 18 Casal hinweg, den einzigen Posten, der den Rüken der fränkischen Armee in ihrer Position zwischen dem Po und dem Tartaro dekte. Da das verschanzte Lager der Franken nun von allen Seiten offen war, so sah Moreau sich genöthigt, Valenza und Alessandria zu räumen. Nachdem er in der wichtigen Citadelle dieses leztern Ortes eine hinlängliche Garnison zurükgelassen hatte, trat er am 19 seinen Rükzug an; mit seinem HauptQuartier und dem grösten Theile seiner Armee wandte er sich über Asti und Cherasco nach Coni, wo er am 22 Mai ankam. Auf seinem rechten Flügel detaschirte er ein Corps zur WiederEinnahme von Ceva und Mondovi, um dadurch die, durch die Insurgenten unterbrochenen, Communicationen mit dem KüstenLande von Genua wieder herzustellen.

Durch die Thätigkeit und Kühnheit, womit er an der Spize einer Handvoll Truppen die Hauptmacht der Alliirten auf sich hinzog und beschäftigte, hatte Moreau dem General Macdonald die nöthige Zeit verschaft, sich der genuesischen Gränze zu nähern; so wie der DivisionsGeneral Perignon, der wenige Tage vorher das Commando der Truppen in Genua übernommen hatte, dadurch in den Stand gesezt ward, die Zugänge zu diesem Plaze von der GebirgsSeite her zu schliessen, die nöthigen Anstalten zu deren Vertheidigung zu treffen, und sich der vorspringendsten Positionen zu versichern, wo er die Vereinigung der beiden Armeen begünstigen konnte.

Der Feldmarschall Souworof hatte in der unvortheilhaften Stellung auf den beiden Ufern des Po, unterhalb des doppelten Zusammenflusses der Bormida und des Tanaro, nicht dahin gelangen können, die fränkische Armee in ihrem Lager bei Alessandria einzuschliessen. Nach der Räumung dieses Plazes, ließ er solchen besezen, und die Citadelle eng blokiren; der General Sekendorf rükte gegen Acqui vor; die Divisionen Kaim, Fröhlich und Zoph, unter Anführung des Generals Melas, so wie die russischen Truppen, kamen, nach drei Märschen, am 2 Mai, in Candia an, von wo aus sie auf beiden Ufern des Po weiter gegen Turin vorrükten. Am 27 foderte der General Bukassovich, der die Avantgarde führte, diese HauptStadt Piemonts zur Uibergabe auf, und ließ sie, da er eine abschlägige Antwort erhielt, mit einigen Haubizen bewerfen, wodurch eines der nahe am PoThore liegenden Häuser in Brand gerieth. Die bewafneten Bürger benuzten die entstandene Verwirrung, und öfneten das Thor, worauf der General Bukassovich sogleich in die Stadt eindrang. Die fränkische Garnison, unter den Befehlen des Generals Fiorella, warf sich in die Citadelle. Im Arsenal und auf den StadtWällen fanden sich über 360 Kanonen und WurfGeschüze von verschiedenem Kaliber, so wie mehr als 6000 Centner Pulver. Der FeldMarschallLieutnant Kaim besezte mit seiner Division die Stadt; der Fürst Bagration blokirte die Citadelle von aussen; die Divisionen Fröhlich und Zoph, nebst den übrigen russischen Truppen, bildeten ein ObservationsLager bei Orbassano, auf dem Wege nach Pignerol.

So stund, einige 60 Tage nach dem WiederAusbruch der Feindseligkeiten an der Etsch, die österreichisch-russische Armee beinahe im Angesicht der alten Gränzen Frankreichs. Wir wollen nun auch den Blik auf die Ereignisse werfen, die sich inzwischen im

Rüken derselben, und im Innern von Italien, zutrugen.

Für die Alliirten war es von größter Wichtigkeit, sobald wie möglich ein ArmeeCorps sammeln zu können, das stark genug wäre, um dem General Macdonald die Spize zu bieten, der, nach der Räumung des Königreichs Neapel, sich durch das Gebiet der römischen Republik heraufzog, wo er gleichfalls alle in deren Umfang zerstreuten fränkischen Truppen an sich zog, und nur in der HauptStadt Rom und in Civitavecchia Besazungen zurükließ. Der General Gauthier, der mit seiner Division noch immer in Toscana stand, traf daselbst die nöthigen Anstalten, um die Armee von Neapel zu empfangen; er hatte ein ObservationsLager zwischen Florenz und Bologna errichtet, Pistoja besezt, und alle Pässe über die Apenninen gesperrt. Souworof durfte keinen Augenblik verlieren, um eine Vereinigung zu verhindern, die seine Plane vereiteln, und die ganze Lage der Dinge ändern könnte: die schnellen Märsche des Generals Macdonald mit einem beträchtlichen ArmeeCorps, die bereits beschriebenen Manöver des Generals Moreau, und die muthige Haltung der ObservationsCorps in den Gebieten von Toscana und Bologna, unter den Befehlen der Generale Gauthier und Montrichard, hatten den schwierigsten Rükzug möglich gemacht, den vielleicht je ein General auszuführen wagte.

Auch ließ der FeldMarschall Souworof mit der größten Thätigkeit den BelagerungsKrieg fortsezen, der ihn bis dahin verhindert, alle seine Truppen im freien Felde zu brauchen, und seine Operationen auf der Seite von Toscana und gegen die von den Franken besezten ZwischenPositionen verzögert hatte.

Die Belagerung der Citadelle von Mailand, wohin der General Hohenzollern mit einer Verstärkung von sechs Bataillonen von ihm abgeschikt worden war, hatte durch den Marsch des Generals Lecourbe in die italienischen LandVogteien eine kurze Unterbrechung gelitten. Da Lecourbe hier den Prinzen von Rohan zwischen dem Comer= und LuganerSee mit überlegener Macht zurükgedrängt hatte, so war der General Hohenzollern, am 15 Mai, mit seinem Korps von Mailand abgezogen, hatte sich am 17, nach einem EilMarsche von sechszehn Stunden, an der Tresa mit dem Prinzen vereinigt, und am folgenden Tage die Franken auf drei Punkten angegriffen, und zum Rükzuge nach Bellinzona genöthigt, von wo aus Lecourbe, wie wir bereits im vorigen Abschnitte erzählt, über den Gotthard sich in die Schweiz zurükzog. Der General Hohenzollern ließ nun dem Prinzen von Rohan einige Truppen zur Verstärkung, und eilte wieder nach Mailand zurük, wo er in der Nacht vom 20 auf den 21 den LaufGraben eröfnen, und am 23 die Citadelle aus 60 FeuerSchlünden beschiessen ließ. Am 24 kapitulirte der fränkische Kommandant, BataillonsChef Bechaud; die Besazung, die aus 2,200 Mann bestand, erhielt freien Abzug, unter der Bedingung, innerhalb Jahr und Tag nicht gegen die kaiserlichen Truppen zu dienen.

Am nemlichen Tage ergab sich auch die Citadelle von Ferrara, ein starkes regelmäsiges Pentagon, an den General Klenau, nach einem Bombardement, durch welches verschiedene Magazine in Brand gesezt worden waren; die Besazung von 1500 Mann sollte gleichfalls nach Frankreich zurükkehren, und nur sechs Monate lang nicht gegen die alliirten Mächte dienen dürfen. In der Festung fanden sich 72 metallene, 40 eiserne Kanonen, 5214 Centner Pulver, und eine FeldApotheke, die auf 1 $\frac{1}{2}$ Millionen Livres an Werth geschäzt wurde.

Am 26 Mai nahm der OberstLieutnant Grill (vom Regiment Stuart), von einer Truppe Insurgenten unterstüzt, Ravenna hinweg; obgleich diese Stadt eigentlich kein fester Plaz, sondern blos mit Mauern umgeben ist, so sicherte doch die Besezung derselben die ganze See-KüstenStrasse, und die Subsistenz der in der Provinz Ferrara befindlichen östreichischen Truppen. Auch Commacchio, und einige andre minder bedeutende Orte im KirchenStaat, wurden von denselben besezt.

Ancona war noch immer durch ein russisch=türkisches Geschwader von 7 Linien Schiffen und 6 Fregatten blokirt.

In Betref Mantua's erhielt der FeldZeugmeister Kray, nachdem er am 19 Mai einen lebhaften Ausfall der Besazung zurükgeschlagen hatte, den Befehl, die Arbeiten vor dieser Festung einzustellen, nur die zu deren Blokirung nöthige Anzahl Truppen zurükzulassen, die übrigen gegen das Modenesische zu detaschiren, und die Bewegungen des Generals Macdonald zu beobachten.

Lezterer hatte bereits das Gebiete von Toscana erreicht; sein VorTrab war in Florenz angekommen, wo nach und nach die ganze Armee sich sammelte. Die Städte Livorno und Lucca waren in VertheidigungsStand gesezt worden, um den dortigen Truppen, so wie überhaupt der Armee von Neapel, auf den äussersten Fall, den Rükzug gegen das Meer offen zu halten, wenn es nicht möglich seyn würde, die Vereinigung beider Armeen durch das Genuesische zu bewerkstelligen. Die Franken hatten den wichtigen Posten von Pontremoli, in den Apenninen, auf der Gränze von Toscana und Genua, so wie Massa und Carrara, besezt. Pontremoli ist in der Kette der Apenninen der Punkt, wo das Thal des Taro sich von dem der Vara scheidet, welches leztere gewöhnlich den Namen: Riviera di Levante führt. Der Golf von Spezia engt die Gränze noch fester zusammen. Konnte Macdonald bis zu dieser Position vordringen, wo er freilich keine für den Transport der Artillerie taugliche Strasse fand, so war sein Rükzug und seine Vereinigung mit Moreau, entweder dis= oder jenseits der Apenninen, unhintertreiblich. Der FeldMarschallLieutnant Ott, der mit seiner Division Modena und Reggio besezt hielt, erkannte die Wichtigkeit des Posten von Pontremoli; er ließ solchen angreifen und, nach dessen Wegnahme, Streif-Parteien bis Massa und Carrara, auf dem Wege nach Pisa, gehen. Aber die Franken, für welche diese Communication, so lange sie noch auf der einen Seite mit einem starken TruppenKorps im Genuesischen standen, auf der andern Toscana besezt hielten, unentbehrlich war, musten dieselbe nothwendig wieder herstellen: sie konnten solches um so leichter, da die Alliirten sich nicht mit hinlänglicher Macht daselbst festgesezt hatten; die HauptStation des FeldMarschallLieutnants Ott war über 15 Stunden von Pontremoli entfernt; das dortige Detaschement konnte sich daher nicht gegen die doppelten Angriffe der Franken behaupten, die (am 28 Mai) diesen Posten wieder wegnahmen.

Über die Plane und Manövres, die zu dieser wichtigen Epoche, welche von neuem über den Gang des Feldzuges in Italien entscheiden muste, von beiden Seiten befolgt wurden, verdient hier das Urtheil eines Kenners* angeführt zu werden. „Indem der FeldMarschall Souworof sich mit der HauptMasse seiner Armee in den ZwischenRaum warf, den sein Gegner ihm hatte überlassen müssen, und die Eroberung Piemonts durch die Einnahme von Turin vollenden wollte, beförderte er die Absichten des Generals Moreau, dessen Plan er, wie es scheint, nicht durchdrungen hatte: er hatte ihn weder einschliessen und von den Apenninen verdrängen, noch ein ArmeeKorps im Obern Toscana zusammenziehen, und an dessen Spize gegen die Divisionen Gau-

*Précis des évènemens militaires, No. III. p. 172 ss. Der Verfasser dieses schäzbaren KriegsJournals ist nicht Dumouriez, sondern Matthieu Dumas, den der 18 Fructidor aus Frankreich vertrieb, und dem Buonaparte izt wieder die Erlaubniß zur Rükkehr ertheilt hat.

thier und Montrichard, die nach und nach durch die VorTruppen des Generals Macdonald verstärkt wurden, Angrifsweise zu Werk gehen können. Indeß sind freilich die besondern Umstände, die so vielen Einfluß haben, nur zu oft nicht blos dem unparteyischen Schriftsteller, sondern selbst auch den Augenzeugen dieser grosen Operationen zu wenig nach ihrem ganzen Umfang bekannt, als daß man es wagen dürfte, zu entscheiden, ob diese oder jene Fehler in dem allgemeinen Plane überhaupt vermieden werden konnten: und vielleicht glaubte Souworof, daß er, indem er Moreau's Armee vor sich her drängte, mehr that, um dessen Vereinigung mit Macdonald zu verhindern, als wenn er sich darauf beschränkt hätte, ihn auf der Höhe von Genua zu beobachten, und dagegen mit seiner HauptMacht dem General Macdonald entgegengerükt wäre ; jeder retrograde Marsch des Generals Moreau verdoppelte den Raum, den sein Collega zu durchziehen hatte."

5.

Die Armee von Neapel, unter den Befehlen des Generals Macdonald, kommt in Toscana an. Moreau's kühner Plan, wornach Macdonald sich bei Tortona mit ihm vereinigen soll. Lezterer läßt auf seinem rechten Flügel, von Bologna aus, das Korps des Generals Klenau gegen Ferrara zurükdrängen, und marschirt gegen Modena, von wo aus das Korps des Generals Hohenzollern, nach einem Treffen, sich über den Po zurükziehen muß. Er rükt hierauf, ohne Widerstand, in Reggio, Parma und Piacenza ein, von wo aus der FeldMarschallLieutnant Ott mit seiner Division über den Tidone zurükzieht, und seine VorPosten an der Trebia aufstellt. Der

FeldMarschall Souworof eilt mit der alliirten HauptArmee aus Piemont herbei, und stellt sich hier Macdonalds weiterm Vordringen entgegen. Treffen bei San Giovanni. Zweitägige Schlacht an der Trebia. Mit grosem Verluste zieht sich Macdonald über die Apenninen in das Genuesische zurük. Moreau, der inzwischen über Genua vorgedrungen war, und den FeldMarschallLieutnant Bellegarde zur Aufhebung der Belagerung der Citadelle von Tortona gezwungen hatte, muß sich nun gleichfalls wieder in das Genuesische zurükziehen. Uebergabe der Citadelle von Turin an die Alliirten.

(Epoche: Monat Jun.)

Während die äussersten VorPosten des Generals Macdonald schon an der nördlichen Gränze von Toscana angekommen waren, stand der General Moreau, über fünfzig Stunden davon entfernt, bei Coni. Von hier aus ließ er den General Victor mit seiner Division gegen Mondovi und Ceva marschiren, um sich wieder dieser von den piemontesischen Insurgenten besezten Orte zu bemächtigen, in der That aber um eine wichtigere Operation zu maskiren. Der General Victor nahm Mondovi hinweg, und fieng an das Castell von Ceva, in welches der General Sekendorf eine Garnison von 250 Mann geworfen hatte, zu bombardiren. Der General Bukassovich eilte jedoch zur Befreiung dieser beiden Orte herbei, und der General Victor zog sich nun, seiner eigentlichen Bestimmung gemäs, nach Loano zurük, wo er sich nach Sestri, an der östlichen Küste von Genua einschifte, um sich an der Gränze von Toscana an die Armee von Neapel anzuschliessen, und den General Macdonald in den Stand zu sezen, die nahe Offensive, zu welcher Moreau ihn bestimmt hatte, mit desto mehr Nachdruk zu befolgen.

Bis zu dem Augenblike, wo er seine Operationen würde anfangen können, fuhr Moreau fort, so viel wie möglich, die Aufmerksamkeit und HauptMacht der alliirten Armee auf sich zu ziehen.

Nach der Einnahme der Stadt Turin hatte der FeldMarschall Souworof einen Theil seiner Truppen in die Thäler von Lucerna, Susa, Aosta, und in die Landschaft Maurienne, vordringen lassen; er hatte bis an die alte Gränze Frankreichs Schreken verbreitet, und schien sich unverzüglich den Weg über die Alpen eröfnen zu wollen, indem er durch Savoyen die lezte Vertheidigungslinie der Schweiz umgienge.

Der FeldMarschallLieutnant Fröhlich zog nach Savigliano und Fossano, und poussirte seine VorPosten bis vor Coni.

Der General Lusignan rükte nach Fenestrelles vor.

Der Fürst Bagration besezte mit der russischen Avantgarde Susa, Brunetta, den Col dell'Assietta, und Cezana. Die Waldenser in den Thälern von Lucerna und S. Martin waren unter den Einwohnern Piemonts die einzigen, welche für die Franken die Waffen ergriffen.

Der FeldMarschall Souworof selbst zog gegen den General Moreau, der, in seiner Position bei Coni eingeengt, in dieser Festung eine starke Garnison zurükließ, und sich gegen den Col di Tenda zurükzog, von wo aus er die Communication mit Coni unterhielt, wo er sich am 7 Jun. noch in Person befand. Die übrigen wichtigsten AlpenPässe, der Berg Cenis, der Paß von Susa, der kleine Bernhard, waren von den Franken hinlänglich besezt; aber weder in Briançon, noch auf irgend einem andern Theile der Gränze, fanden sich fränkische Truppen genug, um Diversionen zu machen, die eben so vortheilhaft als leicht gewesen wären. Eine ganze Division, unter den Befehlen des Generals Xaintrailles, hatte zur Verſtärkung des Generals Moreau aus der Schweiz nach Italien ziehen ſollen: aber bei ihrem Marſch durch Wallis fand ſie genug zu thun, um die dort ausgebrochene Inſurrection zu dämpfen, und muſte ſich darauf beſchränken, die Päſſe dieſes Landes gegen Italien hin zu deken.

Die Belagerungen der Citadellen von Tortona, Aleſſandria und Turin wurden inzwiſchen mit groſſer Thätigkeit betrieben.

Durch alle dieſe Operationen war die Macht der Alliirten ſehr zerſtreut, und obgleich jener der Franken um zwei Fünftheile überlegen, doch nicht ſtark genug, um zugleich ſo viele Unternehmungen zu vollenden. Eben deswegen war auch, ſobald der Erzherzog Karl ſich Meiſter vom Gotthard ſah, und nichts mehr für ſeine linke Flanke zu befürchten hatte, der FeldMarſchallLieutnant Bellegarde mit dem gröſten Theile ſeines Corps von ihm zur Unterſtüzung der Operationen in Italien detaſchirt worden, während der übrige Theil, unter den Befehlen des FeldMarſchallLieutnants Haddik, zur Communication bei Domo d'Oſſola aufgeſtellt blieb, um, je nach Erfordern der Umſtände, entweder gleichfalls zu der alliirten Armee in Italien zu ſtoſſen, oder ſich wieder in die Schweiz zu ziehen. Zwiſchen dem 5 und 6 Jun. zog Bellegarde durch Mailand, um in die Gegend von Aleſſandria zu marſchiren.

Wir haben bereits bemerkt, daß der General Macdonald, am 24 Mai in Florenz angekommen war. An den beiden folgenden Tagen fand ſich hier die Armee von Neapel, nach ihrem langen und beſchwerlichen Marſche, mit der Diviſion Gauthier vereinigt. Dieſe leztere, und das kleine Corps des Generals Montrichard im Bologneſiſchen mit eingerechnet, ſtand Macdonald nun an der Spize von 30,000 Mann, zu denen noch die, ohngefähr 5000 Mann ſtarke, Diviſion des Generals Victor kam, die von der öſtlichen Riviera aus nach Pontremoli zog, um sich dort gleichfalls an ihn anzuschliessen.

Macdonalds erste Sorge, nach seiner Ankunft in Toscana, war, sich die Pässe auf beiden Seiten des Apennins zu öfnen.

Ohngeachtet der Verstärkungen, die der FeldZeugmeister Kray von Mantua herbeigeführt hatte, war das Corps des FeldMarschallLieutnants Ott bei Fornovo, am Taro, zwischen Parma und Pontremoli gelagert, und die Corps der Generale Hohenzollern und Klenau, die sich im Modenesischen und in den obern päpstlichen Legationen ausdehnen musten, waren zu schwach, um in Toscana einzurükken, und zusammen Angrifsweise zu agiren.

Der General Macdonald verstärkte nun sofort seinen rechten Flügel, unter den Befehlen des Generals Montrichard, der die wichtige Stadt Bologna durch die Brigade des Generals Clauzel besezen ließ, das Corps des Generals Klenau zurükdrängte, und das Fort Urbano wieder frei machte. Der linke Flügel, der gröstentheils aus der polnischen Legion, unter Anführung des Generals Dombrowsky, bestand, zu der izt noch die von dem General Moreau detaschirte Division Victor stieß, nahm Position zu Sarzana und Pontremoli. Macdonald selbst verlegte sein HauptQuartier nach Lucca, wo es sich in den ersten Tagen des Jun. befand. Von diesem Augenblik an stand er in ungehinderter Communication mit Genua; nichts hätte ihn izt mehr hindern können, sich über Sarzana und Spezia in die östliche Riviera herauf zu ziehen, und daselbst seine Vereinigung mit Moreau zu bewerkstelligen; der erste Bericht des Generals Melas kündigte daher auch diese Vereinigung als schon wirklich erfolgt an. Allein ausserdem, daß die Strasse an der genuesischen Küste hin als unwegsam für die Artillerie betrachtet wird, sah sich izt Macdonald, der nun genaue Nachrichten über die Macht und Stellung der Alliirten hatte, in einer günstigern Lage, als er zu hoffen gewagt, und sogar in den Stand gesezt, selbst, jenseits der Apenninen Angrifsweise zu agiren, und ein ganz neues Schauspiel zu eröfnen.

Hätten wir nicht bisher die Positionen der beiderseitigen Armeen, die von ihnen besezten Posten, und die sonderbare Art, wie sie zwischen dem rechten Pollser und dem Meer, von der Quelle dieses Flusses an bis zu seiner Mündung, abwechselnd sich durchkreuzten und ineinander gefügt waren, so genau beschrieben: so würden die sonderbaren und reissendschnellen Märsche, die kühnen Manövers, die entscheidenden Gefechte, die wir nun zu erzählen haben, beinahe unverständlich seyn.

Der General Moreau hatte, wie wir oben sahen, eine Position auf dem Col di Tenda genommen. Seine kleine Armee, die durch die Detaschirung der Division Victor noch mehr geschwächt worden war, wurde durch einige Bataillone verstärkt, die ihm von Nizza her zukamen, und die er weiter über Oneglia nach Genua marschiren ließ; er selbst zog sich nun gleichfalls auf seinem rechten Flügel in das Genuesische, dekte seine linke Flanke durch die apenninischen Gebirge, deren Pässe sämtlich in seiner Gewalt waren, und nahm eine vortheilhafte Position, einige Stunden von Savona, am obern Tanaro; es schien, als hätte er dabei blos zur Absicht, die Verstärkungen und KriegsBedürfnisse, welche die in's MittelMeer, und schon in den Hafen von Toulon eingelaufene BresterFlotte ihm bringen sollte, in Empfang zu nehmen und, ohne seine Position zu verlassen, die Ankunft der Armee von Neapel im Genuesischen zu erwarten. Weit entfernt, jenen Marsch vor seinen Gegnern geheim zu halten, suchte er vielmehr deren ganze Aufmerksamkeit darauf hinzuleiten; und da er aus seiner neuen Position leicht wieder gegen Alessandria vorrüksen konnte, vorausgesezt, daß er hinlängliche

Verstärkungen erhalten hätte, so ermangelte er nicht, den Belauf und die Wichtigkeit derselben zu vergrößern. Ohne Zweifel trug die große TruppenBewegung in so beschränkten Positionen und auf einer einzigen Communication dazu bei, dem Gerüchte von einer Landung von 15,000 Mann, welche die Brester-Flotte im Hafen von Vado ausgesezt habe, Glauben zu verschaffen; die Wahrheit war, daß sie dem General Moreau nicht mehr als 800 Conscribirte gebracht hatte.

Ehe man noch jenem Mährchen auf den Grund gekommen war, traf Moreau mit seinem kleinen Armee-Corps in Genua ein, zog daselbst alle fränkischen und Ligurischen Truppen unter den Befehlen des Generals Perignon an sich, belebte von neuem den Muth und das Vertrauen der Anhänger Frankreichs durch eine Proclamation, worin er der Ligurischen Republik, und namentlich der Stadt Genua, seinen kräftigsten Schuz versprach, und bereitete sich, die Operationen, die er dem General Macdonald aufgetragen hatte, durch eine Diversion an der Scrivia zu unterstützen.

Nach Moreau's kühnem, aber keineswegs unausführbaren Plane, sollte Macdonald die Corps der Generale Klenau, Hohenzollern und Ott einzeln angreifen und zurückdrängen; während er dem FeldZeugmeister Kray wegen des Entsazes von Mantua Besorgniß erregte, bei Voghera sich mit dem General Moreau, der über Tortona dahin vorrüken würde, vereinigen, und beide dann die Citadelle von Alessandria entsezen, und mit überlegener Macht gegen den FeldMarschall Souworof marschiren.

Vom 7 zum 8 Jun. brach der General Macdonald mit dem Centrum seiner Armee aus dem Lager von San Pellegrino, bei Pistoia, auf, und nahm seinen Marsch gegen Modena. Die Generale Dombrowsky und Victor, deren Divisionen den linken Flügel bildeten, brachen, Ersterer aus der Gegend von

Fivizzano, Lezterer von Poutremoli und Borgo di Favo auf, und rükten gegen Reggio vor. Die Division des Generals Montrichard, auf dem rechten Flügel, brach von Bologna und Castelfranco auf; sie hatte den General Klenau bereits zur Aufhebung der Blokade des Forts Urbano gezwungen; sie sollte nun Modena umgehen, zwischen dieser Stadt und dem Po über den Panaro sezen, und das Korps des Generals Hohenzollern zu eben der Zeit im Rüken nehmen, da der General Olivier, der mit seiner Division über San Paolo vorrükte, dasselbe von vorn angreifen würde.

Am 10 Jun. stieß die fränkische Avantgarde auf die VorPosten des Generals Hohenzollern, und trieb sie bis auf eine kleine Stunde vor Modena zurük.

Am folgenden Tage kam es zwischen der Kavallerie, welche beide Generale vorrüken liessen, um ihre Recognoscirungen zu deken, zu einem hizigen Gefechte; die östreichische Kavallerie ward Anfangs geworfen, aber bald durch das Regiment Preiß unterstüzt, das, unter Anführung des Obersten Weidenfeld, mit dem Bajonet auf die fränkische Kavallerie losgieng. Der General Hohenzollern schlug diesen ersten Angrif zurük, behauptete sich zu Sassuolo, und sicherte, durch verschiedene Posten, seine Communication mit Reggio.

Am 12 Jun. grif Macdonald, der seine Truppen zusammengezogen hatte, das Korps des Generals Hohenzollern mit Ungestüm an. Von beiden Seiten ward mit der größten Erbitterung gefochten; die Bajonette kreuzten sich öfters, und drei bis viermal kam die Kavallerie zum HandGemenge; Macdonald selbst erhielt dabei mehrere Wunden, und der General Forest, der die Division der Chasseurs kommandirte, ward getödet. Der General Hohenzollern sah sich endlich genöthigt, Modena zu verlassen. Da die Posten von Rubiera und Cangiano, am linken Ufer der Secchia, bereits durch die Franken besezt waren, so fand er sich von Reggio ab=

geschnitten; aber die Standhaftigkeit, womit die östreichischen Posten am Panaro den Uibergang dieses Flusses gegen die Division Montrichard vertheidigt hatten, begünstigte seinen Rükzug auf Mirandola, von wo aus er sich über den Po zurükzog.

Der General Klenau zog sich vollends nach Ferrara zurük.

Der FeldZeugmeister Kray, der bereits die vor Mantua aufgestellte BelagerungsArtillerie hatte fortschaffen lassen, ließ die Brüke bei Casal maggiore, so wie alle andern Brüken über den Po, abbrechen, und nahm mit einem Korps von 10,000 Mann, und einigen tausend bewafneten Bauern, eine Position am linken Ufer dieses Flusses, um sich einem Uibergang über denselben zu widersezen, und die Blokade von Mantua zu deken.

Aber Macdonald, der bereits seine eigentliche Absicht erreicht, und diejenigen Korps, die während seines Marsches auf der HeerStrasse am rechten Ufer des Po nach Voghera, wo er sich mit dem General Moreau vereinigen sollte, über seine Arrieregarde herfallen, und ihn dadurch aufhalten konnte, in hinlängliche Entfernung von sich zurükgedrükt hatte, marschirte mit seiner gesammten Macht nach Reggio, und rükte, da sich der FeldMarschallLieutenant Ott mit seiner Division, ohne sich in ein Treffen einzulassen, zurükzog, ungehindert, am 14 Jun. in Parma, und am 15 in Piacenza ein, wo er am folgenden Tage seine Armee zusammenzog, und die Angriffe gegen die Citabelle anfangen ließ.

Der FeldMarschallLieutnant Ott hatte sich inzwischen hinter dem kleinen Fluß Tidone aufgestellt; seine VorPosten waren noch über die Trebia. In dieser Position erwartete er die Verstärkungen, die der General Melas ihm zuführte.

Dieser war, sobald er von dem Marsche und der eigentlichen Absicht des Generals Moreau Gewißheit hatte, am 10 Jun. nach Alessandria aufgebrochen; fast zu gleicher Zeit traf der FeldMarschallLieutnant Bellegarde mit seinem Korps daselbst ein; der FeldMarschall Souworof, der die Belagerung der Citadelle von Turin in Person mit der grösten Lebhaftigkeit betrieben hatte, übertrug, auf die Nachricht von Macdonald's Vordringen, die Fortsezung derselben dem FeldMarschallLieutnant Kaim, und sezte sich mit allen seinen disponiblen Truppen in Marsch. Der General Bukassovich, der mit seiner Avantgarde zwischen Ceva und Mondovi stand, erhielt Befehl, den General Moreau im Rüken zu beunruhigen, und schikte zu dem Ende ein Korps gegen Ormea, auf dem Wege nach Oneglia, ab.

Beinahe die ganze alliirte Armee, nur das Korps des FeldZeugmeisters Kray ausgenommen, das jedoch durch jenes des FeldMarschallLieutnants Bellegarde ersezt ward, sammelte sich demnach zwischen Tortona und Piacenza, ohngefähr in derselben Position, die sie hier vor sechs Wochen ingehabt hatte, und in derselben Absicht, die Vereinigung der beiden fränkischen Armeen zu verhindern: nicht nur durfte sie izt keine einzige Maasregel, keinen einzigen Marsch mehr verlieren, sondern auch nur eine Stunde Verspätung, auch nur in einem dieser vielen EilMärsche, würde vielleicht den fränkischen Generalen den Erfolg ihres kühnen Planes gesichert, und die ganze Gestalt des KriegsSchauplazes in Italien geändert haben.

Sogleich am 17 Jun. rükte der General Macdonald, von Piace zu aus, auf der Strasse nach Vogherg gegen die Division des FeldMarschallLieutnants Ott vor, und warf die Vorposten derselben mit Ungestüm über den Tidone zurük. Aber fast zu gleicher Zeit kam der General Melas mit einem Theile der kaiserlichen Armee an, Macdonald, der mit einer Colonne rasch gegen die Chaussee von Castel di San Giovanni vorrükte, suchte mit seinem rechten Flügel längs des Po sich der nach Pavia führenden Strasse zu bemeistern, um dem General **Melas** die Verbindung mit den nachrükenden Truppen abzuschneiden. Melas verstärkte die Division Ott, die er zur Unterstüzung der VorPosten voreilen ließ, noch mit zwei Bataillonen des Regiments Fröhlich. Bald kam auch der FeldMarschall **Souworof** mit der russischen Avantgarde an, und hemmte das weitere Vordringen der Franken, die sich, mit einbrechender Nacht, über den **Tidone** zurükzogen.

In der Nacht traf der Uiberrest der russischen Truppen ein, und der FeldMarschall **Souworof** beschloß nun, am folgenden Tage (18 Jun.) dem General **Macdonald** eine entscheidende Schlacht zu liefern. Die Alliirte Armee war in drei Colonnen abgetheilt: der rechte Flügel und das Centrum bestanden aus russischen Truppen; jener ward von dem General **Rosenberg**, dieses von dem General **Förster** kommandirt; die Divisionen Ott und Fröhlich, unter Auführung des Generals **Melas**, bildeten die dritte und stärkste Colonne, oder den linken Flügel.

Um 10 Uhr früh brach die Armee vom linken Ufer des **Tidone** auf, und gieng über diesen Fluß. Ohngefähr eine Stunde herwärts der **Trebia** fand sie die ganze fränkische Macht in voller SchlachtOrdnung aufmarschirt. Da der überall von Gebüsch und Gräben durchschnittene Boden * den Angrif äusserst erschwerte, so erreichte die Avantgarde unter dem Fürsten **Bagration**, die durch 4 Escadrons vom Regiment Karaiczay und 4 Regimenter Kosaken verstärkt war, erst um 1 Uhr Nachmittags den fränkischen linken Flügel. Dieser ward sogleich durch die Infanterie mit dem Bajonet angefallen, geworfen, und von der Kavallerie eingeholt; die polnische Legion, unter

---

* Schon Tit. Livius (XXI, 54.) beschreibt das Land zwischen dem Tidone und der Trebia auf dieselbe Art: "Erat in medio rivus (der Tidone), praealtis utrimque clausus ripis, et circa obsitus palustribus herbis et, quibus inculta ferme vestiuntur, virgultis vepribusque."

den Befehlen des Generals Dombrowsky, litt dabei nicht wenig. Macdonald schikte seinem linken Flügel Verstärkung zu; dagegen unterstüzte der General Rosenberg die Avantgarde des Fürsten Bagration durch die ganze Division Sweykowsky; der Angrif ward nun erneuert, und die Franken bis über die Trebia zurükgeworfen.

Die mittlere Colonne, unter dem General Förster, drängte den fränkischen VorTrab, der auf halbem Wege zwischen dem Tidone und der Trebia stand, gleichfalls über diesen Fluß zurük. Die Franken zogen jedoch auch hier frische Truppen an sich, und sezten neuerdings über den Fluß; die russische Colonne wartete festen Fusses ihrer Ankunft ab, stürzte dann mit Ungestüm auf sie los, und warf sie zum zweitenmal auf das rechte Ufer. Mit gleichem Erfolg grif auch die linke Colonne, unter Anführung des Generals Melas, den fränkischen rechten Flügel an, und warf ihn über die Trebia zurük. Obgleich diese Vorrükung der alliirten Armee in einer Stunde entschieden war, so währte doch die Kanonade zwischen den beiderseitigen Armeen von den entgegengesezten Ufern des Flusses bis 11 Uhr in der Nacht fort.

Die Trebia ist einer der wildesten Ströme Italiens; von einem Ufer zum andern zählt man fast eine (italienische) Meile;* dazwischen liegt ein SandBette, das von mehreren Strömen, die in dieser JahrsZeit so viele Fuhrten waren, getheilt wird. Die Franken hielten das rechte, die Alliirten das linke Ufer besezt. Der FeldMarschall Souworof wollte seine äusserst ermüdeten Truppen nur die Nacht durch ausruhen lassen, und am folgenden Tage sogleich wieder den Angrif erneuern; dagegen

---

* Der englische Commissair in Souworofs HauptQuartier, Lord Bentink, und ein fränkischer Offizier in seinem Schreiben von diesen Vorfällen, brauchen beide das Wort „mille." Ohne Zweifel verstehen sie darunter eine italienische Meile.

beschloß auch der General Macdonald allen Kräften aufzubieten, um sich in seiner Position an der Trebia zu behaupten, die für ihn um so wichtiger war, da er einer von dem General Moreau detaschirten ligurischen Legion, unter dem General Lapoype, die Zeit verschaffen wollte, aus dem genuesischen Gebirge über Bobbio der alliirten Armee in die rechte Flanke zu fallen, und hoffen konnte, daß vielleicht der General Moreau selbst, von Tortona her, im Rüken derselben ankommen würde.

Am 19 Jun., um 10 Uhr Vormittags, begann demnach das Gefecht von neuem. Die Franken fiengen dasselbe mit einem heftigen Feuer auf ihrer ganzen Linie an. Ihr linker Flügel drang zuerst über die Trebia vor, umgieng den russischen rechten Flügel bei Casaleggio, und nöthigte ihn, sich zurükzuziehen; allein der Fürst Bagration, der in gleicher Absicht gegen ihren linken Flügel detaschirt worden war, nahm solchen in die Flanken und im Rüken, und drängte ihn wieder zurük. Er kam jedoch neuerdings mit verdoppelten Kräften auf die Colonne des Generals Sweykowsky, und wiederholte seine Angriffe auf das Dorf Casaleggio, ward aber durch die hartnäkige Tapferkeit der Russen immer zurükgeschlagen. Auch im Centrum und auf dem linken Flügel war der Angrif äusserst heftig; der Erfolg blieb geraume Zeit zweifelhaft; dem General Fürsten von Lichtenstein wurden vier Pferde unter dem Leibe erschossen; das Schlachtfeld und der Fluß waren mit Todten bedekt; endlich, gegen die Nacht, ward die ganze fränkische Linie hinter die Trebia zurükgeworfen. *

Der FeldMarschall Souworof war Willens, den andern Morgen diesen Vortheil zu verfolgen, und den General Macdonald von neuem anzugreifen; allein dieser, der einen zu grosen Verlust erlitten hatte, um in

* Die Schlacht, die Hannibal gegen die Römer gewann, hatte genau denselben WahlPlaz, wie diese, nemlich die Gegend zwischen dem Tidone und der Trebia.

einer neuen Schlacht das ganze Schiksal seiner Armee auf das Spiel zu sezen, gab die Hofnung auf, die er auf Moreau's Ankunft gebaut hatte, und zog sich während der Nacht mit solcher Eile zurük, daß er alle seine Verwundeten, unter denen sich die Divisions-Generale Olivier und Rusca, und die Brigaden-Generale Salm und Cambrai befanden, in Piacenza zurükließ.

Die alliirte Armee folgte ihm, am 20, in zwei Colonnen nach. Der General Rosenberg stieß, mit der rechten Colonne, an der Nura auf die fränkische Arrieregarde, trieb sie über den Fluß, und machte den größten Theil der 17ten Linien-HalbBrigade (in der sich das ehemalige Regiment Auvergne, von jeher eines der besten Korps in der französischen Armee,* befand) zu Gefangenen.

Erst hier, an der Nura, erhielt Souworof Nachricht von jener ligurischen Legion unter den Befehlen des Generals Lapoype, auf deren Ankunft an der Trebia Macdonald vergebens drei Tage lang gewartet hatte; „hinter den der Armee nachfolgenden Fuhren," meldete man ihm, „habe sich unvermuthet ein feindliches Detaschement gezeigt." Er schikte sogleich einige Regimenter Kosaken über San Giorgio zurük; der General Lapoype hatte sich aber, auf die Nachricht von Macdonald's Niederlage, noch vor deren Ankunft wieder nach Bobbio zurükgezogen. Inzwischen traf der russische General Belezkoi, der schon von der Trebia aus mit einem Bataillon und 50 Dragonern von Karaiczay gegen Bobbio in's Gebirge vorgedrungen war, bei diesem Orte noch auf das kleine Korps des Generals Lapoype, welches einen beträchtlichen Verlust erlitt.

Die alliirte Armee selbst sezte mittlerweile ihre Ver-

---

* Es hatte daher den Beinamen: Auvergne sans tache. Der berühmte Ritter D'Assas, der im 7jährigen Kriege den Tod eines Decius starb, war von diesem Regiment.

folgung bis Florenzuolo, auf der Straße von Placenza nach Parma, fort.

Am 22 kam der FeldMarschallLieutnant Ott mit seiner Division in Parma an, wo auch bereits wieder der General Hohenzollern, von Mantua her, eingetroffen war.

Die Armee selbst rastete an diesem Tage in Florenzuolo. Hier erhielt der FeldMarschall Souworof die Nachricht, daß, während Er mit seiner ganzen Macht sich an der Trebia dem General Macdonald entgegengesezt hatte, der General Moreau in der nemlichen Zeit, da er die ligurische Legion über Bobbio ihm in die Flanke detaschirt hatte, selbst auch, an der Spize von 10 bis 12,000 Mann, von Genua aus über die Bocchetta, in die Ebene von Alessandria und Tortona vorgerükt sey, am 20 Jun. hier den FeldMarschallLieutnant Bellegarde angegriffen, mit beträchtlichem Verluste zum Rükzuge über die Bormida genöthigt, und die Citadelle von Tortona entsezt habe. Er übertrug nun die weitere Verfolgung Macdonald's dem FeldMarschallLieutnant Ott, und brach sogleich am 23 mit seiner Armee wieder von Florenzuolo auf, um dem General Moreau entgegen zu ziehen. Dieser ContreMarsch geschah mit derselben Schnelligkeit, wie die vorhergehenden.

Am 24 war das HauptQuartier des Generals Melas schon wieder zu Stradella, zwischen Placenza und Voghera. Hier traf die wichtige Nachricht von der Kapitulation der Citadelle von Turin ein. Am 18 hatte der FeldMarschallLieutnant Kaim angefangen, diese Festung, eine der stärksten in Italien, aus mehr als dreihundert FeuerSchlünden beschießen zu lassen; und schon am 20 war die Artillerie der Belagerten zum Schweigen gebracht, viele ihrer Kanoniers getödtet, ihre Magazine zerstört. Der fränkische Kommandant, General Fiorella, entschloß sich nun, zu kapituliren; die Garnison erhielt die Erlaubniß, nach Frankreich zurükzukehren, unter dem Versprechen, vor ihrer Auswechslung nicht gegen den Kaiser und seine Alliirten zu dienen. In der Citadelle fanden sich 400 Kanonen, 5000 Centner Pulver, 49,000 FeuerGewehre. Die Division Kaim, die nun wieder anderwärts agiren konnte, hatte sich von Turin aus sogleich nach Alessandria in den Marsch gesezt, um sich dort wieder an die HauptArmee anzuschliessen.

Diese leztere erreichte durch EilMärsche schon am 25 die Scrivia; aber der General Moreau, von Macdonald's Unfällen benachrichtigt, hatte schon seinen Rükzug über Novi angetreten, von wo aus er am 26 über die Borchetta zurükgieng. Die Stadt Tortona ward nun wieder durch die Alliirten besezt, und die Citadelle von neuem blokirt.

Inzwischen sezte der General Macdonald mit den Trümmern der Armee von Neapel seinen Rükzug fort. Der General Victor zog sich, über die Gebirge, nach Sarzana; der General Dombrowsky, mit der polnischen Legion, nach Pontremoli; die Division des Generals Montrichard, auf der Strasse von Bologna her, nach Florenz; der Rest gieng über Parma, Modena, und zog sich dann über San Paolo gleichfalls über die Apenninen zurük. Die Armee von Neapel nahm auf solche Art wieder die Positionen ein, die sie vor ihrem Vorrüken ingehabt, um sich an der Kante der genuesischen Riviera hinauf mit der Italienischen Armee zu vereinigen.

„So ward," sagt der General Melas in seinem AmtsBerichte, „in einem ZeitRaum von zehn Tagen „eine feindliche Armee beinahe zu Grunde gerichtet, die „Belagerung der Festung Mantua aufs neue gesichert, „der ganze Po befreit, Tortona neuerdings berennt, „und der General Moreau in seine vorige Stellung zu„rükgewiesen. Ausserdem bestand der Gewinn dieser

„zwar mühsamen Tage in 6000 feindlichen Todten;
„5085 Gefangenen auf dem SchlachtFelde, 7183 ge-
„fangenen Verwundeten in Piacenza, (worunter sich 4
„Generale, 8 Obersten, 502 Stabs= und OberOffiziers
„befanden), zusammen also in 12,268 Gefangenen;
„7 Kanonen, und 8 Fahnen."

Fränkischer Seits hat man über diese wichtigen Vorfälle an der Trebia noch keine nähere Beschreibung. Bekanntlich hat der General Macdonald in der Folge darüber Klage geführt, daß das damalige Vollziehungs=Directorium seinen AmtsBerichten keine Publizität gegeben. Inzwischen verdient folgende kurze Nachricht eines fränkischen Offiziers über die lezte entscheidende Schlacht vom 19 Jun. hier eine Stelle. „Unsere Co-
„sonne," sagt er, „rükte in das grose, gegen eine
„Meile breite Bette der Trebia ein, gieng über den
„in der Mitte fliesenden Strom, kam unter dem feind-
„lichen Kartätschen= und HaubizenFeuer auf das jensei-
„tige Ufer, und bemächtigte sich fast aller feindlichen
„Kanonen; nur die 5te HalbBrigade hemmte ihr weite-
„res Vordringen: sie war durch ein östreichisches Ka-
„vallerieRegiment angegriffen worden, das erste Pelo-
„ton ward geworfen, die andern nahmen in der grösten
„Unordnung die Flucht. Dieses Korps, das 3000
„Mann stark war, befand sich im Centrum; da die Cö-
„lonnen zur Rechten und zur Linken nun keinen Stüz=
„Punkt mehr hatten, und sich durch die Kavallerie im
„Rüken genommen sahen, musten sie sich gleichfalls zu=
„rükziehen, und sich dabei noch einmal dem Musketen=
„und KanonenFeuer des Feindes aussezen. Der Verlust
„war auf beiden Seiten sehr beträchtlich, zumal auf
„Seiten der Russen; den fränkischen sezt man auf 8000
„Mann."

Dem General Macdonald ward von einigen vorgeworfen, er habe die Befehle des Generals Moreau nicht befolgt; von andern, er habe 48 Stunden zu früh eine Schlacht geliefert; von den dritten, er habe statt über Modena und Parma zu ziehen, über Sarzana nach Genua marschiren, und dort seine Vereinigung mit der Italienischen Armee bewerkstelligen sollen. Macdonald hat sich desfalls, bis zur versprochenen Bekanntmachung der Geschichte seines Feldzuges, auf das eigne Zeugniß seines OberGenerals berufen; und Moreau hat hierauf, in einem gedrukten Schreiben an ihn, erklärt, er habe ihm allerdings unterm 4 und 11 Jun. den Befehl zugeschikt, sich über Modena, Parma und Piacenza, zu Tortona mit ihm zu vereinigen. „Wenn „diese Operation," fährt er fort, „nicht den Erfolg „hatte, den man sich davon versprechen konnte, so liegt „der Grund darin, daß Sie nicht volle 30,000 Mann „hatten, und daß Ich kaum 10,000 zusammenbringen „konnte, da die Flotte mir nicht mehr als 800 Con= „skribirte hatte abgeben können, da hingegen, ausser= „dem, daß fast ganz Italien sich in Insurrection gegen „uns befand, die feindliche Macht in dem Lande ohnge= „fähr 70,000 Mann stark war. Bei solchem Misver= „hältniß hat man unstreitig schon viel geleistet, wenn „man eine Niederlage zu vermeiden gewußt hat."

Aber Macdonald hatte in den Gefechten an der Trebia allerdings sehr grosen Verlust erlitten, ohne seinen Zwek zu erreichen; und was ist sehr groser Verlust ohne Erreichung seines Zwekes anders als Niederlage?

(Die Fortsezung folgt.)

II.
Kurzer Uiberblik
der militairischen Operationen der fränkischen Armee in Italien,

vom 11 März bis zum 26 April 1799,

durch den General Scherer.*

"Am 11 März traf ich in Mailand ein, wo ich bis zum 20 blieb; ich wandte diese Zeit dazu an, mit dem cisalpinischen Directorium die nöthigen Maasregeln zur Eröfnung des Feldzuges, insofern dasselbe dazu mitwirken muste, zu verabreden, und die Befehle zur Zusammenziehung der Armee zu geben.

Die active Armee bestand aus 50,000 Mann fränkischer Truppen, sowohl Infanterie als Kavallerie; überdis aus 10 bis 11,000 Mann fremder (piemontesischer, polnischer, helvetischer und cisalpinischer) Truppen.

Die FeldArtillerie zählte etlich und 80 Feldstüke von allen Arten von Kaliber; aber es fehlten zum Transport die-

---

* Der Titel des Originals ist: Précis des operations militaires de l'Armee d'Italie, depuis le 21 ventose jusqu'au 7 floréal de l'an 7. Par le Général Scherer. 66 Seiten in 8. Die Geschichte des jetzigen Krieges ist allzumerkwürdig, als daß nicht dem künftigen Geschichtschreiber desselben, und überhaupt der Nachwelt, Beiträge dazu, von den handelnden Personen selbst geliefert, vorzüglich interessant seyn sollten. Wir legen hier ein solches Fragment für das Archiv der Nachwelt nieder. Man darf jedoch dabei nie vergessen, daß darin ein General spricht, der seine Niederlagen zu beschönigen sucht, und dem man sehr oft zurufen möchte: Non dicere, sed facere beatum est. Das wichtigste darin sind die detaillirten Nachrichten über den materiellen sowohl als moralischen Bestand der fränkischen Armee, so wie über die Plane, die Scherer auszuführen versuchte, oder nicht auszuführen wagte. Wir haben vorn herein einige Blätter weggelassen, worin er eine Art von Panegyrikus auf seine frühern KriegsThaten liefert; wir hoffen, die Leser werden dis kleine rhetorische Exercitium eben nicht vermissen.

tes Geschüzes gegen 1500 ArtilleriePferde. Die Gesellschaften, welche deren Lieferung übernommen, hatten zwar Pferde geschikt, die aber für den Dienst nicht tauglich waren, und von denen nur eine sehr kleine Anzahl behalten wurde.

„Die Pläze in Piemont und in der Cisalpinischen Republik, waren durch 23 fränkische GarnisonsBataillone besezt, die sehr schwach, und bei weitem nicht vollzählich waren, da den Armeen von Italien und von Neapel über 24,000 Conscribirte fehlten, ausserdem lagen in jenen Ländern noch einige piemontesische und cisalpinische GarnisonsBataillone, nebst den KavallerieDepots.

„Von dieser Stärke der activen Armee zu ohngefähr 61,000 Mann, Infanterie und Kavallerie muß man die Truppen abziehen, die man für die Erhaltung der öffentlichen Ruhe in Piemont nöthig gehalten hatte; 4 Bataillone und 2 Regimenter Cavallerie blieben als disponible Macht in diesem Lande; dies kleine Corps war ohngefähr . 5,000 Mann.

Das Corps in Toscana bestand, an
Kavallerie und Infanterie, in . . . 7,000
Die Division im Veltlin enthielt   6,000
                                 ─────────
                       zusammen: 18,000 Mann.

„Diesem Kalkul zufolge, blieben für die active Armee 43,000 Mann, Infanterie und Kavallerie, ohne Einschluß der Artillerie und der Sappeurs.

„Um auf jeden Fall bereit zu seyn, wann ich den Befehl zum Anfange der Feindseligkeiten erhalten würde, ließ ich diese ganze Macht sich in dem Mantuanischen zusammenziehen.

„Ich glaubte nicht, daß die Feinde sich für den ersten Augenblick in der Gegend von Ferrara und Bologna stark sammeln würden, wegen des sumpfigten Bodens, der in dieser JahrsZeit beide Ufer des Po umschliest; ich ließ dort nur einige fränkische GarnisonsBataillone, ein piemontesisches Bataillon, und 150 Pferde.

„Da die Gebirge von Brescia und Bergamo in dieser Jahrszeit unwegsam waren, so ließ ich in diesen beiden Orten und in Peschiera blos 4 GarnisonsBataillone; ohnehin sollten die Division im Veltlin, und eine Division von der helvetischen Armee, meine linke Flanke sichern, und auf Trient vorrüken.

„Die ganze Armee war in den ersten Tagen des Germinals (nach dem 21 März) im Mantuanischen versammelt. Ich hatte das GrosHerzogthum Toscana besezen lassen; diese Eroberung hatte nicht einen FlintenSchuß erfordert; aber die Truppen, die ich dazu verwendet hatte, musten dort bleiben, um die zahlreichen Anhänger der alten Regierung in Schranken zu halten.

„Ich theilte die active Armee in sechs Divisionen ab: fünf derselben waren bestimmt auf der feindlichen Fronte zu agiren; die sechste, unter den Befehlen des Generals Serrurier, sollte, nach dem Uebergang über die Etsch, sich zu Trient mit der Division des Veltlins und einer Division von der helvetischen Armee vereinigen; diese drei vereinigten Divisionen sollten auf der rechten Flanke des Feindes, in den Gebirgen, agiren.

„Am 21 März begab ich mich nach Mantua. Am 22, zog ich Nachrichten über die Position des Feindes ein; an eben diesem Tage erhielt ich von dem Direktorium die KriegsErklärung gegen den Kaiser und gegen den GrosHerzog. Am 23, übergab ich der Armee die für sie bestimmte Hauptfahne. Am 24, versammelte ich die Generale, gab ihnen meine Instruction, und stellte jedem von ihnen den allgemeinen AngrifsPlan zu. Am 25, sezte sich die Armee auf sechs Colonnen in Bewegung, um näher gegen den Feind zu rüken; und am 26, mit TagesAnbruch, fiel die Schlacht bei Pastringo vor.

„Die Thätigkeit, womit ich meine Zurüstungen ins Werk sezte, beweißt, daß ich keinen Augenblik verloren hatte, um meine Pflichten zu erfüllen, und den Absichten der Regierung zu entsprechen.

„Die Feinde hatten ein starkes TruppenKorps zwischen der Etsch und dem GarderSee, auf den Anhöhen von Pastringo aufgestellt; sie hatten diese, schon an sich sehr starke, Positionen noch mit Redouten und Verschanzungen, die mit Kanonen garnirt waren, gedekt: sechs Bataillone, die als Avantgarde aufgestellt waren, hielten das Dorf Bussolengo besezt, und bildeten die Communication mit Verona; der Feind hatte hinter Paſtringo, 12 (italieniſche) Meilen von Verona, zwei SchiffsBrüken geſchlagen; einige tauſend Mann, mit Kanonen, ſtanden auf den Anhöhen von Laciſe, Calmaſin und Affy; ſein rechter Flügel berührte demnach den GarderSee, und der linke lehnte ſich an die Etſch. Ein Corps von 20 bis 25,000 Mann hielt Verona und die dortige Gegend beſezt. Legnago, und die Poſten vor- und rükwärts dieſes Plazes, waren durch 10 bis 12,000 Mann beſezt.

„Dis war die Poſition des Feindes.

„Mein AngrifsPlan war bald entſchieden: ich beſchloß, den Feind auf der ganzen Fronte der Etſch, von Verona bis Legnago, en echec zu halten, und, wo möglich, die von ihm zwiſchen der Etſch und dem GarderSee aufgeſtellten Truppen zu vernichten; ich glaubte, daß ein raſcher und ungeſtümmer Angriff auf ſeinen rechten Flügel ihm nicht Zeit laſſen würde, demſelben zu Hilfe zu kommen.

„Dem zufolge theilte ich die Armee in zwei HauptKorps ab: drei Diviſionen, unter den Befehlen des Generals Moreau, wurden beordert, Verona und Legnago zu maſkiren, und die UnterſtüzungsTruppen, die, aus dieſen Plätzen, auf dem rechten Ufer der Etſch, nach Paſtringo ziehen möchten, aufzuhalten und zu beſchäftigen; mit den drei andern Diviſionen marſchirte ich gegen das verſchanzte Lager des Feindes.

„Am 26 März, mit dem erſten TagGrau, begann der Angrif. Die Redouten und das verſchanzte Lager wurden, nach einem vierſtündigen äußerſt hartnäligen Kampfe, mit dem Bajonet weggenommen; alles, was nicht entkommen konnte, ward gefangen oder getödet: man bemächtigte ſich aller Kanonen des Feindes, und ſeiner zwei Brüken über die Etſch. Der General Delmas, ob er gleich verwundet worden war, fuhr fort, den Angrif zu kommandiren; der General Daleſme ward durch zwei FlintenSchüſſe ſchwer verwundet.

„Der General Grenier, dem der Angrif von Buſſolengo aufgetragen war, nahm dieſes Dorf mit dem Degen in der Fauſt hinweg, marſchirte dann ſofort gegen die rechte Flante des Lagers von Pastringo, und half der Division Delmas den Feind daraus vertreiben.

„Während des Angrifs auf das verschanzte Lager, reinigte die Division Serrurier die Gebirge, die sich von Lacise bis nach Rivoli und Corrona hinaufziehen. Dieser General trieb alles zurük, was er von Feinden vor sich fand, machte viele Gefangenen, und nahm seine Position zu Rivoli.

„Während der linke Flügel der fränkischen Armee diese glänzende Vortheile erfocht, bekämpften die Divisionen des rechten Flügels, unter den Befehlen des Generals Moreau, die feindlichen Truppen die aus Verona und Legnago vorgerükt waren; die Dörfer S. Massimo und S. Lucia waren mit Tages Anbruch weggenommen worden. Der Feind ließ 20,000 Mann aus Verona vorrüken, um sich derselben wieder zu bemächtigen; das Dorf San Massimo ward siebenmal genommen und wiedergenommen; die fränkischen Truppen blieben endlich Meister vom Schlachtfelde; es war mit todten und verwundeten Feinden bedekt. Der General Moreau machte, bei dieser Gelegenheit, 14 bis 1500 Gefangenen, und nahm 2 Kanonen.

„Die Division Montrichard, welche beauftragt war Legnago zu maskiren, warf die Truppen, die aus diesem Plaze vorgerükt waren, und verfolgte sie bis auf das Glacis desselben. Nachdem der Feind, gegen 5 Uhr Abends, beträchtliche Verstärkungen erhalten hatte, grif er von neuem die durch unsre Truppen besezten Dörfer an; man schlug sich mit Erbitterung. Die Division Montrichard litt einigen Verlust;* doch erhielt sie ihre Positionen bis zur einbrechenden Nacht, und da sie ihre Absicht erreicht hatte, zog sie sich auf ihre erste Position zurük.

„Der Feind verlor an diesem Tage gegen 9,000 Mann,"**

* nicht bloß einigen Verlust, sondern ward mit beträchtlichem Verlust zurükgeschlagen, und muste sich in Unordnung zurükziehen.

** Bei diesen Uibertreibungen muß man nicht vergessen, daß hier ein feindlicher General spricht, und noch dazu ein General, der sich wegen erlittener Niederlagen zu rechtfertigen sucht. Er verlor innerhalb eines Monats die ganze Bombardei und ex fructibus cognoscetis. Man sieht die

worunter 4,500 Gefangene waren, 2 Fahnen, 12 Kanonen, und seine zwei Brüken über die Etsch. Die Redouten von Paßtringo und das SchlachtFeld bei Verona waren mit seinen Todten und Verwundeten bedekt. Unser Verlust belief sich auf 3000 Mann an Todten oder Verwundeten, worunter mehrere Generale und Officiere waren.

„Der glükliche Erfolg dieses Tages gab mir die schmeichelhaftesten Hofnungen: ich hatte Grund zu glauben, daß eine Division von der helvetischen Armee, mit jener im Veltlin vereinigt, auf meiner linken Flanke vorgerükt, und in demselben Augenblike, wo ich die Schlacht vom 26 geliefert, zu Trient angekommen wäre: da die Folgen dieser Schlacht mir zwei Brüken über die Etsch gegeben, so wäre die Division Serrurier unverzüglich auf Trient marschiert, und hätte sich dort mit den beiden andern vereinigt; diese kleine Armee hätte alsdann, indem sie die Linie der Etsch in der Flanke und im Rüken zu nehmen gedroht, den Feind genöthigt, diese VertheidigungsLinie, eine der besten in Europa, zu verlassen. Verona von der Armee verlassen, würde keinen langen Widerstand geleistet haben; und so würde gleich zu Anfang des Feldzuges, der schwerste Zwek erreicht worden seyn.

„Der Feind hatte in der Schlacht von Paßtringo über 50,000 Mann vor mir aufgeführt; die Verstärkung durch die Divisionen von der helvetischen Armee und vom Veltlin würden mir gleiche Truppenzahl mit ihm gegeben haben, und ich durfte auf weitere Vortheile rechnen.

„Sogleich nach der Schlacht vom 26, schikte ich einen Offizier ab, um Nachrichten von dem General Desolles, der die Division des Veltlins kommandirte, einzuziehen. Ich zählte mit solcher Zuverlässigkeit auf seine Vereinigung mit einer Division von der helvetischen Armee, daß ich auf der Stelle die Instruktion für die künftigen Operationen dieser beiden Divisionen entwarf. Auf einmal höre ich, daß der General Desolles seinen eignen Kräften überlassen geblieben, daß Er allein genöthigt war, den Paß von St. Maria zu überwältigen, und hierauf den mit 9000 Mann bei Glurenz postirten

mit diesen Resultaten besser zusammenstimmenden, Angaben des Feldzeugmeisters Kray im 7ten Hefte, S. 41. ff.

Feind anzugreifen. Glurenz liegt an der Spitze des Thals, das nach Meran und nach Trient führt.

„Ich höre, daß die helvetische Armee, nachdem sie den LucienSteig eingenommen, und Graubünden erobert, sich fast ganz zur Linken abgewendet; der General Lecourbe war sogar bis Nauders, bei Finstermünz, in dem InnThale, marschirt.

„Der General Desolles, nach Überwältigung des Passes von St. Maria, fand sich bei Glurenz dem Feinde gegenüber; der Rükzug würde noch gefährlicher für ihn gewesen seyn, als der Angrif: ohne Bedenken marschirte er gegen einen ihm an Zahl überlegenen und vortheilhaft postirten Feind. Am 25 März stürzt er mit dem größten Erfolg auf ihn los, und bemächtigt sich seiner Position und aller seiner Kanonen; aber da die Division des Generals Lecourbe sich nicht mit ihm vereinigt hatte, so war er zu schwach, um mitten in Tirol einzudringen, und nach Trient vorzurüken: er blieb stilleliegen, und faßte Posten oberhalb Glurenz.

„Von da an gewährte die helvetische Armee mir so wenig die befohlene Unterstüzung, daß sogar eine Division der italienischen Armee gelähmt blieb, und mir durchaus von keinem Nuzen seyn konnte.

„Diesem unglüklichen Umstande muß man die schwierige Lage zuschreiben, worinn die italienische Armee sich nachher befand." Es ist keinem Zweifel unterworfen, daß wenn, nach der Eroberung von Graubünden, eine Division von der helvetischen Armee, mit jener des Veltlins vereinigt, nach Trient marschirt wäre, der Feind sich in einer Position befunden haben würde, die ihn genöthigt hätte, die Vertheidigung der Etsch aufzugeben.

„Überhaupt aber ist es augenscheinlich bewiesen, daß ich den Feldzug mit 21,000 Mann weniger eröfnen und fortsezen muste, als ich nach dem beschlossenen Plane desselben hätte haben sollen, da, einer Seits, die Division von der helvetischen Armee mich nicht unterstüzen konnte; da die des Velt-

---

* Im Gegentheil hat sich Massena bitter beklaat, daß die Division Desolles ihre Operationen zu spät angefangen, und die Division Lecourbe isolirt gelassen habe.

sind, die in der That einen Theil der italienischen Armee ausmachte, bei Glurenz gelähmt blieb; und da ich endlich genöthigt war, von der activen Armee, selbst noch vor der Eröfnung des Feldzuges, 7000 Mann zur Besetzung von Toscana zu detaschiren. Diesen Ursachen allein muß man die Unfälle der italienischen Armee zuschreiben, man muß sie nicht anderwärts suchen.

„Sobald ich die Nachricht erhielt, daß die DonauArmee sich an den Rhein gezogen habe, sah ich voraus, daß die italienische Armee nicht mehr den verabredeten Plan des Feldzuges befolgen könne, da sie, allein, sich nicht gegen die östreichische Armee in Tirol auf ihrer linken Flanke, und die Armee von Verona auf ihrer Fronte, halten konnte.

„Ich hatte überdis die zuverlässige Nachricht, daß sogleich nach der Schlacht vom 26, der Erzherzog Karl den Russen befohlen hatte, zu der östreichischen Armee im Veronesischen zu stossen; verschiedene Korps kamen sogar auf Wägen bei derselben an: übrigens war dieser Marsch der Russen eine nothwendige Folge von dem, was am Rhein vorfiel. Da die Donau-Armee sich zurük gezogen hatte, die helvetische Armee sich in ihren Positionen in Graubünden und an den Ufern des Rheins, von Schafhausen bis Basel, concentrirte, und nicht mehr Tirol bedrohte, so war es augenscheinlich, daß der Feind, der nichts mehr an der Donau und für Tirol zu fürchten hatte, alles was er an disponiblen Truppen hatte, gegen die italienische Armee detaschiren würde.

„Personen, die nicht gehörig unterrichtet sind, haben behauptet, ich hätte mich nach der Schlacht bei Pastringo der Brüken, die ich über die Etsch hatte, bedienen sollen, um sofort gegen Verona zu marschiren, diesen Platz anzugreifen, und ihn durch einen kühnen Streich mit Sturm wegzunehmen. Ein solches Urtheil zeugt von tiefer Unwissenheit des KriegsWesens; vielleicht wäre es am Tage der Schlacht selbst möglich gewesen, im vermischten Gewühl mit den Fliehenden in Verona einzudringen;* aber ein unerwartetes Ereigniß ließ mir nicht einmal diese Aussicht.

* Scherer's Absicht war dis allerdings, da ein TaasBefehl von ihm aufgefangen wurde, worinn er seinen Soldaten die Plünderung von Verona zugesagt hatte. Aber

„Von den zwei Brüken, die der Feind bei Polo hatte, über die er sich nach Verona zurük zog, ward die eine durch ihn zerstört; über die andre verfolgte ihn der VorTrab so lebhaft, daß er nicht mehr Zeit gewann, sie abzubrechen: aber kaum hatten 400 Mann von diesem VorTrab über die einzige Brüke, die noch unbeschädigt war, gesezt, als ein starkes Schiff, das oberhalb derselben zur Fähre diente, los gieng, und durch den schnellen Lauf des Stromes fortgerissen, zwei Schiffe von der Brüke, die uns übrig war, zerbrach. Es kostete über 5 Stunden, um sie wieder herzustellen; der Augenblik, den Feind bis in Verona hinein zu verfolgen, war vorüber, denn eine befestigte Stadt, die durch 50,000 Mann vertheidigt wird, nimmt man nicht hinweg, wann diese nur noch Zeit haben, die Thore derselben zu schliessen.

„Als ich nach der Schlacht vom 26 sah, daß ich durchaus keine Verstärkung von der helvetischen Armee erhalten würde, und daß die Division des Veltlins, die einen Theil der italienischen Armee ausmachte, auf dem Gipfel der Alpen, 25 Stunden hinter meiner linken Flanke, in Unthätigkeit blieb, wollte ich den Versuch machen, die ganze Armee in die Ebenen des Veronesischen zu ziehen, indem ich sie quer über die Gebirge marschiren liesse, auf deren Croupe die Kastelle von Verona liegen. Dis kühne Projekt würde, wenn es hätte ausgeführt werden können, doch seine Inconvenienzen gehabt haben; denn man hätte Mantua, mit einer schwachen Besazung von 4,500 Mann, seinen eignen Kräften überlassen, und die Ebenen der Lombardei den östreichischen Armeen offen lassen müssen: zwei einzelne HusarenRegimenter hätten bis nach Mailand kommen, und die höchsten Obrigkeiten der Cisalpinischen Republik von dort wegführen können.

„Nichts desto weniger würde ich, wenn mein Projekt sonst ausführbar gewesen wäre, es versucht haben, da ich dadurch die VertheidigungsLinie der Ersch auf einmal hätte überspringen, und den Feinden in den Ebenen des Veronesischen und auf Punkten, wo sie sich dessen nie versehen hätten, eine Schlacht liefern können; welches sie wahrscheinlich abgehalten

Kray wußte dis schöne argumentum ad hominem unkräftig zu machen.

haben würde, an eine Expedition in die Cisalpinische Republik zu denken.

„Ich versammelte alle Generale, um ihnen mein Projekt mitzutheilen; aber der BrigadenChef vom GenieKorps, Maubert, ein verdienstvoller Offizier, dessen sich Buonaparte* während des ganzen Laufes seiner Feldzüge in Italien, und namentlich zu einer genauen Recognoscirung eben dieser Gebirge, die man quer hätte durchziehen müssen, bedient hatte, erklärte in Gegenwart aller Generale, daß die RükSeite der von der Etsch über liegenden Gebirge so steil sey, daß weder Kavallerie noch Artillerie darüber ziehen könne, und daß es viele Zeit erfordern würde, um für beiderlei Truppen Wege zu machen: man muste daher nun diesem Projekt entsagen, das zwar gewagt war, aber mit Kühnheit ausgeführt, sehr vortheilhafte Folgen haben konnte. Es würde allzu gefährlich gewesen seyn, mit 33 bis 34,000 Mann Infanterie über die Gebirge zu ziehen, und in den Ebenen von Verona, ohne Kavallerie und ohne Artillerie einen Feind anzugreifen, der weit zahlreicher, und mit beiderlei WaffenArten versehen war. Und wenn diese Infanterie geschlagen worden wäre, welchen Rükzug würde sie gehabt haben? was würde aus Italien geworden seyn? Man kan wohl mit einem Korps von 2 bis 3000 Mann einen solchen Streich wagen, um einen feindlichen Posten zu überfallen und wegzunehmen; aber wehe dem General, der das mit einer Armee versuchen wollte!

„Die erwiesene Unmöglichkeit, die Armee mitten über die Gebirge in das Veronesische marschiren zu lassen; die nicht weniger anerkannte Unmöglichkeit, einen Theil der Truppen von der italienischen Armee, mit einer Division der helvetischen und mit der des Veltlins vereinigt, gegen die rechte Flanke des Feindes zu dirigiren, bestimmten mich den Versuch zu machen, unterhalb Verona oder Legnago über die Etsch zu sezen: fünf Divisionen erhielten den Befehl sich rechts zu wenden; eine SchiffBrüke ward nach Castellaro geschikt.

„Während dieser Marsch ausgeführt wurde, ward der Ge-

---

* An diesen Namen hätte Scherer in seiner DenkSchrift ja nicht erinnern sollen.

neral Serrurier beordert, mit einem Theile seiner Division diese Bewegung zu maskiren; einige Bataillone blieben zur Dekung der Brüken bei Polo zurük, die übrigen sezten über die Etsch, und nahmen ihre Richtung auf Verona. Sie hatten bestimmten Befehl, sich nicht zu weit einzulassen. Am 30 März gieng der General Serrurier, mit frühem Morgen, über die Etsch, und rükte an diesem Fluß hinab, bis gegenüber von Busfolengo, vor; der Feind hatte einige Truppen auf der Rük.Seite der Berge, an die dieses Dorf angebaut ist; unsre Truppen griffen sie mit Ungestüm an, und warfen sie; in ihrer Hize überliessen sie sich, den Befehlen des Generals zuwider, einer wilden und unordentlichen Verfolgung. Der Feind ward auf seiner Flucht durch ein starkes Truppen-Korps aufgenommen, das aus Verona vorrükte; seine dreifache Überlegenheit sezte ihn nun in den Stand, hinwiederum unsre Infanterie, die ihn in Unordnung verfolgt hatte, zurükzudrängen; er warf sie sehr schnell bis an das Dorf Busfolengo zurük, und würde sie übel zugerichtet haben,* wenn nicht das 7te DragonerRegiment und die piemontesischt Kavallerie, die sich mit Ruhm bedekten, lebhafte Angriffe auf ihn gethan hätten. Die Infanterie raffte sich wieder zusammen, und zog sich mit ruhiger Haltung über ihre Brüken zurük, indem sie sogar Gefangene mitbrachte; der General Serrurier ließ, nachdem er mit seiner Mannschaft wieder über den Fluß zurük war, den Befehlen gemäs, die er hatte, die Brüken versenken, da sie uns unnüz waren, und es uns an Mitteln zum Transport fehlte, um sie in Sicherheit zu bringen.

„Die Armee kam, am 30 Abends, in ihrer neuen Position an. Das Centrum derselben war gegenüber von Albaredo; drei Divisionen standen gegen die Etsch gekehrt, eine vierte war in Reserve auf dem rechten Flügel; zwei Divisionen unter dem General Moreau, standen im Winkel über auf meiner linken Flanke, hielten das Dorf Butta-Preda und die Quellen des Tartaro besezt, und beobachteten alles, was aus Verona kam.

„Bei Beziehung dieser Position hatte ich ein doppeltes Pro-

* richtete sie wirklich übel zu. S. Heft 7, S. 17 und 43.

fert im Auge. Das erste war, den Versuch zu machen, unterhalb Verona oder Legnago mit Gewalt über den Fluß zu sezen; in dem lezten Falle konnte meine SchiffBrüke auf dem Tartaro bis gegen Carpi gebracht werden. Konnte das Projekt nicht statt finden, so war ich in einer Lage, daß ich mich mit der ganzen Armee, links oder rechts, gegen die Truppen wenden konnte, die aus Verona oder Legnago vorrüken würden. Ich nahm mein HauptQuartier zu Isola della Scala, im Centrum der Armee.

„In einem Lande wie Italien, gibt es für einen General kein gröseres Glük, als durch gute Spionen bedient zu werden; denn da dieses Land so sehr mit Bäumen bedekt, und von Kanälen durchschnitten ist, so ist es beinahe unmöglich, die wahre Stellung des Feindes zu kennen. Troz meiner Versprechungen, und selbst auch des Geldes, das ich austheilte, war es mir doch stets unmöglich, mir taugliche und verständige Emissarien zu verschaffen; man muß diese Anstalt lange her vorbereitet haben. Dagegen kannte der Feind, dem das ganze Land zugethan war, meine Position, sobald ich sie genommen hatte.

„Der Feind, der aus den hinter ihm liegenden Gegenden Verstärkungen erhalten hatte, unternahm am 3 April, Nachmittags, eine starke Recognoscirung gegen die Divisionen, die der General Moreau kommandirte, ward aber zurükgetrieben. Dieser General meldete mir, in der Nacht vom 3 auf den 4, er schliesse aus dieser Recognoscirung, daß der Feind die Absicht habe, allernächstens einen Angrif zu thun; er verlangte von mir Befehl, ob er die Schlacht in seiner Position annehmen, oder ihm entgegen gehen sollte. Ich antwortete, um 2 Uhr früh, daß ich sogleich der Division Victor Befehl geben würde, sich in parallele Linie mit ihm zu sezen, und den drei andern Divisionen, sich in EilMärschen hinter die drei Divisionen des linken Flügels zu ziehen.

„In der That war nicht ein Augenblik zu verlieren, obgleich die Entfernung von meinem rechten Flügel zum linken nur 6 Stunden betrug; die anhaltenden Regen hatten die, schon an sich schlechten, Wege im Mantuanischen dergestalt verdorben, daß zu befürchten war, der Feind möchte seinen Angrif auf meinen linken Flügel noch vor Ankunft der drei Divisionen vom rechten ausführen.

„Ich betrog mich nicht über die Absicht des Feindes. Er hatte den 4 April zu den Vorbereitungen zu einem allgemeinen Angrif benuzt: von meiner Seite befahl ich den Divisionen Grenier und Delmas, EilMärsche zu thun, um sich mit dem Rest der Armee zu vereinigen. Dieser Befehl ward in der Nacht vom 3 auf den 4 gegeben, und die Generale erhielten ihn vor Tag.

„Dieser Marsch führt mich auf eine sehr wichtige Bemerkung; ich fand nemlich bei der Armee **nicht eine einzige Karte vom Mantuanischen** *; und doch hatten unsre Heere seit 1796 dieses Land besezt; keine Karte von demselben war aufgenommen, keine Recognoscirung, nicht einmal der Wege, veranstaltet worden, so daß ich mich auf alte, mehr oder minder fehlerhafte Karten verlassen, und die Wege, welche die Armee zu durchziehen hatte, auf Gerathwohl anzeigen muste. Die Division Delmas erfuhr diesen Uibelstand auf ihrem Marsche: sie fand den Weg, der sie nach Butta-Preda führen sollte, ungangbar, und muste einen grosen Umweg machen, so daß sie am 5 erst sehr spät auf dem SchlachtFelde ankam, troz eines 15 stündigen Marsches bei schreklichem Wetter und abscheulichen Wegen.

„Nachdem ich meine Befehle gegeben hatte, verfügte ich mich am 4, bei guter Zeit in das HauptQuartier des Generals Moreau zu Settimo: ich versammelte daselbst alle Generale, nur Grenier und Delmas ausgenommen, die wegen des langen Marsches, den sie zu machen hatten, sich nicht bei der Zusammenkunft einfinden konnten. Einstimmig ward hier beschlossen, daß man, sobald die Armee versammelt wäre, dem Feind entgegen marschiren, und nicht ihn erwarten müste.

„Im Vorbeigehen bemerke ich hier, daß es bei der **italienischen** Armee für einen OberGeneral vielleicht unbedenklicher ist als irgend anderwärts, die Generale zu versammeln, um ihnen schwere Unternehmungen vorzuschlagen; die Meinungen stimmen immer für den muthigsten Entschluß zusammen; die war auch hier der Fall. Es war gut, wenn die Armee wuste, (und ich verschwieg es den Generalen nicht), daß sie eine Zeitlang durchaus keine Hilfe von der helvetischen und Donau-Armee erwarten dürfe, daß sie sich selbst genügen müsse. Es war daher nothwendig, daß die Generale ihre Lage kannten, daß sie ihre Zustimmung zu einer, wahrscheinlich langen und blutigen, Operation gaben, und daß sie durchdrungen von ihrer Position, ihre Anstrengung darnach einrichteten.

„Die Emissarien statteten allgemein den Bericht ab, der Feind habe am 3 und 4 viele Truppen aus Verona vorrüken lassen, die er zu Sonna und Somma Campagna aufgestellt habe; ausserdem sey ein Korps von 7 bis 8,000 Mann zu Villafranca, auf der linken Flanke des Generals Moreau. Der Angrifsplan war folgender.

„Die vereinigten Divisionen Victor und Grenier erhielten Befehl, auf San Giacomo zu marschiren, und die Truppen, die etwa aus Verona vorbrechen möchten, im Zaum zu halten. Die Division Delmas sollte zu Butta-Preda die Division Montrichard ablösen, und sich hierauf nach Dossobuono ziehen, um die Divisionen Victor und Grenier zu verstärken, oder nöthigen Falls den Angrif des Generals Moreau zu unterstüzen; diese Division sollte folglich eine Art von Reserve seyn. Der General Moreau, mit den Divisionen Hatry und Montrichard, war beauftragt, den Feind anzugreifen, der, den erhaltenen Berichten zufolge, bei Sonna und Somma Campagna gelagert war; während der General Serrurier, auf der linken Flanke der Armee, und unter den Befehlen des Generals Moreau, die zu Villafranca stehenden feindlichen Truppen angreifen würde.

„Die vollste Einstimmigkeit herrschte unter den Generalen, welche die Divisionen kommandirten, in Bezug auf diese Anordnungen. Der Angrif sollte früh um 6 Uhr beginnen; aber da die schlechten Wege den Marsch der Divisionen Grenier und Delmas verspätet hatten, so ward die Zeit des Angrifs nach und nach bis um 11 Uhr hinausgeschoben: allerdings war das schon ein Uibel, aber es war ihm nicht abzuhelfen.

„Der Feind, von seiner Seite, bereitete sich gleichfalls zum Angrif gegen uns vor. Nachdem der General Grenier, am 5 April Morgens, seine Vereinigung mit dem General Victor bewerkstelliget hatte, sezten beide Divisionen, gegen 10 Uhr, sich in Bewegung; die Spize der Division Delmas konnte nicht eher als gegen Mittag auf der Höhe des Dorfes Butta-Preda eintreffen. Der Angrif begann durch die Divisionen Victor und Grenier; sie trieben den Feind lebhaft bis über das Dorf San Giacomo hinaus zurük, dessen die Division Grenier sich bemächtigte. Während dieser Angrif auf dem rechten Flügel ausgeführt würde, rükte der Feind, der selbst den Plan entworfen hatte, uns anzugreifen, mit Macht gegen das Lager vor, welches der General Moreau an diesem Morgen ingehabt hatte; dieser General hatte es schon verlassen, um vorwärts zu marschiren: der Feind grif ihn nun von hinten, und zugleich die Fronte der Division Delmas an, die beim Eingange des Dorfes Butta-Preda ankam. Der General Moreau, ohne über die Bewegung des Feindes zu stuzen, läßt seine Truppen eine Schwenkung rechts machen, läßt Sonna und Somma-Campagna zur linken, und nöthigt den Feind, wieder den Weg nach Verona zu nehmen. Der General Serrurier grif während der Zeit Villafranca an, bemächtigte sich endlich desselben, und machte dabei Gefangene.

„Die ersten Bataillone der Division Delmas, die auf ihrem Terrain ankamen, wurden inzwischen lebhaft in der Fronte angegriffen, und auf ihrer rechten Flanke überflügelt; die überlegene Truppenzahl, welche diese Division gegen sich über hatte, hinderte sie, aus ihrer Position vorzurüken; allein ob sie gleich die sämtlichen Korps, woraus sie bestand, erst gegen 2 Uhr Nachmittags vereinigen konnte, so manövrirte sie doch immer mit so viel Muth und Kaltblütigkeit, daß sie alle Angriffe des Feindes zurükschlug; mehrere lebhafte Angriffe, die sie auf seine Fronte machte, gaben ihr über 1200 Gefangene und 5 Kanonen.

„Der Kampf währte seit vier Stunden ununterbrochen fort. Der Feind, der durch die vier Divisionen des linken Flügels zurükgedrängt worden war, behauptete sich den Divisionen Victor und Grenier gegenüber; er ließ nachher frische Truppen aus Verona nachrüken, und grif die Divisionen Victor und Grenier von neuem mit Wuth an. Diese Divisionen, nach einem langen, blutigen und hartnäkigen Kampfe, erlagen unter einer allzugrosen Übermacht, und mußten sich auf Isola della Scala zurükziehen.*

„Das Feuer des Feindes, das sich immer weiter rükwärts vom rechten Flügel der Division Delmas verlängerte, kündigte mir zwar an, daß diese Divisionen im Rükzuge begriffen wären; aber da ich keine disponiblen Truppen hatte, um sie zu unterstützen, indem ich die Division Delmas nicht ohne augenscheinliche Gefahr hätte entblößen können, so deployrte diese sich rechts rükwärts, um jenen Rükzug zu deken.

„Der Feind, durch diese Division in Schranken gehalten, verfolgte lässiger. Es war über 6 Uhr Abends, als diese Bewegung stattbatte; erst um diese Zeit konnte ich Nachricht von dem General Moreau erhalten; drei Offiziere, die ich nach und nach abgeschikt hatte, wurden getödet, oder konnten nicht durchkommen; der Chef des GeneralStaabs gelangte inzwischen zu ihm hin, und kam gegen Abend mit der Meldung zurük, daß dieser General bis nahe an Verona vorgerükt sey, indem er den Feind immer vor sich her zurükgedrängt habe.

„Der Rükzug der beiden Divisionen ließ mir nun keinen andern Entschluß übrig, als dem General Moreau den Befehl zuzuschiken, sich während der Nacht nach Vigasio, einem Dorfe, das eine Stunde links von Settino liegt, zurükzuziehen, und dort die drei Divisionen zu versammeln.

„Der General Moreau führte diesen Befehl aus, ohne daß der Feind ihn verfolgte. Ich begab mich mit TagesAnbruch nach Isola della Scala, wo ich die Division Delmas in Schlacht-Ordnung fand, beschäftigt den retrograden Marsch der Divisionen Victor und Grenier nach Due Castelli und Castiglione Mantuano zu deken.

„Menschen für die es Bedürfniß ist, die Operationen der Generale zu tadeln, haben behauptet, der General Moreau sey nicht der Meinung gewesen, seine Position vor Verona zu verlassen. Diese Behauptung ist falsch und verläumderisch; sie würde auf Seiten des Generals Moreau wenig militairische Kenntnisse voraussetzen, und dieser Offizier

* Dieser Rükzug geschah in gänzlicher Unordnung; ein Theil der Truppen lief bis nach Mantua.

ist ein allzu guter General, als daß er hätte glauben sollen, zwei einzelne Divisionen würden im Stande gewesen seyn, sich den Tag nach einem Treffen, eine Stunde von Verona, gegen 50,000 Oestreicher zu behaupten, die, wenn er seine Position behalten hätte, nicht ermangelt haben würden, ihn mit Tages Anbruch von allen Seiten einzuschliessen. Der General Moreau sagte blos des Abends, als er zu Vigasio bei mir eintraf, „er würde, wenn er die Lage der Dinge gekannt hätte, sich lieber erst des andern Tages, mit frühestem Morgen, zurückgezogen haben."

„Am 7 April ließ ich die Armee eine concentrirtere Position nehmen. Zwei Divisionen giengen über den Mincio zurück, die vier andern lehnten ihre rechte Flanke an San Giorgio, und die linke an die Quelle der Molinella; die Fronte war durch diesen Kanal gedekt.

„Die verschiedenen Schlachten oder Gefechte hatten der fränkischen Armee bis dahin 3,500 Mann Todte oder Gefangene, und gegen 5000 Verwundete gekostet, die hinter die Armee gebracht wurden. Der Feind hatte, nach dem eignen Geständniß seiner Gefangenen, weit mehr verloren; * denn bei diesem lezten, in der That ausserordentlichen, Vorfall hatten die zurükgeschlagenen Divisionen gegen 900 Gefangene gemacht; ihr Schlachtfeld war mit feindlichen Leichnamen bedekt. Die andern Divisionen brachten ohngefähr 2000 Gefangene zusammen, und hatten Kanonen genommen.

„Diese Schlacht bietet Stoff zu vielen Bemerkungen, die näher entwikelt zu werden verdienen, sowohl um die Thatsachen besser zu würdigen, als um scheinbare Einwürfe zu beantworten, die damals durch Leute gemacht wurden, welche die Operationen der Generale nicht zu beurtheilen verstehen.

„Man hat gesagt, es sey überhaupt keine Nothwendigkeit gewesen, eine Schlacht zu liefern. Aber zuverlässig würde, wenn ich es nicht gewollt hätte, der Feind mich dazu gezwungen haben; indem er ja in der nemlichen Zeit, da ich mich gegen ihn in Marsch sezte, gegen mich zum Angrif vorrükte. Um das Gefecht zu vermeiden, hätte ich mich auf Mantua oder auf Peschiera zurükziehen müssen. Wie hätte aber das

* Hier spricht wieder Cicero pro domo.

zu der Haltung einer Armee gepaßt, die zehn Tage zuvor z m Feind geschlagen hatte?* wie hätte es zu den Instruction r der Regierung gepaßt, die der Ankunft der Russen zuvorkommen wollte, und daher ihrem General befohlen hatte, den Feind zu bekämpfen, ehe er noch Verstärkung erhalten hätte? war es endlich nicht besser, dem Feinde die Schlacht zu bieten, als sie von ihm anzunehmen? Hätte ich nicht den EilMarsch der vier Divisionen des rechten Flügels befohlen, so wäre die Armee unvermeidlich verloren gewesen; der General Moreau hätte nimmermehr seine Position gegen 50,000 Mann behaupten können; wären seine beiden Divisionen geschlagen worden, so würde dis nothwendig die Niederlage, oder wenigstens den Rückzug der vier übrigen nach sich gezogen haben. War demnach die Schlacht unvermeidlich, so war es, ich muß es wiederholen, besser, sie zu geben, als sie anzunehmen.

„Sind es die Dispositionen zum Angriff, die man tadeln will, so antworte ich, daß sie das Resultat des einmüthigen Gutachtens von Männern waren, die zu siegen gewohnt sind, von Männern die, ohne blind für die Gefahr zu seyn, doch dafür hielten, daß diese Dispositionen die einzigen wären, die zum Siege führen könnten.

„Aber welches sind denn — wird man sagen — die Ursachen, die den Sieg aus den Händen einer Armee rissen, die nach einem guten AngrifsPlan agirte, geschikte Generale hatte, und aus guten Truppen bestand? Gehässüchtige Tadler! gehet in die Läger, studiret die Ursachen der Unfälle und der Siege, ehe ihr über Männer absprechen wollt, denen die schwere Bürde des OberBefehls der Armeen anvertraut ist; ihr werdet hören, daß, wenn ein General gute Dispositionen gemacht hat, die Ausführung derselben fast ganz in den Händen seiner Generale ist; daß es in einem Lande, wo man genöthigt ist, sich in starken Detaschements, deren eines mehrere Stunden von dem andern entfernt ist, zu schlagen, wo man nicht hundert Schritte vor sich hin sehen kan, durchaus unmöglich ist, daß ein General aller Orten zugegen seyn kan; ihr werdet hören wie mächtig der Zufall auf das Schiksal der Gefechte wirkt, und daß manchmal das Zurükweichen

* geschlagen? Man sehe Heft 7. S. 14 ff. und S. 41 f.

eines einzigen Korps den Verlust einer Schlacht verursacht. Und wo ist der General, der am Tage eines Treffens für einen gewissen Erfolg zu bürgen wagt, selbst im Falle einer grossen UiberMacht? Befand sich denn nun aber der OberGeneral der italienischen Armee in diesem Falle?

„Ja, ich behaupte kühn, ohne zu befürchten daß irgend ein Soldat der italienischen Armee mir widersprechen möchte: das Misglük dieser Schlacht muß blos der UiberMacht des Feindes, besonders auf meinem rechten Flügel, zugeschrieben werden; es ist ferner der Unmöglichkeit beizumessen, worin sich die Armee wegen der Schwierigkeit der Märsche befand, sogleich mit frühestem Morgen den Feind anzugreifen, wie es mein Befehl war. Hätte die Division Delmas die Position Butta-Preda um 6 Uhr Morgens besezen können, so wäre sie nach Dossobuono marschirt und hätte die Divisionen der Generale Grenier und Victor kräftig unterstüzt; der General Moreau wäre eine Stunde von Verona auf den Feind gestossen, anstatt in seinem Lager angegriffen zu werden; fünf Divisionen, die beinahe auf einem Punkte vereinigt gewesen wären, hätten die Feinde in der Fronte und in der Flanke angegriffen, und der Erfolg dieses Tages würde wohl ein ganz andrer gewesen seyn.

„Ich bin es nun mir selbst schuldig, von meinem Betragen bei diesem Vorfall zu sprechen, nicht um auf Beschuldigungen zu antworten, die ich verachte, (meine Proben waren schon vor diesem Feldzuge gemacht), sondern um eine ofne und deutliche Erklärung der Pflichten eines kommandirenden Generals am Tage der Schlacht zu geben.

„Ich hatte den Generalen, welche die Divisionen anführten, den Befehl ertheilt, mich, Stunde um Stunde, und noch öfter wenn es nötbig wäre, von dem, was bei ihren allerseitigen Angriffen vorgehen würde, zu benachrichtigen. Die Division Delmas war, wie ich weiter oben sagte, eine Art von Reserve; ich bezeichnete sie daher den Generalen als meinen Posten; sie war im Centrum der Angriffe: von da aus konnte ich, nach den Umständen, Befehle geben und Berichte empfangen: auch noch ein andrer Grund bestimmte mich dazu; der General Delmas, der in dem Treffen vom 26 März verwundet worden war, hatte während des Marsches am 4 April einen heftigen Sturz gethan, und war vom Fieber befallen; er wollte indeß die Division während des Treffens kommandiren. Es blieb dieser Division nur ein einziger Kavallerie General, der gleich im Anfang verwundet wurde*, und ein GeneralAdjutant, der die Stelle eines BrigadeGenerals versah **; ich würde daher dort geblieben seyn, wenn auch meine Instruction an die Generale ihnen nicht diesen CentralPunkt angewiesen hätte, um mir ihre Berichte zu erstatten, und meine Befehle zu empfangen. Während der ganzen Action hielt ich mich in der Mitte der Division Desmas auf; zwei Stunden hindurch war ich, so wie mein GeneralStab, der ZielPunkt der feindlichen Artillerie, mehrere Mann wurden an meiner Seite getödet, ich war Zeuge der glänzenden Manövers und der Kaltblütigkeit dieser braven Division, die beständig die Angriffe des Feindes zurük schlug, obgleich die Soldaten keine Speisen zu sich genommen hatten, und seit fünfzehn Stunden marschirten. Ein einzigmal verlangte ein gemeiner Chasseur von der Ordonanz, mündlich Verstärkung für den rechten Flügel; in demselben Augenblike that der Feind einen heftigen Angrif, und überflügelte die rechte Flanke der Division; ich ließ das ArtillerieFeuer auf ihn richten, welches ihn zum Weichen brachte; ich befahl dem Chasseur zu seinem General zurükzukehren, und ihm zu sagen, er möchte mir nur mit einem Worte schriftlich seine Lage melden, und fest halten bis der General Moreau ihm zu Hilfe kommen würde; (ich hatte diesem General, durch drei Offiziere, den Befehl zugeschikt sich auf seinem rechten Flügel rükwärts zu wenden, um die Feinde, welche die Divisionen Victor und Grenier drängten, im Rüken zu nehmen); endlich, wenn er, gegen meine Erwartung, sich nicht halten könnte, sollte er sich auf Isola della Scala zurükziehen.

„Die Pflicht des kommandirenden Generals einer Armee ist nicht, vor den Plänklern her zu marschiren ***; allerdings kan

* Der General Beaumont.
** Der GeneralAdjutant Granjean, der auf dem SchlachtFeld, am 26 März, zum BrigadeGeneral ernannt worden war.
*** Wenn Scherer die Alten kennte, so würde er vielleicht Scipio's berühmtes Wort angeführt haben: „imperatorem me mater mea, non militem genuit. Aber dann

und muß er sich, in äussersten Fällen, und wo es darauf ankommt durch eine lezte Anstrengung das Schiksal einer Schlacht zu entscheiden, an die Spize der Truppen stellen; aber bei der Division, wo ich mich befand, war diese Maasregel nicht nothwendig; jeder feindliche Angrif ward von ihr nachdrüflich zurükgewiesen. Ein General en chef hat sein Auge über alles; er leitet die Unterstüzungen und schikt Verstärkungen; er läßt dem geschwächten Theile durch frische Truppen aufhelfen; er ist der allgemeine Anordner des Gefechts, und nicht der Vollzieher dieses oder jenes Manöures: nicht dadurch, daß er sich mit dem Degen in der Faust schlägt, erfüllt er seinen Beruf; er würde sogar Tadel verdienen, wenn er es ohne Noth thun wollte. Genug, und vielleicht schon zu viel, über einen solchen Gegenstand!

„Es ist Zeit, eine Kabale aufzudeken, die von lange her, mehr noch gegen die fränkische Regierung, als gegen den Ober-General der italienischen Armee, angelegt war. Sogleich bei meiner Ankunft in Mailand brachte man die unsinnigsten Gerüchte über den Zwek meiner Sendung in Umlauf; die Feinde der fränkischen und cisalpinischen Regierung hatten unter der Hand ausgebreitet, das fränkische Direktorium wolle den Frieden mit dem Kaiser durch die Aufopferung der cisalpinischen Republik erkaufen, und ich, als General, sollte der Vollzieher dieses Planes seyn. Selbst der fränkische Botschafter in Mailand erfuhr diese ehrlose Sage, und schrieb deswegen an das Directorium. Der am 26 März errungene Vortheil ward durch sie in eine Niederlage umgestaltet, ohngeachtet gegen 5000 Gefangene durch Mailand zogen, und den Gewinn der Schlacht bezeugten. Noch ganz anders gieng es nach dem Vorfall vom 5 April; der Rükzug der beiden Divisionen ward dem General en chef zur Last gelegt; man vergröserte, wie sich's versteht, unsern Verlust; man sagte, die Armee wäre aufgerieben. Diese Gerüchte liefen in der Armee um; Emissarien sagten den Soldaten, sie würden gesiegt haben, wenn sie einen andern General gehabt hätten. Die strengen Befehle, die ich gegeben hatte, um den von einigen Individuen verübten Räubereien Einhalt

würde man ihm darauf antworten können: „duo cum dicunt idem, non est idem."

zu thun, brachten diese Menschen gegen mich auf, welche die Soldaten überredeten, ich führte sie unnützer Weise in's Gefecht, und sie wären die SchlachtOpfer einer voraus getroffenen Uibereinkunft.

„Ich überzeugte mich selbst insgeheim von diesen Gesinnungen der Soldaten, und von dem Mistrauen, das man ihnen gegen mich eingeflößt hatte; ich sagte es dem General Moreau. Er hatte so eben Befehl erhalten, sich wegen eines besondern Auftrags nach Paris zu begeben; ich bat ihn, bei einer Armee zu bleiben, wo der größte Theil der Soldaten, am Rhein, unter ihm gedient hatte; ich verschwieg ihm nicht, daß ich, nach der von mir wahrgenommenen Stimmung eines Theils der Truppen, von dem Directorium meine Zurükberufung verlangt hätte; denn von dem Augenblik an, da ich bemerkte, daß ein Theil der Armee in ihren General kein Vertrauen sezte, glaubte ich nicht mehr nüzlich seyn zu können. Uiberdis hatten Verdruß, und die Beschwerden des Krieges, mich so sehr geschwächt, und ein altes Uibel, womit ich behaftet war, dergestalt verschlimmert, daß ich kaum zwei oder drei Stunden zu Pferde bleiben konnte; welches sich unter diesen Umständen nicht mit der für einen General en chef nöthigen Thätigkeit vertrug. Ich bat das Directorium inständig, das Kommando einem andern General zu geben, der das Vertrauen der Armee hätte; ich barg ihm nicht, was die Soldaten von dem General Moreau dächten; er hatte sich in den beiden lezten Vorfällen ausgezeichnet, und konnte große Dienste leisten.

„Diß war mein Benehmen, sobald ich bemerkte, daß mir das Vertrauen eines Theils der Armee geraubt wäre. Wie ungerecht auch diese Stimmung eines Theils der Truppen gegen mich war, so war ich doch überzeugt, daß ich von ihrer Seite auf keine Anstrengung in schwierigen Umständen mehr fühlen konnte; anonyme Briefe kündigten mir das jeden Tag an.

„Ich gehe nun zu den weitern Ereignissen fort, die bis zum Monat Floreal (bis zum 20 April) statthatten. Nach der Schlacht vom 5 muste man darauf denken, Mantua mit einer angemessenen Garnison zu versehen; die Umstände konnten mich zu einer Bewegung vor- oder rükwärts veranlassen; in beiden

Fällen fand sich Mantua seinen eignen Kräften überlassen; die Bollwerk Italiens muße also in den Stand gesezt werden, einen langen Widerstand zu leisten. Ich warf noch 6,600 Mann hinein, die mit den bereits dort befindlichen Truppen eine ansehnliche Garnison ausmachten, welche auf länger als ein Jahr mit Kriegs- und MundBedürfnissen versehen war.

„Nachdem ich die Besazung von Mantua vollzählich gemacht hatte, verminderte ich die Zahl der activen Divisionen auf drei, nebst einer Avantgarde. Jede Division hatte 10 Bataillone Infanterie, und den Gehalt von 3 Regimentern Kavallerie; die Avantgarde bestand aus 5 Bataillonen und 2 Regimentern Kavallerie; die Armee blieb izt noch 28,000 Mann stark, mit 60 Stüken Artillerie; sie behielt die Position am Mincio bis zum 9 April Abends. Zu dieser Epoche vernahm ich, daß eine Abtheilung der feindlichen Armee in Tirol, die sich über Rocca d'Anfo herabgezogen, sich gegen Brescia, im Rüken meiner linken Flanke, wende. Die Linie des Mincio ist nicht haltbar; überall sind Fuhrten zum Durchwaten, und der Feind, der die Anhöhen von Valeggio besezt hatte, traf vor meinen Augen grose Zurüstungen, um über den Fluß zu sezen. Ich befahl der Armee, hinter dem Oglio Position zu nehmen, und ließ im EilMarsche Truppen anrüken, um die Brüken der Adda zu besezen, und dadurch zu verhindern, daß nicht feindliche Partien bis nach Mailand kommen, und die beiden GesezgebungsRäthe und das cisalpinische Directorium wegführen könnten.

„Zur nemlichen Zeit sezte der Feind, welcher Truppen an den untern Po hatte marschiren laßen, unterhalb Ferrara über diesen Strom, und brachte die Anwohner der beiden PoUfer zur Insurrection; ich zog 3 FeldBataillone und 2 Escadrons aus Piemont, gab noch ein Regiment Husaren dazu, und schikte den General Montrichard mit dem Befehl dahin ab, die Unruhen zu dämpfen, und den Feind aus der dortigen Gegend zu vertreiben.

„Am 10 April erhielt ich Nachricht, daß der General Desolles, immer seinen eignen Kräften überlassen, durch einen ihm weit überlegenen Feind angegriffen, und genöthigt worden sey, seine Position bei Glurenz zu verlassen, und daß er sich in das Veltlin zurükgezogen habe.

„Einige Tage nachher erhielt ich die Erlaubniß, die Armee von Neapel zu der italienischen heraufzuziehen. Ich hatte bereits am 7 April dem General Macdonald Befehl gegeben, seine Armee zusammenzuziehen, Garnisonen in den festen Plätzen zu lassen, und sich bereit zu halten, auf den ersten Befehl, den ich ihm zuschiken würde, sich nach Toscana heraufzuziehen; ich meldete ihm, daß, wofern das Directorium nicht in diese Maasregel, die jedermann für unumgänglich nöthig halte, einwilligen sollte, ich noch immer Zeit haben würde, die Ankunft seiner Truppen in Toscana abzubestellen. Seitdem schikte ich nacheinander drei Eilboten an ihn ab, um seinen Marsch zu beschleunigen: von da an erwartete ich nur den Augenblik, wo diese Vereinigung würde statt haben können; ich suchte Zeit zu gewinnen, das Terrain streitig zu machen, vorwärts und rükwärts des Oglio Positionen zu nehmen.

„Ich verwarf beständig den Gedanken, vor der Vereinigung beider Armeen dem Feinde eine dritte Schlacht zu liefern. Die dringenden Aufforderungen einiger Personen, die für die italienische Armee nichts sahen, nichts träumten als Sieg; die Vorstellungen einiger andern, die sich vielleicht nicht wenig über eine entschiedene Niederlage gefreut haben würden, erschütterten mich nicht in meinem Vorsaze. Ich hielt mich beständig an ein Defensiv-System, das ohnehin von der Regierung vorgeschrieben war; ein System, wodurch ich die Epoche gewänne, da die Armee von Neapel mit der italienischen sich würde vereinigen können.

„Um übrigens zu beurtheilen, ob ich die den Umständen angemessenste Entschließung faßte, muß man sich meine Lage in Vergleichung mit jener des Feindes vorstellen.

„Die Ankunft der Russen und eines Theils der in Tirol gestandenen feindlichen Armee, hatte die östreichische Armee um mehr als 30,000 Mann verstärkt; es war außer allem Zweifel, daß ich, wenn ich hätte angreifen wollen, über 60,000 Mann würde zu bekämpfen gehabt haben, ohne die Truppen zu rechnen, die der Feind vor Mantua und vor Peschiera zurükgelassen hatte. Wie viel war damals nicht gegen die Wahrscheinlichkeit eines glücklichen Erfolgs, da man mit 28,000 Mann sich hätte gegen 60,000 schlagen müssen! Und hätte ich vor oder hinter dem Oglio eine Schlacht verloren, so wäre die fränkische Armee Gefahr gelaufen, vernichtet zu werden; ihr Rückzug, zwischen zwei Flüssen, wäre äusserst schwer, um nicht zu sagen unmöglich, gewesen; und wenn die italienische Armee diesen Stoß erlitten hätte, was würde, durch GegenStoß, aus der Armee von Neapel geworden seyn?

„Ich werde beständig das Gefühl von Zufriedenheit behalten, von dem ich durchdrungen bin, daß ich es unter den Umständen, worin ich mich befand, nicht auf das Schiksal einer Schlacht ankommen ließ. Die Vortheile, die eine zwischen dem Oglio und Mincio gewonnene Schlacht mir verschaffen konnte, hätten blos den Feind wieder über diesen lezteren Fluß zurükgeworfen, und der Verlust einer Schlacht hätte zwei Armeen vernichtet, und ganz Italien in die Gewalt unsrer Feinde überliefert.

„Am 20 April war noch die ganze Armee vorwärts des Oglio aufgestellt; sie hatte die Positionen von Palazzuolo, Chiari und Calcio inn. Da der Feind mit Macht auf Brescia vorrükte, so befahl ich der Armee, sich hinter diesen Fluß zu ziehen: dieser ganz kurze Marsch ward ohne Verlust vollzogen, die Armee nahm Position hinter dem Oglio, der linke Flügel am IseoSee, das Centrum zu Calcio, der rechte Flügel zu Soncino; die Avantgarde dehnte sich bis gegenüber von Pontevico aus. Nachdem die Truppen übergesezt hatten, ließ ich die Brüken über diesen Fluß abbrechen, der nicht besser zu vertheidigen ist, als der Mincio; aber diese Position gab mir wenigstens zwei Tage Frist.

„Am 22 April rükte die östreichische Armee mit Macht gegen den Oglio vor. Während ein beträchtliches TruppenKorps gegen Cremona marschirte, zogen die Russen, mit den Oestreichern vermischt, gegen denjenigen Theil des Dorfes Palazzuolo, der auf dem linken Ufer liegt: man kanonirte sich zwei Stunden hindurch, der Feind ward genöthigt dieses Dorf zu verlassen. Abends vernahm ich, daß die Bauern an dem Ufer des Oglio es mit den Oestreichern hielten, und ihnen die Mittel zum Uibergang gegen den linken Flügel unter dem General

Serrurier, der keinen Stützpunkt hatte, zu erleichtern suchten; ich vernahm ferner, daß der Feind über die Gebirge von Bergamo heranrüke, und diese Division im Rüken zu nehmen drohe.

„Ich befahl daher den Rükzug an die Adda. Die Division Serrurier erhielt Befehl, sich über Bergamo nach Lecco zurükzuziehen, wo sie die verschanzte Brüke deken, und sich von da bis gegen Vaprio ausdehnen sollte: die Division Grenier besezte die Brüke von Cassano, erstrekte ihren linken Flügel bis gegen den rechten des Generals Serrurier, und dehnte ihren rechten bis gegenüber von Rivolta; hier schloß sie sich an den linken Flügel der Division Victor, welche die Brüke von Lodi besezt hielt, und sich bis in die Nähe von Pizzighetone erstrekte, von wo aus die Avantgarde bis an den Po reichte.

„Die Division Victor und die Avantgarde wurden in ihrem Marsche nicht beunruhigt; die Division Grenier trieb einige leichte Truppen, die ihr nachfolgten, zurük: die Division Serrurier hatte bei Bergamo den Angrif der russischen Avantgarde auszuhalten, die lebhaft zurükgeschlagen wurde; der Feind ließ 500 Todte auf dem Schlachtfelde, unser Verlust belief sich nicht auf 100 Mann.

„Ich hatte schon voraus eine Instruction für die Generale in Betref der Vertheidigung der Adda entworfen. Die Truppen, die auf die oben beschriebene Art aufgestellt waren, konnten sich wechselseitig unterstüzen; und in weniger als sechs Stunden Zeit konnten 12 Bataillone, 12 Escadrons, und zwei Kompagnien leichter Artillerie sich auf dem Punkte sammeln, wo der Feind einen Übergang versucht haben würde; und diese Truppenzahl war derjenigen überlegen, die er in dieser Zeit auf die entgegengesezte Seite bringen konnte, wenn die Ufer des Flusses meiner Instruction gemäs bewacht wurden. Ich bezeichnete diejenigen Punkte, auf die man ein besonders wachsames Auge haben müßte, und wahrscheinlich konnte, wenn man sich über die wahren Absichten des Feindes nicht irreführen ließ, die Vertheidigung des Flusses über 14 Tage hinausgetrieben werden; ich sage 14 Tage, weil es in die Länge, wenn man nur 28,000 Mann hat, um den Übergang über einen Fluß zu verwehren, deſſen Lauf über 60 Meilen beträgt, und der, in einer gewiſſen JahrsZeit, viele Fuhrten offen läßt, wahrſcheinlich iſt, daß ein mehr als noch einmal ſo ſtarker Feind endlich doch durchdringt: alsdann bleibt dem General, dem die Vertheidigung eines ſolchen Fluſſes aufgetragen iſt, kein anderer Entſchluß übrig, als ſich in voraus gewählte Poſitionen zurükzuziehen, oder ſeine ganze Armee zu ſammeln, und gegen den Feind zu marſchiren, um ihn mit Verzweiflung zu bekämpfen.

„Um die Armee noch zu verſtärken, zog ich von der Diviſion des Veltlins die 39ſte HalbBrigade heran, und bat den General Maſſena, ſie durch eine andere HalbBrigade zu erſezen. Der General Loiſon that dieſes mit der 76ſten HalbBrigade, und ſchlug den Feind gleich bei ſeiner Ankunft auf der Seite van Monterolo; die 39ſte HalbBrigade erhielt Befehl, bis auf weitere Verfügung, zu Como Poſten zu faſſen; ich wies ſie hierauf an, die Diviſion Serrurier zu verſtärken.

„Am 23 April, Morgens, ſchikte ich allen DiviſionsGeneralen der Armee meine Inſtruction wegen Vertheidigung der Adda zu.

„Am 24 meldeten mir mehrere Schreiben aus Mailand, das cisalpiniſche Directorium, durch den Anmarſch der Feinde erſchrekt, mache ſie zur Abreiſe bereit. Dis Ereigniß würde alle Hilfsmittel der Armee gelähmt haben, der Sold war um mehr als drei Millionen rükſtändig, der Dienſt war auf dem Punkte von allen Seiten zu leiden: ſchnelle Mittel waren nöthig, um Uibeln abzuhelfen, die der Armee eben ſo ſchädlich werden konnten wie die Uibermacht des Feindes. Ich benachrichtige den General Moreau, am 25 Morgens, von der Nothwendigkeit, worin ich mich befände nach Mailand zu reiſen, um das Directorium und die beiden Räthe zu beruhigen, und Maasregeln zu Herbeiſchaffung der unumgänglich nöthigen Fonds zu treffen.

„Ich ſagte dem General Moreau, daß, da ich genöthigt wäre mich auf einige Tage zu entfernen, ich ihm, während meiner Abweſenheit das Kommando der Armee überlaſſen würde; er erkannte die Nothwendigkeit meiner Abreiſe, und übernahm das Kommando der Armee. Noch am 25 April ließ ich diese Verordnung in den TagsBefehl setzen; ich ersuchte den General Moreau, sogleich mein HauptQuartier zu Inzago zu beziehen, da dis der centralste Punkt war, von wo aus er seine Befehle geben und Berichte empfangen konnte.

„Am 26 reiste ich nach Mailand ab. Bei meiner Ankunft in dieser Stadt fand ich einen EilBoten von dem Directorium, welches in meine Zurükberufung willigte, und den OberBefehl der Armee dem General Moreau ertheilte; ich fertigte in der Nacht vom 26 auf den 27 einen Offizier nach Inzago an ihn ab, um ihm seine Ernennung zu überbringen; ich gab ihm in meinem Schreiben einen Abriß von der Lage der Armee und von den Punkten, wo die verschiedenen von derselben detaschirten Korps sich befanden.

„Ich fertigte am 27 zwei EilBoten ab, einen an den General Macdonald, und den andern an den General Massena; ich stellte dem General Macdonald zum drittenmal die Nothwendigkeit vor, seine Vereinigung mit der italienischen Armee zu beschleunigen, indem ich ihn zugleich von der Ernennung des Generals Moreau benachrichtigte; ich schrieb an den General Massena, um ihm gleichfalls diese Ernennung zu melden, ich äusserte ihm meine Besorgniße wegen des Veltlins, und zeigte ihm die Nothwendigkeit einige Truppen zur Besetzung des Gotthards abzuschiken, um durch diesen wichtigen Paß die Communication der italienischen Armee mit der helvetischen zu sichern, auf den Fall daß die erstere genöthigt seyn würde, sich an den Tesino zurükzuziehen; und da mir das Directorium Befehl ertheilt hatte, mich nach Paris zu begeben, so reiste ich, am 27 Abends, mit dem fränkischen Botschafter von Mailand ab.

„Dis war die Lage der Armee, als ich das Kommando derselben niederlegte: 28,000 Mann, Infanterie und Kavallerie, waren hinter der Adda aufgestellt, eine HalbBrigade ungerechnet, die auf dem Marsche war, um zu der Division Serrurier zu stossen. Troz zwei blutiger Schlachten und mehrerer Gefechte, war die Armee um nicht mehr als 8,000 und einige hundert Mann vermindert, unter denen 5000 Verwundete waren, die ich hatte rükwärts bringen lassen. Dieser Anzahl muß man noch 6,600 Mann beifügen, die ich nach Mantua geworfen hatte.

Während den zwanzig Tagen, die von der Schlacht, vom 5 bis zum 25 April verflossen, hatte die Armee dem unermeßlich überlegenen Feinde mehr nicht als das zwischen dem Mincio und der Adda eingeschloßene Land abgetretten; ihre verschiedenen Märsche geschahen mit Ruhe und in der besten Ordnung; die Arrieregarde der Divisionen schlug immer die Avantgarde des Feindes zurük. Die weitern Ereigniße bei der italienischen Armee gehören nicht in diese DenkSchrift, weil ich keinen Antheil mehr daran hatte.

„Ich schließe diese treue Erzählung der Begebenheiten, die bei der italienischen Armee vorfielen, während ich das Kommando derselben hatte. Ich überlaße es dem unparteischen Urtheil der Generale, der Offiziere, und selbst auch der Soldaten, zu entscheiden ob ich mich des mir anvertrauten Auftrags mit Ehren entledigt habe. Wenn auch nur eine Zeile in dieser DenkSchrift nicht der strengsten und genauesten Wahrheit gemäs ist, so will ich eine Reputation verloren haben, die so viele dunkle und namenlose SchmähSchriften mir in den Augen meiner MitBürger zu entreißen bemühet waren."

III.
Kurze Recapitulation
der KriegsEreignisse.
(Epoche: vom 28 April bis 27 Jun.)

Italienische Armee.

30 April. Kapitulation des Forts Orci-Nuovi, (zwischen dem fränkischen Kommandanten Tore und dem k. k. General Grafen Alcaini). Die Besazung, die aus ein paar hundert Mann besteht, wird kriegsgefangen; die Offiziere dürfen, auf ihr EhrenWort vor der Auswechslung nicht zu dienen, nach Frankreich zurükkehren.

2 Mai. Moreau's HauptQuartier ist in Novara. (In den folgenden Tagen geht es nach Turin, von wo Moreau, nachdem er für die Vertheidigung der Stadt und Citadelle Anstalten getroffen und alle piemontesischen Pläze auf dem rechten Ufer des Po geräumt, am 7 wieder aufbricht, und sich zwischen dem linken Ufer dieses Flusses und dem Tanaro aufstellt, seine linke Flanke an Valenza, die rechte an Alessandria gelehnt.)

5 Mai. Souworof's HauptQuartier ist in Pavia.

— — Das Korps des Generals Wukassovich geht über den Tesino, und besezt die von den Franken verlassenen Pläze Arona, Mortara, Vercelli ꝛc.

    Fränkischer Verlust an zurükgelassener Artillerie, nach östreichischen Berichten: in Arona und Mortara, 17 Kanonen, 5000 Musketen Patronen ꝛc.

6 — Kapitulation der Festung Peschiera, (zwischen dem fränkischen Kommandanten, GeneralAdjutant Coutheaux, und dem k. k. General Grafen St. Julien). Die Besazung wird, unter dem Versprechen sechs Monate lang nicht gegen den Kaiser zu dienen, an die fränkischen VorPosten abgeführt.

    Fränkischer Verlust, nach östreichischen Berichten: 90 Kanonen, 16 bewafnete Schiffe, viele Munition und LebensMittel.

8 — Ein Detaschement von dem Korps des Generals Wukassovich kommt in Chivasso, (vier Stunden von Turin, auf dem linken PoUfer,) an.

9 — Vorrükung der östreichisch-russischen Armee, unter dem FeldMarschall Souworof, von Voghera gegen Tortona; Besezung dieser Stadt; Rükzug der fränkischen Garnison in die Citadelle, und Blokirung dieser leztern.

    Fränkischer Verlust, nach östreichischen Berichten: 250 in der Stadt Tortona zurükgelassene Kranke und Verwundete.

— — Kapitulation der Festung Pizzighetone, (zwischen dem fränkischen Kommandanten, Kapitain

Jaquey, und dem k. k. FeldMarschallLieutnant Kaim). Die Besazung, von 600 Mann und 30 Offizieren, wird kriegsgefangen.

Fränkischer Verluſt nach östreichischen Berichten: 95 Kanonen, LebensMittel für 5000 Mann auf vierzehn Monate, und ein groser Vorrath an Pulver.

11 Mai. Uibergang der Russen über den Po, oberhalb Valenza; ihre Zurükdrängung durch den GeneralAdjutant Garreau, der den linken Flügel der Division Grenier kommandirt.

Ihr Verluſt, nach fränkischen Berichten: 500 Gefangene.

(Der fränkische Bericht spricht von Ertrunkenen; aber der FeldMarschall Souworof sagt von diesem Vorfall: „Es kam uns das Gerüchte zu, als ob Valenza geräumt wäre. General Rosenberg gieng also mit dem russischen Korps, das er bei der Hand hatte, um diese Festung zu besezen. Das Gerüchte war aber falsch, und er konnte also sein Vorhaben nicht ausführen.")

12 —. Uibergang eines russischen TruppenKorps, unter dem General der Infanterie von Rosenberg, über den Po, bei Borgo Franco. Treffen bei Basignana und Pecetto. Zurükdrängung der Russen über den Po.

Beiderseitiger Verluſt.

1. Nach fränkischen Berichten.

Eigner Verluſt: 300 Todte und Verwundete.

Russischer Verluſt: mehr als 2000 Ertrunkene, 7 bis 800 Gefangene, 5 Kanonen, 1 Fahne, viele Munitionswägen und Bagage.

2. Nach russischen Berichten. —

Eigner Verluſt: 333 Todte; 660 Verwundete, worunter der GeneralMajor Tschubarow.

Fränkischer Verluſt: an 1000 Mann Todte, noch weit mehr Verwundete, aber nur wenige Gefangene.

16 Mai. Treffen bei Marengo. Der General Moreau geht über die Bormida-Brüke, bei Alessandria, bringt gegen die Generale Lusignan und Bagration über Marengo und S. Giuliano bis Torre di Garofolo vor, muß sich aber, da diese beträchtliche Verstärkungen erhalten, Abends wieder über die Bormida zurückziehen.

Beiderseitiger Verlust.
1. Nach östreichischen Berichten:
Eigner Verlust: 43 Todte, 404 Verwundete, 273 Vermißte und Gefangene.
Fränkischer Verlust: mehrere Gefangene.
2. Nach russischen Berichten.
Eigner Verlust: 27 Todte, 81 Verwundete.
Fränkischer Verlust: gegen 2500 Todte, 200 Gefangene.

17 bis 19 Mai. Die Franken räumen Casale und Valenza. Der General Moreau zieht sich von Alessandria, wo er eine beträchtliche Besazung zurükläßt, nach Coni, am Fuße der Alpen, zurük; hier ist, am 22, sein HauptQuartier.

Fränkischer Verlust an zurükgelassener Artillerie: in Casale, (nach östreichischen Berichten), 5 Kanonen, 3 Mörser; in Valenza, (nach russischen Berichten), 31 Kanonen, 4 Mörser, eine beträchtliche Menge Pulver.

23 — Kapitulation der Citadelle von Ferrara, (zwischen dem fränkischen Kommandanten La Pointe, und dem k. k. General Grafen Klenau). Die, 1525 Mann starke, Besazung wird, unter dem Versprechen sechs Monate hindurch nicht gegen die Truppen des Kaisers und seiner Alliirten zu dienen, an die fränkischen VorPosten abgeführt.

Fränkischer Verlust, nach östreichischen Berichten: 72 metallene Kanonen, 5214 Centner Pulver, 6 monatliche Approvisionirung, eine FeldApotheke von 1 1/2 Millionen Livres an Werth.

24 — Kapitulation der Citadelle von Mailand, (zwischen dem fränkischen Kommandanten, BataillonsChef Bechaud, und dem k. k. General Grafen Hohenzollern). Die, 2220 Mann starke, Besazung wird unter dem Versprechen, ein Jahr lang nicht gegen den Kaiser zu dienen, an die fränkischen VorPosten abgeführt.

Fränkischer Verlust, nach östreichischen Berichten: 110 Stük Geschüz, viele Munition und MagazinsVorräthe.

24 Mai. Ankunft des Generals Macdonald in Florenz, wo an den folgenden Tagen die ganze Armee von Neapel sich versammelt.

26 — Einnahme von Ravenna durch ein östreichisches Detaschement, unter Anführung des OberstLieutnants Grill.

Fränkischer Verlust, nach östreichischen Berichten: gegen 100 Gefangene, 1 Kanone.

27 — Einnahme der Stadt Turin durch die östreichisch-russische Armee unter den Befehlen des FeldMarschalls Souworof. Die fränkische Besazung zieht sich in die Citadelle zurük.

Beiderseitiger Verlust.
1. Nach östreichischen Berichten.
Fränkischer Verlust: über 360 Kanonen, einige 40 Gefangene, 215 in der Stadt zurükgelassene Kranke.
2. Nach russischen Berichten.
Fränkischer Verlust: über 100 Todte, gegen 200 Gefangene, über 300 Verwundete und Kranke, 382 Kanonen, 15 Mörser, 20000 Flinten.
Oestreichischer Verlust: 30 Todte, 40 Verwundete.

28 Mai. WiederEinnahme des Posten von Pontremoli durch die Division vom linken Flügel der Armee von Neapel, unter dem General Dombrowski.

Oestreichischer Verlust, nach fränkischen Berichten: 150 Gefangene.

[Souworof läßt die Belagerung der Citadelle von Turin, wo er sich in Person befindet, von Alessandria und Tortona mit der größten Thätigkeit betreiben. Moreau zieht sich nach Genua, wo er am 6 Jun. eintrifft. Macdonald, sezt sich, an der Spize der Armee von Neapel, von Toscana aus in Bewegung.]

11 Jun. Gefecht bei S. Venantio, gegen Modena hin, zwischen dem Cortrab der Division Olivier (von der Armee von Neapel) und jenem von dem Korps des Generals Hohenzollern.

Oestreichischer Verlust, nach fränkischen Berichten: gegen 100 Gefangene.

Fränkischer Verlust, nach östreichischen Berichten: 3 Gefangene.

12. Jun. Treffen bei Modena. General Macdonald greift den General Hohenzollern mit Uibermacht an, und nöthigt ihn, diese Stadt zu verlassen, und sich bis über den Po zurükzuziehen.

Beiderseitiger Verlust.
1. Nach fränkischen Berichten:
Eigner Verlust: gegen 200 Todte und Verwundete; unter jenen befindet sich der General Forest, unter diesen der General Macdonald selbst.
Oestreichischer Verlust: gegen 1500 Todte und Verwundete, 2000 Gefangene, worunter 40 Offiziere, 12 bis 15 Kanonen nebst den MunitionsWägen, 3 Fahnen, 4 bis 500 Pferde, und viele Bagage.
2. Nach östreichischen Berichten.
„Das Schlachtfeld ward mit todten Feinden bedekt, aber auch unser Verlust muste natürlich bei einem so hartnäkigen Gefechte gegen einen 6mal überlegenen Feind beträchtlich seyn."

Macdonald rükt hierauf über Reggio, Parma und Piacenza bis an die Trebia vor, nachdem das bei Parma gestandene Kyrps des FeldMarschallLieutnants Ott, ohne sich in ein Gefecht einzulassen, in Erwartung des Anmarsches der östreichischrussischen HauptArmee, sich an der Tidone zurükgezogen hatte.

17. Jun. Treffen bei Castel di San Giovanni, oder am Tidone. Macdonald greift den FeldMarschallLieutnant Ott an, der aber zu Anfang des Gefechts durch den General Melas, und hierauf noch durch die russische Avantgarde unter dem FeldMarschall Souworof verstärkt wird. Die Franken müssen sich wieder in ihre Position an der Trebia zurükziehen.

Fränkischer Verlust, nach östreichischen Berichten: gegen 1000 Todte, eine verhältnißmäßige Anzahl Verwundete, 400 Gefangene.

18 Jun. Schlacht an der Trebia. Die östreichischrussische Armee unter dem FeldMarschall Souworof sezt sich, um 10 Uhr Morgens, auf drei Colonnen in Bewegung, greift (da ihr Marsch durch die Be-

schaffenheit des Terrains zwischen dem Tidone und der Trebia sehr erschwert wird, erst Nachmittags,) die fränkische Armee unter dem General Macdonald eine Stunde vorwärts der Trebia an, und nöthigt sie, sich hinter diesen Fluß zurückzuziehen.

Fränkischer Verlust, nach östreichischen Berichten.

Gegen die rechte Colonne, unter dem russischen General der Infanterie von Rosenberg: 1500 Todte, 900 Gefangene, 2 Kanonen, 1 Fahne.

Gegen die mitlere Colonne, unter dem russischen GeneralLieutnant von Förster: 600 Todte, 60 Gefangene.

Gegen die linke Colonne, unter dem k. k. General der Kavallerie von Melas: 1200 Todte, 700 Gefangene.

19 Jun. Zweite Schlacht an der Trebia. Die fränkische Armee unter dem General Macdonald geht sogleich des Morgens über die Trebia, und bekämpft die östreichisch-russische Armee unter Souworof den ganzen Tag hindurch mit der größten Heftigkeit und mit abwechselndem Erfolg, muß sich aber doch zulezt hinter die Trebia zurükziehen.

Fränkischer Verlust, nach östreichischen Berichten.

Gegen die rechte Colonne, unter Rosenberg: 1400 Todte, 700 Gefangene, 1 Kanone, 3 Fahnen.

Gegen die mittlere Colonne, unter Förster: 400 Todte, 126 Gefangene.

Gegen die linke Colonne, unter Melas: 900 Todte, 550 Gefangene.

In der Nacht auf den

20 — zieht sich Macdonald von der Trebia zurük. Die Alliirten ziehen in Piacenza ein.

Fränkischer Verlust an in dieser Stadt zurükgelassenen Verwundeten, nach östreichischen Berichten: 2 DivisionsGenerale (Olivier und Rusca), 2 BrigadeGenerale (Salm und Cambral), 4 BrigadeChefs, 350 Stabs- und OberOffiziere, und 7183 Mann vom Feldwebel abwärts.

Die rechte russische Colonne unter dem General

Rosenberg holt eine fränkische Colonne an der Nura ein. Gefecht bei San Giorgio.

Fränkischer Verlust, nach östreichischen Berichten: a BrigadeChefs, 27 Offiziere, und gegen 1000 Mann Gefangene, 2 Kanonen, 1 Haubize, 3 Fahnen.

20 Jun. Gefecht bei Bobbio, zwischen dem russischen General Belezkoi und der ligurischen Legion unter dem General Lapoype.

Beiderseitiger Verlust, nach östreichischen Berichten.
Fränkischer Verlust: 500 Todte, 103 Gefangene.
Russischer Verlust: 23 Todte, 46 Verwundete.

— — Treffen bei San Giuliano. Der General Moreau, (der am 16 von Genua aufgebrochen war,) rükt in die Ebene zwischen Alessandria und Tortona vor, greift den FeldMarschallLieutnant Bellegarde an, und nöthigt ihn, die Belagerung von Tortona aufzuheben, und sich über die Bormida zurükzuziehen.

Beiderseitiger Verlust.
 1. Nach fränkischen Berichten.
  Eigner Verlust: war unbeträchtlich, und bestund meist nur in Verwundeten.
  Oestreichischer Verlust: 2000 Todte und Verwundete, 2000 Gefangene.
 2. Nach östreichischen Berichten.
  Eigner Verlust: 203 Todte, 578 Verwundete, 1229 Gefangene.

— — Kapitulation der Citadelle von Turin, (zwischen dem fränkischen Kommandanten, General Fiorella, und dem k. k. FeldMarschallLieutnant von Kaim). Die Garnison wird, als kriegsgefangen bis zur Auswechslung, nach Frankreich zurükgeschikt.

Fränkischer Verlust, nach östreichischen Berichten: 562 FeuerSchlünde, (nemlich 374 Kanonen, 148 BombenBöller, 20 Haubizen, 10 HaubizKanonen), 5214 Centner Pulver, eine halbe Million InfanteriePatronen, 40,000 FeuerGewehre ꝛc.

21 — WiederEinzug des FeldMarschallLieutnants Ott,

(von Piacenza her), und des Generals **Hohenzollern** (von Mantua her), in Parma.

Fränkischer Verlust, nach östreichischen Berichten: 120 Gefangene, die der FeldMarschallLieutnaht Ott auf seinem Marsche machte, und 200 Verwundete, die der G. Hohenzollern in Parma fand.

Die alliirte HauptArmee unter dem FeldMarschall **Suworof** selbst, folgt dem General Macdonald bis Fiorenzuolo (ohngefähr auf halbem Wege zwischen Piacenza und Parma) nach. Hier erhält Suworof Nachricht von dem Vordringen des Generals Moreau; er überträgt nun dem FeldMarschallLieutnant Ott die weitere Verfolgung Macdonald's, und bricht am

23 Jun. von Fiorenzuolo auf, um dem General Moreau entgegen zu gehen. Durch EilMärsche kommt seine Armee schon am

25 — an der Scrivia an; aber an diesem Tage hat sich Moreau, von Macdonald's Unfällen benachrichtigt, bereits wieder über Novi zurükgezogen, von wo aus er am

26 — weiter, über die Bocchetta zurükgeht. Die Citadelle von Tortona wird, schon am 25 Abends, wieder durch den russischen General Csuvarow berennt.

[Resultat dieser 10 Tage (vom 17 bis 27 Jun.) nach den Berichten des Generals Melas: „Macdonalds Armee beinahe zu Grunde gerichtet, die Belagerung der Festung Mantua auf's neue gesichert, der ganze Po befreit, Tortona neuerdings berennt, und Moreau in seine vorige Stellung zurükgewiesen. Ausserdem war

Fränkischer Verlust: 6000 Todte; 5085 Gefangene auf dem SchlachtFelde, 7183 gefangene Verwundete in Piacenza, in allem also 12,268 Gefangene; 7 Kanonen; 8 Fahnen.

Oestreichischer Verlust: 254 Todte, worunter 10 Offiziere; 1903 Verwundete, worunter 87 Offiziere.

Russischer Verlust: 680 Todte, worunter 5 Offiziere; 2088 Verwundete, worunter 3 Generale (der GeneralLieutnant Schwetkowski, und die GeneralMajors Dahlheim und Fürst Bagration), und 44 Offiziere."]

IV.
Codex diplomaticus
zur neuesten KriegsGeschichte.
(Fortsetzung.)

10.
Erste Proclamation des FeldMarschall Souworof an die Völker Italiens.

Ergreift die Waffen, vereinigt euch unter die Fahnen, die für Gott, für den Glauben streiten, und dann werdet ihr gegen jene Nation siegen.

Die Armee unsers erhabenen Kaisers und Königs kämpft, von den Franzosen herausgefordert, sie vergiest ihr Blut zur Vertheidigung unsrer allerheiligsten Religion, für die Wiederherstellung eurer Güter und eurer alten rechtmäsigen Regierung.

Legten euch die Franzosen nicht täglich unermeßliche Summen auf? forderten sie nicht ungeheure Aequisitionen? und dis alles unter dem Namen einer eingebildeten Freiheit und Gleichheit, welche die FamilienVäter in unaussprechliches Elend versezten, ihnen ihre Söhne raubten, und sie zwangen, gegen die Truppen Sr. kaiserlichen Majestät, eures rechtmäsigen Souverains, eures liebevollen Vaters, des eifrigen Vertheidigers unsrer heiligsten Religion zu fechten.

Tröstet euch, Völker Italiens! es ist ein Gott, der euch beschüzt; es sind Kriegsheere da, die euch vertheidigen. Sehet da die Menge unsrer Truppen; sehet eine neue frische Armee, die der Kaiser von Rußland, sein Alliirter, ihm zu Hilfe schickt; blikt auf die siegreichen KriegsSchaaren eures Kaisers; schaut, wie hie und da die Völker selbst aufstehen, um kluger Weise diesen blutigen Krieg sobald wie möglich zu endigen. Alle diese zahlreichen Heere von tapfern Kriegern kommen, Italien zu befreien. Fürchtet nichts; wo die gegen die französische Republik fechtende KriegsVölker hindringen, werden die Geseze wieder hergestellt, die Religion beschüzt, die öffeindliche und PrivatRuhe befestigt, welche schon seit drei Jahren unter einem unerträglichen Joche schmachteten; auch die treuen Diener der Religion sollen in den vorigen Besiz ihrer Verrichtungen und Güter wieder eingesezt werden.

Aber hört! wenn je unter euch ein so treuloser Mensch gefunden werden sollte, welcher die Waffen gegen unsern Souverain ergriffe, und die Absichten der französischen Republik begünstigen wollte, die weder auf Stand noch Geburt noch Rang achtet, der soll unnachsichtlich erschossen, und seine Habe und Gut eingezogen werden. Eure kluge DenkArt, Völker Italiens! läßt hoffen, daß ihr, von der gerechten Sache überzeugt, diesen Züchtigungen euch nicht auszusezen, sondern vielmehr eurem OberHerrn, der euch so zärtlich liebt, Beweise von reiner Treue und Anhänglichkeit geben werdet.

Unterzeichnet: Souworow.

11.
Zweite Proclamation des FeldMarschalls Souworof, vom 2 Mai 1799.

Die siegreiche Armee des römisch-apostolischen Kaisers ist hier. Sie kämpft einzig für die Wiederherstellung der heiligen Religion, der Geistlichkeit, des Adels, und der alten Regierung Italiens. Völker, vereinigt euch mit uns für Gott und den Glauben. Wir sind mit groser Macht zu Mailand und zu Piacenza, um euch zu unterstüzen. Casal-Pusterlengo, 2 Mai 1799.

Souworow,
OberGeneral der östreich. rußschen Armee.

12.
Proclamation des k. k. Generals der Kavallerie von Melas, vom 1 Jun. 1799.

An die tapfern Völker von Mondovi.

Eure tapfern Thaten, so wie die Grausamkeit und Wuth eurer Feinde, sind bis zu unsern Ohren gekommen. Wir bewunderten eure unerschrockenen Gesinnungen, und verachteten die

Grausamkeit der vorgeblichen Vertheidiger der Menschheit. Sehet nun die schöne Erfüllung der grosen Versprechungen eurer sogenannten Befreier! Raub, Unterdrükung, Plünderung, Verheerung, Grausamkeit, dies waren die ersten Handlungen, nach welchen sie euch bekannt wurden. Jene, die den Willen des Volks über alles erheben, jene, welche Aufstand zu den ersten Pflichten zählen, haben eurem so deutlich sich äussernden Willen, eurer Insurrection, Betrug und Plünderung entgegengesezt. Euer Unglük schmerzt uns, und treibt uns an, dasselbe zu heben. Zu diesem Ende senden wir euch, ihr treuen Unterthanen des Besten der Könige, zahlreiche Schaaren von unsrer siegreichen Armee, welche mit so schnellem Fluge die sogenannten unüberwindlichen Armeen geschlagen und vertrieben hat. Vereinigt euch mit unsern Truppen, um den Feind vollends zu vernichten, und seyd überzeugt, daß sie, weit entfernt euch zu verlassen, vielmehr dafür sorgen werden, euch auf Kosten des gemeinschaftlichen Feindes die größte Genugtuung für die erlittenen Nachtheile zu verschaffen, und erinnet euch endlich, daß die Räuber von Frankreich nur darum gekämpft haben, um eure heilige Religion zu unterdrüken und euch zu morden. Kämpfet nun mit uns, um die Religion zu retten und euer Leben und Eigenthum zu sichern.

Gegeben im HauptQuartier zu Turin, den 1 Jun. 1799.

Unterzeichnet: **Melas.**

Nic. Graf von Concina,
k. k. CivilCommissair.

13.

Proklamation des FeldMarschalls Souworof an die Einwohner der Thäler von Lucerna und St. Martino.

Völker, welcher Parthei hängt ihr an? Verführte Landleute, ihr beschüzt die ruhestörenden Franzosen, die Feinde des öfentlichen Friedens, da doch Ruhe allein unter euren Dächern euren Wohlstand sichern kan. Die Franzosen erklären sich als Feinde des gekreuzigten Gottes, und die alte Anhänglichkeit eurer Väter für die christlichen Lehren, war stets die Quelle eures Glüks, und hat euch den Schuz Englands verschaft. Die Franzosen sind izt Feinde dieser Macht, eurer Wohlthäterin, izt unsrer Bundsgenossen. Gestüzt auf unsre Macht, begeistert durch unsre Siege, und durch den Beistand, dessen der Gott der Christen seine Krieger würdigt, kamen wir an den Saum eurer Gebirge, und sind bereit, hereinzurüken, wenn ihr auf euren Verirrungen beharret. Einwohner der Thäler von Lucerna und St. Martino, die Zeit der Reue ist noch nicht verstrichen. Eilet, euch unter unsre Fahnen zu vereinigen; sie sind vom Himmel gesegnet, und siegreich auf Erden. Euch sind beschieden die Früchte der Ebene, wenn ihr unsre Freunde werdet, und ihr werdet den mächtigen Schuz Englands behalten, sobald euch eurer eignes Gewissen nicht mehr vorwirft, Handlanger eurer Tyrannen und Verführer gewesen zu seyn. Vereinigt ihr euch mit uns, so werdet ihr Beschüzer der wahren Freiheit und eurer Ruhe.

(Die Fortsezung folgt.)

V.

Geheime Convention,

welche am 5 August 1796 (den 18 Thermidor des 4ten Jahres) zu Berlin, zwischen Sr. Majestät, dem Könige von Preussen, und der Fränkischen Republik abgeschlossen worden.

Beseelt von dem gleichen Verlangen, den unglüklichen Krieg, unter welchem Europa leidet, bald geendigt zu sehen, und in der schmeichelhaften Hofnung, daß die Erfüllung dieses heilsamen Verlangens nicht mehr weit entfernt seyn könne, haben Seine Majestät der König von Preussen, und die Fränkische Republik, für nöthig geachtet, zum voraus über mehrere auf diese, wie sie hoffen, nahe Pacification Bezug habende Gegenstände sich in ein freundschaftliches Einverständniß zu sezen.

Se. Preussische Majestät haben, jener Offenheit zufolge, welche sich Höchstdieselbe in allen auf den Frieden von Basel erfolgten Erklärungen zwischen Ihnen und Frankreich zum Geseze gemacht haben, den Wunsch, welchen Höchstdenenselben Ihre Wür-

Se als teutscher Reichs-Stand, und die damit verbundenen Pflichten eingaben, nicht verhehlt: daß die Reichs-Verfassung und das Reichs-Gebiet in ihrer ganzen Integrität erhalten werden möchten. Auf gleiche Weise haben Höchstdieselben mit Vertrauen der Fränkischen Regierung das aus Höchstdero enger Verbindung mit dem Hause Oranien entsprungene Verlangen eröfnet: daß dieses Haus wieder in seine in Holland besessenen Stellen und Würden eingesezt werden möchte, jedoch mit billigen Modificationen, worüber man sich einverstehen könnte. — Se. Majestät haben auch alle Beweggründe und freundschaftliche Auffoderungen, welche Sie zur Unterstüzung Ihrer dahin Bezug habenden Vorschläge am dienlichsten erachteten, angewendet; da aber die Fränkische Republik in der Minung beharrte: daß auf dem Punkte, wohin die Sachen bereits gediehen seyn, die Umstände ihr nicht erlauben, an diesem zweifachen Wunsche Theil zu nehmen, oder die Erfüllung desselben zu begünstigen, so haben beide Theile eine weitere gemeinschaftliche Verabredung zwischen Ihnen vermittelst des Herrn Christian Heinrich Curt Grafen von Haugwitz, Sr. Preußischen Majestät Staats- Kriegs- und Kabinets-Ministers, und des Herrn Anton Bernhard Caillard, bevollmächtigten Ministers der Fränkischen Republik, getroffen, welche, nach Auswechslung ihrer gegenseitigen Vollmachten, über nachfolgende eventuelle Stipulationen sich vereinigt haben, in der Voraussetzung: daß die Grundlagen, auf welchen sie beruhen, bei der Pacification mit dem teutschen Reiche angenommen werden.

Art. 1. Die Absicht der beiden contrahirenden Theile war zuerst, über eine Territorial-Entschädigung für den Verlust der am linken Rheinufer liegenden preußischen Provinzen auf den Fall hin sich einzuverstehen, wenn bei dem Frieden mit dem Reiche das besagte Ufer an Frankreich abgetreten werden müßte; zu diesem Zweke hat man die Augen auf das Bißthum Münster, mit Einschluß des Landes Recklingshausen, gerichtet. Nachdem aber die Fränkische Regierung den Wunsch geäussert hat, daß die Republik der Vereinten Niederlande, als eine Art von Entschädigung für die an Frankreich abgetretenen Länder, jenen Theil des besagten Bißthums erhalten möchte,

„welcher von dem Orte, wo die Ems in Ostfriesland ein-
„tritt, und diesem Flusse nach, aufwärts bis nach Win-
„trup, von da an in gerader Linie über Heyden, und längs
„der Gränze des Herzogthums Cleve bis an den Ort sich er-
„strekt, wo dieselbe mit der Gränze von Holland zusammen
„trift;"

so erklären Se. Preußische Majestät, um der Fränkischen Republik einen Beweis Ihrer freundschaftlichen Gesinnungen zu geben, daß sich Höchstdieselben, wenn von der Abtretung des linken Rheinufers an Frankreich die Rede seyn wird, nicht dagegen sezen werden, und da alsdann zur Entschädigung der welt-
lichen Fürsten, welche bei dieser Verfügung verlieren werden,
das Princip der Säcularisationen unumgänglich nothwendig
wird, so willigen Se. Majestät in die Annahme des gedachten
Princips, und Höchstdieselben werden zur Entschädigung für
Ihre am linken Rheinufer liegenden Provinzen mit Einschluß
des Gebiets von Sevenaer, welche in diesem Falle an Frankreich abgetreten werden sollen, den Rest des Bisthums Münster
mit dem Lande Recklingshausen, jedoch mit Ausschluß des oben
angeführten Theils und nach vorhergegangener Säcularisation,
erhalten. Jedoch behalten sich Seine Majestät vor, noch dasjenige hinzuzufügen, was Höchstdenenselben, um Ihre Entschädigung vollständig zu machen, am schiklichsten scheinen möchte. —
Ein Gegenstand, über welchen sich beide Mächte freundschaftlich
einverstehen werden.

Art. 2. Der 2te Artikel des Basler Vertrags vom 5 April
1795 (11 Floreal im 3 Jahr) bleibt in seiner vollen Kraft; dem
zufolge nimmt die fränkische Republik die Vermittelung des
Königs von Preussen zu Gunsten andrer Reichs-
Fürsten an, welche wünschen möchten, unmittelbar mit der-
derselben über die im vorhergehenden Artikel angeführte Grundlage in Unterhandlung zu treten.

Art. 3. In der zweifachen Voraussetzung, welche in dem
Artikel von der Abtretung des linken Rheinufers an Frankreich
und von der Annahme des Princips der Säcularisationen aus-
gedrükt ist, verbinden sich Se. Preußische Majestät und die
Fränkische Republik, mit vereinigten Kräften sich zu bemühen,
um den Fürsten des Hauses Hessen die Säcularisation jener

geistlichen Staaten, welche ihnen zur Entschädigung für die an dem linken Rheinufer zu verlierenden Länder und Güter am bequemsten gelegen seyn möchten, und der Hessen Casselschen Linie noch besonders die kurfürstliche Würde zu verschaffen.

Art. 4. Se. Majestät der König von Preussen verbindet sich, die Städte Hamburg, Bremen und Lübeck in ihrer Integrität und gegenwärtigen Unabhängigkeit zu erhalten.

Art. 5. Wenn bei der künftigen Pacification die Wiedereinsetzung des Hauses Oranien in seine Stellen und Würden in Holland als unzulässig erklärt wird, so verbinden sich Se. Preussische Majestät und die Fränkische Republik, für diesen Fall hin, Ihre Verwendung und mächtige Vermittelung eintreten zu lassen, um ein anständiges Uibereinkommniß zwischen der batavischen Republik und den Fürsten von Nassau-Oranien zu bewirken, dessen HauptBedingungen von der einen Seite die Verzichtleistung auf alle und jede Ansprüche an die StatthalterWürde, so wie auf alle am linken Rheinufer und in den belgischen Provinzen liegenden unbeweglichen Güter des besagten Fürsten seyn werden, wo hingegen auf der andern Seite die batavische Republik dem Fürsten von Nassau-Oranien eine dem Werth aller in dem Umfange der Vereinigten Provinzen, der Generalitätslande und der holländischen Colonien gleichkommende Entschädigung bezahlen soll, wenn besagte batavische Republik nicht lieber dem Fürsten von Nassau-Oranien die erwähnten unbeweglichen Güter überlassen will, um darüber selbst in einem wechselseitig zu verabredenden, oder durch einen von beiden Partien erwählten SchiedsRichter zu bestimmenden Zeitraum zu verfügen. Um besagtes Uibereinkommniß zu Stande zu bringen, verbindet sich die Fränkische Republik noch ferner alle ihre Kräfte anzuwenden, um zu Gunsten des besagten Fürsten von Nassau-Oranien und seiner männlichen Erben, die Säcularisation der Bisthümer Würzburg und Bamberg, mit welchen die kurfürstliche Würde verbunden werden soll, zu bewirken, und es dahin zu bringen, daß der Rückfall besagter Bisthümer auf das Brandenburgische Haus auf den Fall, daß der MannsStamm des erwähnten Nassau Oranischen Hauses aussterben sollte, festgesetzt werde.

Art. 6. Gegenwärtige geheime Convention soll von den contrahirenden Theilen ratificirt, und die Ratification innerhalb 6 Wochen, oder wenn es geschehen kan, noch früher zu Berlin ausgewechselt werden.

Zu Urkunde dessen ist besagte Convention von den oben erwähnten Bevollmächtigten unterzeichnet und besiegelt worden.

Geschehen zu Berlin den 5 August 1796 (18 Thermidor, 4 Jahr der Fränkischen Republik.)

(L. S.) **Christian Heinrich Curt Graf von Haugwitz.**

(L. S.) **Anton Bernard Caillard.**

www.ingramcontent.com/pod-product-compliance
Lightning Source LLC
Chambersburg PA
CBHW032105230426
43672CB00009B/1647